Herausgegeben von Heike Abidi und Anja Koeseling

Schlachtfeld
Klassentreffen

Von alten Feinden
in neuem Gewand

Eden
BOOKS

Inhaltsverzeichnis

KAPITEL 1

Ihr kommt doch auch alle?

»Warum tust du dir das überhaupt an?«

Zehn mehr oder weniger sympathische Begründungen für die Teilnahme an einem Klassentreffen

1: »Na ja, jetzt hab ich doch schon überwiesen ...«
Was mich vor ein paar Wochen geritten hat, mich spontan zu diesem Treffen anzumelden, kann ich im Nachhinein selbst nicht mehr sagen. Irgendwie schien es mir eine nette Idee zu sein. Jetzt steht der Termin unmittelbar bevor, und ich habe eigentlich überhaupt keine Lust mehr, hinzugehen. Und schon gar nicht auf die zu erwartenden Mein-Haus-mein-Pferd-meine-Yacht-Gespräche. Andererseits habe ich meinen Beitrag für Begrüßungscocktail, kalt-warmes Buffet und Saalmiete schon überwiesen. Jetzt abzusagen, wäre pure Verschwendung. Da muss ich wohl durch.
(Bernd M., 52, Buchhalter)

2: »Je älter die anderen aussehen, desto besser fühle ich mich!«
Früher, in unserer Schulzeit, war ich nicht gerade das umschwärmteste Mädchen von allen. Ich hatte Pickel, eine dicke

Brille und reichlich Babyspeck auf den Hüften. Inzwischen ist nicht nur die Akne verschwunden, sondern meine Haut erweist sich auch als extrem faltenresistent. Die Brille habe ich längst durch Kontaktlinsen ersetzt, und dank Jogging und Fitnessstudio ist meine Figur inzwischen ein echter Hingucker. Den anderen wird der Mund offen stehen vor Staunen! Da freu ich mich schon diebisch drauf. Neulich hab ich Regine, die olle Streberin, gesehen. Sie sieht locker zehn Jahre älter aus als ich. Ich denke, auf dem Gruppenfoto werde ich mich direkt neben sie stellen. So als krassen Kontrast.

(*Melanie W., 41, Reiseverkehrskauffrau*)

3: »Einfach so tun, als läge das Leben noch einmal vor uns.«

Wenn ich die Kumpels von früher wiedersehe, fühle ich mich immer wie in bessere Zeiten zurückkatapultiert. Was hatten wir für einen Spaß auf der Abschlussfahrt, beim legendären Klassencampingwochenende oder auf der Abifeier! Damals lag uns die Welt zu Füßen, alles schien möglich, sämtliche Optionen standen uns offen. Wir hatten zwar noch keinen Plan, was wir aus unserem Leben machen würden, aber eins war klar: Es würde großartig werden! So kann man sich irren. Denn tatsächlich wurde mein Leben alles andere als das. Stattdessen ausgesprochen anstrengend. Termindruck, Stress mit dem Chef, Unterhaltszahlungen, Bluthochdruck … Beim Klassentreffen will ich all das einfach vergessen und für einen Abend so tun, als wäre ich wieder dieser optimistische Typ von damals.

(*Frank A., 39, Versicherungsfachangestellter*)

4: »Meine Idee. Mein Plan. Natürlich bin ich dabei!«

Ich bin ein geborenes Organisationstalent. Wie sonst sollte ich einen Haushalt mit vier Kindern, zwei Katzen, einem Hund und einem meist abwesenden Gatten managen? Leider ist das Image dieses Jobs nicht besonders gut. Respekt und Dank? Fehlanzeige. Manchmal stelle ich mir vor, was ohne meine liebe Familie aus mir geworden wäre. Garantiert so etwas wie Inhaberin einer megaerfolgreichen Eventagentur. Leider wird in diesem Leben wohl nichts mehr daraus. Bis die Kinder aus dem Haus sind, bin ich zu alt, um durchzustarten. Aber alle zwei Jahre, bei der Planung des Klassentreffens, da kann ich zeigen, was ich draufhabe. Von der Anerkennung der anderen zehre ich dann bis zum nächsten Mal. Ich müsste schon den Kopf unterm Arm tragen, um mir das entgehen zu lassen!
(*Agnes P., 46, Hausfrau*)

5: »Höchste Zeit für späte Rache.«

An meine Schulzeit denke ich nur ungern zurück. Ich war immer der Kleinste in der Klasse, mein Stimmbruch ließ ewig auf sich warten, ich vertrug keinen Alkohol, hatte superstrenge Eltern und schrieb dazu noch gute Noten. Mit anderen Worten: Ich war das perfekte Mobbing-Opfer, nur dass es das Wort Mobbing damals noch nicht gab. Heute bin ich gut zwei Meter groß, habe eine dröhnende Bassstimme, vor der meine gut hundert Angestellten erzittern, und verdiene mich dumm und dämlich. Und ich bin in genau der richtigen Stimmung, meinen einstigen Peinigern zu zeigen, was 'ne Harke ist. Mit anderen Worten: Das Klassentreffen kommt mir gerade recht ...
(*Henrik B., 35, Unternehmer*)

6: »Alte Liebe rostet nicht.«

»Wenn ich mit vierzig noch Single bin, heirate ich dich«, hat der schöne Thilo zu mir gesagt, als wir 17 waren. Damals war ich unsterblich in ihn verknallt. Und was soll ich sagen? Ich bin es immer noch. Fast hätte ich die Hoffnung schon aufgegeben. Aber neulich kam mir zu Ohren, er sei frisch geschieden. Seine Frau habe ihn verlassen, heißt es – wegen eines Türstehers. Ist das zu fassen? Dabei ist Thilo mindestens noch so attraktiv wie vor 23 Jahren. »Das muss ein Zeichen des Himmels sein«, dachte ich, als die Einladung zum Klassentreffen ins Haus flatterte. Das ist meine Chance! Jetzt brauche ich nur noch eine Strategie, wie ich ihn für mich gewinne. Am besten, ich besorge mir ein umwerfendes Kleid – und einen Liebeszaubertrank ...
(*Viola S., 40, Grundschullehrerin*)

7: »Zurück in die glorreiche Vergangenheit.«

Ich wollte es nicht glauben, als meine Eltern behaupteten, die Schulzeit sei die schönste Lebensphase – aber sie hatten recht. Natürlich ahnte ich das damals noch nicht. Als ewiger Klassenbester glaubte ich, einer glänzenden Zukunft entgegenzusehen. Mein Philosophiestudium habe ich zwar summa cum laude abgeschlossen, ebenso meine Promotion, aber was hatte ich davon? Meine wissenschaftliche Karriere scheiterte, in der freien Wirtschaft konnte man mich nicht gebrauchen. Und so lebe ich heute von Hartz IV – bei meiner Mutter. Die mich ihren »süßen kleinen Versager« nennt. Natürlich werde ich das beim Klassentreffen nicht erwähnen, sondern ein paar geheimnisvolle

Andeutungen über ein spannendes Buchprojekt machen - und mich im Schein meiner einstigen Erfolge sonnen.
(*Kai-Olaf D., 51, Philosoph a. D.*)

8: »Niemand soll sagen können, ich sei abgehoben!«

Mein Leben ist einfach großartig! Ich war bereits Stewardess, Model, Spielerfrau, Moderatorin, Werbe-Ikone und gerade drehe ich eine Doku-Soap über mein aufregendes Leben. Image ist alles - und das würde doch garantiert Schaden nehmen, wenn ich diesem Klassentreffen fernbliebe. Bestimmt hieße es dann, ich sei völlig abgehoben. Und bald stünde das auch in irgendeinem dämlichen Revolverblatt. Nein, ich geh lieber da hin und gebe mich locker, fröhlich, natürlich. Zeige allen, dass ich ganz die Alte bin (obwohl ich natürlich superjung wirke) und man mit mir Pferde stehlen kann. Und falls jemand ein Autogramm möchte - rein zufällig hab ich natürlich eine Handvoll dabei ...
(*Michelle G., 28, Starlet*)

9: »Bühne frei ... für mich!«

Ich wurde einfach zwanzig Jahre zu früh geboren. Heute starten junge Singer-Songwriter mit deutschen Texten grandios durch. Was ein Mark Forster kann oder ein Tim Bendzko, das hätte ich auch zustande gebracht. Na ja, aber mein Coversong-Programm mit Nummern von Springsteen und Dylan ist auch nicht übel. Schade nur, dass ich damit schon ewig nicht mehr gebucht worden bin. Das Publikum wolle mehr Abwechslung, heißt es in den einschlägigen Musikkneipen, in denen ich früher öfter aufgetreten bin. Aber wenn ich mit meiner Klampfe beim

Klassentreffen anreise, ist das Hallo sicher riesengroß! Einen Abend lang werde ich mich wie der Star fühlen, der ich gern geworden wäre. Yeah.
(*Jens J., 48, Finanzbeamter*)

10: »Was heißt hier Begründung? Wiedersehensfreude ist Grund genug!«

Ganz ehrlich: Ich versteh die Frage nicht. Natürlich geh ich da hin. Diese Leute waren meine Klassenkameraden, meine Freunde, meine Leidensgenossen! Ist doch logisch, dass ich die wiedersehen möchte. Mehr Gründe brauche ich da nicht. Ohne Klassentreffen wären wir uns längst fremd geworden. Im Alltag trifft man sich leider viel zu selten. Alle haben anstrengende Jobs, große Familien, zeitraubende Hobbys – und viele wohnen gar nicht mehr hier in der Gegend. Es gibt eigentlich nur zwei Anlässe, sich wiederzusehen: Beerdigungen und Klassentreffen. Ich für meinen Teil hasse Beerdigungen!
(*Irene W., 61, Innenarchitektin*)

Und Sie? Warum werden Sie sich das nächste Klassentreffen auf keinen Fall entgehen lassen?

Remember the time, oder: Vorsicht vorm Verbiegen

Abgerechnet wird beim ersten Klassentreffen, das wusste ich immer. Aber dass es mich so schnell treffen würde, hätte ich nicht gedacht.

»Du hast eine Einladung zum Klassentreffen bekommen«, verkündete Philip, mein Lebenspartner, ein erfolgreicher Juniorunternehmer und bekennender Fleischesser, mit süffisanter Miene, als ich im Schweiße meines Angesichts eine Einkaufstasche nach der anderen zuerst in die Wohnung und dann auf den Küchentisch hievte.

»Was ...?«, schrie ich entsetzt. »Es ist doch erst zehn Jahre her, dass ich aus der Schule raus bin.« In Gedanken fügte ich hinzu: Ich konnte doch noch gar nicht alle meine Träume in die Tat umsetzen, in denen Schönheit, beruflicher Erfolg und spießiger Wohlstand eine zentrale Rolle spielten. Angestrebt hatte ich ursprünglich mal ein BWL-Studium mit anschließendem Job als Managerin bei einem börsenstarken Unternehmen, gefolgt vom Ratenkredit fürs Auto und dem Kauf eines kleinen Häuschens in einer solargesteuerten Reihenhausidylle.

Ach ja, das hätte ich fast vergessen: das Leben einer erfolgreichen Managerin, allerdings ganz im Zeichen der Familienorientierung. Ehemann Typ Businessclass.

Hauptsache schön spießig und alles schön der Reihe nach.

Zwei handzahme Fotomodell-Kinder, erst ein Junge, dann ein Mädchen - und ein kurzbeiniger Hund mit Plattschnauze. Hauptsache schön spießig und alles schön der Reihe nach.

Erreicht hatte ich von alledem jedoch nicht mal einen Furz im Universum, denn vor lauter Selbstfindungsseminaren und auf der Suche nach dem inneren Kind hatte ich es gerade mal bis zur Vorzimmersekretärin eines soliden Familienunternehmens geschafft. Und das auch nur, weil ich mit dem Juniorchef des Unternehmens eine lose Beziehung pflegte - mehr als einmal die Woche wilder Sex und der Yogakurs am Mittwochabend verband uns nämlich nicht. Nicht mal einen Trauschein hatte ich vorzuweisen. Geschweige denn einen aufregenden neuen Nachnamen. Philip hieß zu allem Überfluss Gurkenschäler. Aber vielleicht wäre das immer noch besser als gar keine Veränderung.

In Ermanglung anderer potenzieller Verehrer würde das also auch noch eine Weile so bleiben. Aber ich war ja noch jung ... 28 drei viertel ... seufz ..., ich steuerte in rasanter Talfahrt auf die Dreißig zu.

Immerhin hatte ich Anspruch auf vier Wochen Jahresurlaub und konnte mit der Zuverlässigkeit eines Schweizer Uhrwerks auf einen Buchgutschein im Wert von fünfzehn Euro zum Geburtstag und zu Weihnachten zählen. Nicht zu vergessen: einen farbenfrohen Blumenstrauß, wenn ich das zehnjährige Dienstjubiläum erreichte. Wenn das nicht ein raketenstarker Karrieresprung in meiner

Mir brach der Schweiß aus. Ich würde die totale Klassentreffenniete sein.

bisherigen nichtakademischen Laufbahn war ... Mir brach der Schweiß aus. Ich würde die totale Klassentreffenniete sein.

Mit diesem bisher nicht gerade spektakulären Lebenslauf sollte ich meinen ehemaligen Klassenkameraden unter die Augen treten?

Unmöglich, meldete mein Unterbewusstsein und pochte an meine Schläfen.

Erst letzte Woche hatte mir eine Freundin noch von ihrer peinlichen Zeitreise zurück in die Neunziger erzählt, und nun hielt ich selbst eine Einladung dafür in den Händen.

Ein winziger Hoffnungsschimmer keimte in mir auf.

Hatte ich nicht unlängst in einer dieser entlarvenden Frauenzeitschriften gelesen, dass bei Einladungen zur Hochzeit folgende Regel gilt: Wer Braut oder Bräutigam das letzte Mal vor zehn Jahren gesehen hat, darf getrost absagen. Galt das auch für ein Klassentreffen?

Gewohnheitsmäßig fing ich an, die Einkaufstüten auszupacken. Das Gefrorene in die Gefriertruhe, Sahne und Joghurts in den Kühlschrank.

Ein Wiedersehen mit den ehemaligen Klassenkameraden bedeutete schließlich auch, dass man - egal, was man mittlerweile aus seinem Leben gemacht hatte - plötzlich wieder die von Ruhm und Geld träumende BWL-Absolventin von damals war, die sich beim Sportunterricht regelmäßig Push-up-Polster zwischen Busen und BH geklemmt hatte, um wenigstens beim Volleyballspielen eine gute Figur abzugeben.

Die Einkaufstüten waren leer geräumt, der Karton mit der Zartbitterschokolade ebenfalls. Sonderangebot. Nimm zehn Tafeln statt neun.

Ich konnte mir den bedeutungsschwangeren Kommentar von Ehe-Expertin Silke lebhaft vorstellen, die schon zu Schulzeiten mit ihrer schonungslosen Offenheit nicht nur ihre Mitschüler, sondern auch die Lehrer vor den Kopf gestoßen hatte: »Was ... du hast dein Studium abgebrochen und greifst stattdessen deinem Lebensabschnittsgefährten halbtags unter die Arme? Eine Frau braucht doch eigenes Geld, einen richtigen Beruf, Unabhängigkeit! Schon mal was von Emanzipation gehört? Oder willst du etwa wegen jedem heißen Dessous, das du dir kaufen willst, deinen Liebsten um Geld anbetteln?«

Natürlich nicht. Aber neue Dessous brauchte ich momentan eher weniger. Heiße schon gar nicht.

Wütend griff ich in das unterste Kühlschrankfach und entsorgte Reste wässrigen Obstsalates. Selbst gemacht. Der Vitamine wegen.

Und natürlich würde auch Katrin, spargelschlank, straßenköterblond, immer akkurat gekleidet, ebenfalls ohne Rücksicht auf Verluste ihren scharfen Senf dazu beisteuern: »Wie einfallslos ... dabei bist du doch immer diejenige von uns gewesen, die vor lauter Oberstreben nach dem Numerus clausus das Feiern vergessen hat, um sich stattdessen lieber mit Johanniskraut und Lernzettel unter die Bettdecke zu verkriechen. Und nun gibst du dich mit der Mittelmäßigkeit zufrieden?«

Wollte ich mir deren spitze Zungen wirklich antun? Ich bekam schwitzige Hände.

Wütend riss ich die Rumpsteaks aus der Frischhaltefolie und klatschte sie auf das Holzbrett. Frisch vom Metzger, 230 Gramm, zweieinhalb Zentimeter dick geschnitten und schön blutig. So mochte Philip sie am liebsten.

Im Gegenzug wäre es natürlich ebenso interessant zu erfahren, ob Katrin wirklich eine Laufbahn als Fotomodell eingeschlagen hatte. Den Body-Mass-Index dazu hatte sie damals gehabt – das Potenzial, sich hochzuschlafen, ebenfalls.

Und hatte Silke, rot gefärbter Fransenschnitt, drei Kilo Wimperntusche im Gesicht, den Traum, ihr eigenes Nagelstudio zu eröffnen, wahr gemacht oder ist sie dann doch mit Jonas aus der Parallelklasse nach Leipzig gezogen, um eine Frittenbude zu eröffnen?

In der Spüle stand die Metallpfanne, die ich zum Braten der Steaks brauchte, mit angebrannten Gemüseresten. Ich spritzte eine halbe Flasche Spülmittel rein, und während ich wie eine Besessene den Pfannenboden schrubbte, fragte ich mich, was wohl aus Julia, der molligen Außenseiterin mit Brille geworden war. Ob sie heute immer noch kiloweise Grünzeug futterte, in der Hoffnung, irgendwann von ihrer Zwergkaninchenzucht als gleichberechtigtes Mitglied anerkannt zu werden? Oder aus dem Streber Matthias, genannt Matze, mit damals schon so kalkweißem Gesicht wie die Bergspitze aus der Schneekoppe-Werbung und mehr Testosteron zwischen den Beinen als der Hund des Konrektors.

Zugegeben, spannend wäre es in jedem Fall, die komplette Jahrgangsstufe von damals wiederzutreffen, und sei es auch nur, um zu sehen, dass ich nicht die Einzige war, die es nicht geschafft hatte, ihren Platz im Leben zu finden. Auch interessant zu wissen, wer von ihnen bereits in die Ehefalle getappt  **Um eine Antwort auf alle meine Fragen zu bekommen, müsste ich natürlich hingehen.**

war. Um eine Antwort auf alle meine Fragen zu bekommen, müsste ich natürlich hingehen.

Steaks vor dem Braten schön trocken tupfen, dann spritzt das Öl nicht. Wo war denn nur der blöde Salzstreuer?

»Tut mir übrigens total leid, Schatz, dass ich dich nicht auf das Klassentreffen begleiten kann«, unterbrach Philip meine Gedanken. »Ich hab Mittwoch einen geschäftlichen Termin. Du musst da wohl allein hin.« Er zuckte entschuldigend mit den Achseln.

Aber seinem munteren Tonfall war zu entnehmen, dass es ihm kein bisschen leidtat.

Spontan war ich versucht, ihm zu antworten, schluckte die Bemerkung: »Wie kommst du denn darauf, dass ich dich mitnehmen würde?«, aber dann doch herunter. Jetzt bloß keine Grundsatzdiskussionen heraufbeschwören.

Philip auf das Klassentreffen mitzuschleifen, wäre mir nicht in meinen erotischsten Träumen eingefallen. Ich war ja nicht exhibitionistisch veranlagt. Schließlich würden alle ganz genau hingucken, mit wem ich mein Sexleben teilte.

Nicht, dass Philip unattraktiv oder gar hässlich wäre, im Gegenteil, mit fast eins neunzig reiner Mannesgröße und der perfekten Anzugträger-Figur sah er mindestens so attraktiv aus wie George Clooney mit rot gefärbten Haaren. Aber deswegen musste ich ja noch lange nicht meine intimsten, pubertären Klassenzimmergeheimnisse mit ihm teilen.

Sofort fielen mir alle meine Sünden ein. Auf keinen Fall sollte Philip erfahren, dass ich regelmäßig mit Tim und Leo auf der Jungentoilette gefummelt hatte, und dass ich auf der feuchtfröhlichen Kursfahrt nach Barcelona plötzlich wie vom Erdboden verschluckt gewesen war, weil ich die Nacht in einer Ausnüchterungszelle verbracht hatte. Das hätte ich nur zu gern aus meinem Gedächtnis gelöscht.

Mit der flachen Hand schlug ich auf das Fleisch ein und brachte es danach wieder in seine Ausgangsform zurück, damit es beim Braten nicht zu schnell trocken wurde.

Der Form halber antwortete ich: »Schon okay, das ist auch wirklich nicht nötig.«

Den Tatbestand, dass Philip mich nicht zum Klassentreffen begleitete, konnte meine Seele ohne weiteren Psychoschaden verschmerzen, aber was war mit mir? Hatte ich genug Nervenstärke, um mich einer Klassen-Inquisition auszusetzen?

Der bloße Gedanke daran ließ mich durchschwitzen wie ein Ölbrötchen im Backofen. Verstohlen schnüffelte ich an meinen Achselhöhlen. Der Geruch erinnerte stark an damals, als ich aus lauter Angst vor der anstehenden Mathearbeit, für die ich, wie immer, natürlich nicht eine Minute gelernt hatte, kaum noch klar denken konnte und mich am liebsten von der Schule abgemeldet hätte.

Spaßeshalber spielte ich die ganze Situation im Kopf mal durch, während ich einen Löffel Butterschmalz in die Pfanne gab.

Angenommen, ich würde auf dieses Klassentreffen gehen. Rein hypothetisch. Was sollte ich anziehen?

Unzählige Variationen eines passenden Outfits durchliefen meine Gehirnwindungen.

Modern und sexy oder doch eher klassisch?

Hatte ich überhaupt ein schönes Paar Schuhe? Mit meinen grünen abgelatschten High Heels konnte ich nicht mehr punkten, und die flachen Ballerinas, die zentnerweise meinen Schuhschrank bevölkerten, waren viel zu sittsam für ein Klassentreffen, bei dem es darum ging, Stilgefühl und Wohlstand zu repräsentieren. Ich hasste Ballerinas, besonders die mit Riemchen und Metallschnalle, und trug sie auch nur, weil der Orthopäde meines Vertrauens mir wegen meiner beginnenden Skoliose angeraten hatte, nur noch flache Schuhe mit ordentlichem Fußbett zu tragen. Wahnsinnig sexy ... Unwillkürlich rümpfte ich die Nase.

Der nächste Löffel Butterschmalz flutschte in die Pfanne.

Aufmunternd zwinkerte Philip mir zu, der meinen zähneknirschenden Blick missverstanden haben musste, und sagte: »Sieh es doch mal positiv. Wenn ich nicht mitkomme, kannst du ganz ungeniert mit deinen Verehrern von damals flirten. Du hattest doch einen Verehrer? Jedes Mädchen hatte einen Verehrer in der Schulzeit.« Er hatte es sich mittlerweile auf dem Barhocker gegenüber der Küchentheke bequem gemacht, von wo aus er einen gierigen Blick auf die Steaks werfen konnte, die mittlerweile fertig gewürzt auf ihren Bratentod warteten.

Wütend blickte ich ihn an. Was sollte denn diese dämliche Frage? Natürlich hatte ich Verehrer gehabt. Dutzende. Aber nur einer hatte die Ausdauer eines Marathonläufers an den Tag gelegt. Zugegeben, die Flirtkanone war ich nie gewesen, viel zu schüchtern, zu klein, übersät mit Pickeln, und ich trug T-Shirts in XXL, die ich von meinem großen Bruder ausgeliehen hatte. Da gab es ganz andere Raketen. Deswegen hatten die Jungs aus meinem Jahrgang auch schnell das Interesse an mir verloren. Marco dagegen, rundes Clownsgesicht, eisblaue Augen hinter einer panzerglasdicken Brille, hatte mir von der Fünften bis zum Abi nachgestellt und nie aufgegeben, mir seine Liebe zu gestehen. Kleine zugesteckte Zettelchen mit Einladungen vom Gummibärchenwettessen über Flaschendrehen am Baggersee bis hin zum Zungenkusswettknutschen waren an der Tagesordnung gewesen und der Beginn einer leidenschaftlichen Affäre, die sich auf die Nachhilfe rein mathematischer Gleichungen beschränkt hatte.

Aber zurück zur Outfitfrage. Ich könnte das blaue Kostüm anziehen, das müsste auf jeden Fall noch passen, dachte ich, während ich mir ein paar meiner Kilos, die sich mittlerweile auf meinen Hüften festgesetzt hatten, schönredete.

Schuldbeladen schob ich den nächsten Löffel Schmalz, der für das Erhitzen der Steaks bestimmt gewesen war, zurück ins Butterfass - fünf mussten genügen. Zufrieden mit meiner Wahl schwenkte ich die Bratpfanne wie ein Stierkämpfer sein rotes Tuch.

Wer von den Ehemaligen hatte bloß die bescheuerte Idee gehabt, das Klassentreffen in unserem alten Gymnasium abzuhalten, überlegte ich und tippte auf Georg. Der war damals schon der Prinzipal der Klasse gewesen.

Ob er wohl die geplante Beamtenlaufbahn eingeschlagen hatte, wie er es immer prophezeit hatte?

Es zischte bedrohlich, und das Fett spritzte bis an die Dunstabzugshaube, als ich die Steaks in die Pfanne legte.

Wollte ich dieses Klassentreffen unbeschadet überstehen, brauchte ich einen Klassentreffen-Punkte-Plan, so viel stand fest.

Punkt 1: Zum Friseur gehen. Instinktiv fasste ich mir in die zerzauste lange Mähne. Damit konnte ich meinen Ehemaligen nicht unter die Augen treten.

Punkt 2: Einen Termin bei der Kosmetikerin vereinbaren. Die ersten Falten mussten weggescannt, die Wimpern gezupft werden.

Punkt 3: Flachtreter gegen Pfennigabsätze tauschen - sprich, neue High Heels kaufen.

Punkt 4: Notfallprogramm für das Treffen im Hinterkopf behalten, das folgende weitere Punkte beinhaltete:

a. Schonungslose Ehrlichkeit vermeiden, stattdessen Small Talk betreiben, bis der Arzt kommt. Es hört sowieso keiner wirklich zu.

b. Komplett auf Alkohol verzichten, ich will ja schließlich nicht die Kontrolle verlieren und mich hinterher mit einer mit Rotwein bekleckerten Bluse auf der Titelseite einer Boulevardzeitung wiederfinden.

c. Eine Biographie erfinden, die mich nicht als Versager outete, sich aber gleichzeitig schwer überprüfen lassen würde. Mir schwebte da eine Karriere als Ghostwriterin für Promi-Biografien vor oder die einer Kronzeugin für ein Kapitalverbrechen, natürlich alles streng geheim und unter dem Siegel der Verschwiegenheit.

Studien sprachen von hundertfünfzig Flunkereien am Tag, da würde es auf eine mehr oder weniger ja nicht ankommen.

Siegessicher glotzte ich die Steaks an wie ein Versicherungsvertreter sein nächstes Opfer. Mit so viel Selbstbetrug und meinem ausgeklügelten Plan würde ich eine Klassentreffen-Inquisition mühelos überstehen.

Nur eine Nanosekunde später stellte mein Unterbewusstsein mir die Frage, warum ich bei dieser Fülle von negativen Bedenken nicht einfach allen Punkten abschwor und gleich zu Punkt 5. Desertieren, überging, anstatt mich in der Arena der Eitelkeiten auszuliefern.

Ersatzweise sollte ich vielleicht lieber mal meinen Beziehungsstatus überdenken.

Wollte ich wirklich weiterhin als Vorzimmersekretärin die vertrockneten Blätter der Yuccapalme aufsammeln, die nächsten zwanzig Jahre meine Füße in Liebestöterlatschen quetschen und irgendwann feststellen, dass ich in trostloser Langeweile verharrte, während ich noch immer darauf wartete, dass endlich der Märchenprinz vorbeigerauscht kam?

Niemals!

Mein Unterbewusstsein hatte völlig recht.

Zufrieden drehte ich die Steaks in der Pfanne. Wofür eine Einladung zum Klassentreffen doch alles gut war ...

Die Steaks waren mir heute besonders gut gelungen. Vielleicht sollte ich eine Ausbildung zur Gourmetköchin machen.

Ich drehte die Hitze herunter und setzte mich schwungvoll zu Philip an die Theke. »Schatz, wir müssen reden.«

Darauf ein Steak.

Ein klasse Treffen

Das Schreiben war im Altpapier gelandet. Erst am Container fiel es Martin Meier wieder in die Hände, als er mit klammen Fingern versuchte, einen leeren Eierkarton hochkant in den Öffnungsschlitz zu schieben. Es nieselte ihm nasskalt in den Nacken, und an den Fingerspitzen fror er, obwohl es bereits März war, geradezu erbärmlich. Martin Meier steckte den Brief ein wenig umständlich in seine vordere rechte Manteltasche und vergaß ihn, bis er am übernächsten Morgen nach seinem Wohnungsschlüssel suchte und stattdessen das Kuvert ertastete.

Kurios, dass sie die Einladungen schon so früh verschickten. Bestimmt hatten sie es längst in den sozialen Netzwerken kommuniziert, die wichtigsten Zusagen auf elektronischem Wege eingesammelt und nur den virtuell Verschollenen noch ein – zugegebenermaßen freundliches – Erinnerungsschreiben zukommen lassen. Wie viele Adressen wohl noch stimmen mochten? Ein Wunder geradezu, dass sie seine hatten, war er doch erst vor einem halben Jahr in die billige Vorortbude gezogen. Zwar studierte er noch immer in der Stadt, in der er vor fast zehn Jahren sein Abitur abgelegt hatte, aber die Stadt war groß, und seine Adresse hatte recht häufig gewechselt, genau wie seine Studiengänge.

Martin Meier fragte sich, ob sie seine neue Adresse von seinen Eltern haben könnten. Bei dem Gedanken empfand er eine gewisse Scham, hatte er seine Eltern zuletzt vor über drei Jahren empfangen, als er noch mit Claudia zusammenlebte. Nachdem sich die Sache mit Claudia erledigt hatte, hatten sich auch die Eltern rargemacht – vielleicht weil sie ahnten, dass die

Attraktivität seiner Bleibe mit dem Verlust des weiblichen Faktors ebenfalls schwinden würde. Wie richtig sie damit doch lagen und wie lieb von ihnen, seine Adresse weiterzugeben, ohne dabei am Telefon in Tränen auszubrechen. Gewiss waren sie tapfer geblieben und hatten den schönen Schein gewahrt. Er würde sie einladen müssen – bald, wenn er wieder Land sah.

Wer wohl zum »Orga-Team« gehörte, das den Brief mit diesem Ausdruck unterzeichnet hatte? Bestimmt Silke und Rainer. Es waren immer Silke und Rainer gewesen. Damals, bei der Abiturfeier, hatten sie diesen sündhaft teuren Amischlitten klargemacht, der die Spitze ihres Jubelkorsos bildete, und auch die Tanzband, das Buffet und die Örtlichkeit. Es war seinerzeit schwer gewesen, irgendetwas über die Köpfe von Silke und Rainer hinweg zu entscheiden, und am besten man machte es wie Martin Meier, der sie einfach machen ließ. Martin Meier war nie der Typ gewesen, der die Organisation von irgendetwas an sich

Martin Meier war nie der Typ gewesen, der die Organisation von irgendetwas an sich riss.

riss, im Gegenteil: Er liebte es, den Dingen ihren Lauf zu lassen. Das »Orga-Team« hatte also seinen Segen – wer auch immer es sein mochte.

Es war klar, dass Martin Meier nicht zum Abiturnachtreffen gehen konnte. Das war völlig ausgeschlossen. Zu schnell wäre seine Geschichte erzählt gewesen. Zum Wehrdienst untauglich hatte er sich direkt nach dem Abi als Student an der Uni seiner Heimatstadt eingeschrieben, und exakt dies entsprach auch heute noch seinem Status. Nichts hatte sich seitdem geändert, nichts, außer dass er nach sechs quälenden Jahren die Juristerei an den Nagel hängte und nach hartem Ringen mit sich selbst gegen ein Studium der Psychologie eintauschte. Einen guten Psychotherapeuten würde er – wie die meisten gescheiterten Juristen – dereinst gebrauchen können, also sah er am besten zu, dass aus ihm selbst einer würde. Leider stand auch dieser Versuch unter keinem guten Stern, denn die arrogante Humorlosigkeit der Psychologiestudenten setzte ihm derart zu, dass er sich bald schon nicht einmal mehr in die Pflichtseminare hineintraute. Nur in den eigenen vier Wänden fühlte er sich sicher – so sicher, dass Claudia sich irgendwann sicher war, diese vier Wände lieber heute als morgen verlassen zu müssen. Am Boden der Tatsachen angelangt konstatierte Martin Meier, dass er, seinen hervorragenden Voraussetzungen zum Trotz, offenbar lebensuntüchtig war. Somit blieb ihm neben dem Suizid, den er aus Angstgründen konsequent ablehnte, nur eine Wahl: Lehrer werden. An dem Tag, an dem er sich für das Lehramt der Fächer Deutsch und katholische Religion an Berufsschulen einschrieb, regnete es Bindfäden. Wie hätte auch die Sonne scheinen können?

Nein, das Abiturnachtreffen ging gar nicht. Also warf Martin Meier das freundliche Schreiben ins Altpapier, nicht ohne aber zuvor noch den Termin des Treffens in seinen zerfledderten Taschenkalender einzutragen.

In den folgenden Wochen zog der Frühling ins Land. Er kam, wie in den vorangegangenen Jahren, mit recht hohen Temperaturen daher, und Martin Meier schwitzte sich in überfüllten Hörsälen zwischen unerhört kindischen Kommilitonen sitzend den

Abschlussklausuren entgegen. Wie er Einführungsveranstaltungen hasste. Und wie sie in allen Fächern doch das Gleiche dozierten. Es war, als gäbe es bei genauerer Betrachtung tatsächlich nur einen einzigen Studiengang, dessen Name lautete: »Wie ich es schaffe, irgendwie doch noch Akademiker zu werden, um einen Vorteil im Leben zu erlangen und meine Kontaktanzeigen in etablierten Wochenzeitungen mit den Worten *Gut situierter Akademiker sucht* beginnen lassen zu können«. Es gab nichts, worauf Martin Meier in diesen Tagen hätte stolz sein können, also tat er das aus seiner Sicht Vernünftigste und hielt sich aus dem öffentlichen Leben so gut es ging heraus.

Es kam der 23. Mai und mit ihm der Tag des Abiturnachtreffens. Wahrhaft ein historisches Datum – auch für Martin Meier, der einen festen Plan für diesen Abend gefasst hatte. Es begann damit, dass er sich am späten Nachmittag in die Badewanne legte. Neben dem überraschend großen Balkon war das Badezimmer das zweite echte Highlight seiner billigen Bude, denn es gab außer der geräumigen Dusche auch eine altrosafarbene Badewanne mit wunderbar altmodischen und nicht ganz rostfreien Dreharmaturen. Hätte er schon mal Besuch empfangen, wären sie gewiss sehr gelobt worden, zumindest von denjenigen, die noch mit etwas Traditionsbewusstsein an die Dinge herangingen. Normalerweise badete Martin Meier nicht, heute aber ließ er extra viel Wasser ein, sah den Schaumbergen beim Wachsen zu und näherte sich dabei seiner inneren Mitte. Seine innere Mitte war dreißig Jahre alt und hatte einmal geglaubt, eine große Zukunft vor sich zu haben. Aber ein ausgedehntes lauschiges Schaumbad am späten Nachmittag war ja schließlich auch nicht schlecht.

Nach dem Baden machte Martin Meier Raclette. Den Raclette-Ofen hatten seine Eltern ihm vor mehreren Jahren einmal für Silvester ausgeliehen. Niemand hatte hinterher mehr danach gefragt, also war Martin Meier jetzt wohl sein rechtmäßiger Besitzer. Zur Feier des Tages legte er sogar eine Tischdecke auf und wählte das ordentlichste seines spärlichen Geschirrs. In kleinen Schälchen hatte er allerlei Zutaten vorbereitet - Gemüse, Zwiebeln, Pilze, Käse, Schinken, Salami und vieles mehr. Er hatte Kartoffeln mit der Schale vorgekocht, und ein paar Fleischstückchen legte er auf die mit etwas Öl beträufelte Grillfläche. Von den acht Raclette-Pfännchen nutzte er nur eines, denn es sollte ein möglichst langer und gemütlicher Abend werden. Doch trotz aller Gemütlichkeit schaffte es Martin Meier nicht, das Raclette-Essen mit sich selbst länger als anderthalb Stunden hinauszuziehen. Also räumte er den Tisch wieder ab, verstaute die ungegessenen Zutaten im Kühlschrank und säuberte den Raclette-Grill, so gut er konnte.

Es war etwa zwanzig Uhr fünfzehn, als er die kleine Küche in ihren vorherigen Zustand zurückversetzt hatte. Das Abiturnachtreffen hatte um achtzehn Uhr begonnen. Wahrscheinlich saßen sie schon beim Essen und führten die unvermeidlichen Gespräche: mein Job, mein Haus, mein Auto. Zum Glück hatte sich Martin Meier ein attraktives Kontrastprogramm ausgedacht: Lesen bei Kerzenschein. An diesem Abend sollte es ein ganz besonderes Buch sein, eines, das in den Kanon der Weltliteratur gehörte und das er bereits mehrfach aufgeschlagen, aber nie auch nur ansatzweise zu Ende gebracht hatte. Er mümmelte sich so bequem es ging in seinen Sitzsack und begann die ersten Worte zu lesen: »Stattlich und feist erschien

Buck Mulligan am Treppenaustritt, ein Seifenbecken in Händen, auf dem gekreuzt ein Spiegel und ein Rasiermesser lagen.« Martin Meier hielt inne und legte das Buch zur Seite. Er sollte sich rasieren gehen. Immerhin war heute nicht irgendein Abend. Also ging er ins Bad, quetschte den letzten Rest Schaum aus seinem Spender und ließ die Klingen über seine Stoppeln gleiten. Nachdem die letzte Unebenheit geglättet und die letzte kleine Blutung gestillt war, hockte er sich wieder in seinen Sitzsack und überlegte, ob er mit dem zweiten Satz fortfahren oder wieder mit dem ersten beginnen sollte. Er entschied sich für den ersten.

Das Lesen fiel Martin Meier trotz der angenehmen Atmosphäre nicht leicht, und er musste sich mehr durch die Seiten quälen, als er sich eingestehen mochte. Erst gegen 23 Uhr hatte er die Stelle erreicht, an der Mr Leopold Bloom die Bühne der Erzählung betrat. Ein guter Moment, um eine Pause zu machen. Martin Meier schloss das Buch und überlegte, zu Bett zu gehen. Er war wirklich hundemüde, aber es wäre eine Niederlage, sich dies einzugestehen. Auch wenn er nicht direkt an das Abiturnachtreffen dachte, so dachte er doch, dass er an diesem Abend etwas Besseres als ein Abiturnachtreffen erleben müsste. Frühzeitig zu Bett zu gehen, war nichts, womit man imaginären Gesprächspartnern imponieren konnte, selbst wenn sich kaum eine genialere Erfindung als das Bett denken ließ. Aber das galt nicht für Dreißigjährige, die auch und gerade nachts im Leben zu stehen hatten. Also kam es, wie es kommen musste, und Martin Meier schaltete den Fernsehapparat ein. Zunächst natürlich den Kulturkanal, wo sie einen schrägen australischen Kurzfilm brachten, ein Meisterwerk, aber leider eben kurz, und so blieb am Ende nichts als eine hanebüchene

Castingshow bei den Privaten. Um null Uhr zwanzig hatte Martin Meier die Nase voll von seiner gemütlichen Bude und ging in die Stadt.

Er verfolgte kein Ziel, saß einfach in der S-Bahn und sah sich die Gestalten an, denen er, wenn es nach seiner Mutter gegangen wäre, nicht hätte begegnen sollen, aber besser diesen Typen begegnen, womöglich gar auf die Fresse bekommen, als daheim im Bett zu liegen. Wer im Bett lag, war mehr oder weniger tot, wer auf die Fresse bekam, lebte zumindest den Moment.

Wer im Bett lag, war mehr oder weniger tot, wer auf die Fresse bekam, lebte zumindest den Moment.

Erst als Martin Meier allein mit einem zukünftigen Gewaltverbrecher im Wagen saß, besann er sich eines Besseren, stieg an der nächsten Haltestelle aus und befand sich, der Zufall hatte es wohl so gewollt, Minuten später vor der Kneipe, in der sie gewiss noch fröhlich tagten. Er würde natürlich nicht hineingehen, nur mal kurz durchs Fenster schauen, vielleicht auch bloß von Weitem, und direkt wieder verschwinden. Dann könnte er immer noch in die Disko gehen – oder auch ins Bett, es machte keinen Unterschied mehr. Er wollte nur sichergehen, dass er nichts verpasst hatte, obwohl das ohnehin klar war und eigentlich keiner Überprüfung bedurfte. Leise pirschte er sich an die gekippten Fenster heran, hinter denen ihm das Kneipengemurmel viel zu laut und viel zu aufgekratzt entgegenschlug. Aber er verstand noch nichts, konnte noch niemanden erkennen, musste noch ein bisschen näher …

»Hey Martin, wir haben uns ja heute noch gar nicht gesehen.« Eine Frau war aus der Kneipe herausgetreten, offenkundig im Begriff zu gehen.

»Hallo, äh …«

»Sarah«, half ihm Sarah auf die Sprünge, und Martin erinnerte sich. Das war Sarah, die mit ihm einige Kurse zusammen gehabt hatte, sozusagen eine Konstante in seinem Schülerdasein, und die er seit dem Tag der Abifeier nur ein einziges Mal gesehen hatte – beim Aufräumen am Morgen danach.

»Hallo Sarah«, beeilte sich Martin zu sagen, als ob es selbstverständlich wäre, jetzt und hier mit ihr zu reden, »ich hab es nicht früher geschafft. Lohnt es sich noch hineinzugehen?«

Sarah lachte. Es war ein vertrautes Lachen, und irgendwie sah die lachende Sarah viel hübscher aus, als er sie in Erinnerung hatte. In seiner Erinnerung war sie die kumpelhaft unscheinbare Mitschülerin, bei der er sich irgendwann einmal, er war furchtbar alkoholisiert gewesen, wegen irgendeines Mädchens ausgeheult hatte. »Ob es sich lohnt? Das glaubst du doch selbst nicht. Du bist der erste vernünftige Mensch, den ich heute hier treffe. Was arbeitest du denn so Stressi-  **Du bist der erste vernünftige Mensch, den ich heute hier treffe.** ges, dass du's jetzt erst hergeschafft hast?«

»Ach, halb so wild. Bin Lehrer geworden, also noch nicht ganz, aber … und du?«

»Hebamme. Komm wir gehen.«

Martin war, als habe die Nacht auf einmal zu leuchten begonnen. Sarah wohnte in der gleichen Stadt, arbeitete hier seit sieben Jahren in der Kinderklinik und erweckte den Eindruck, dabei glücklich zu sein. Gegen jede Wahrscheinlichkeit und auch ohne es vorher besprochen zu haben, spazierte Sarah mit ihm durch die Gegend, lachte dabei immer wieder herzhaft über Martins schüchterne Scherze und, Martin traute seinen Ohren nicht, gestand ihm sogar, in der Mittelstufe einmal kurzzeitig in ihn verliebt gewesen zu sein. Hiervon freilich wollte sich Martin nicht zu sehr beeindrucken lassen, denn irren konnte sich jedes Mädchen einmal, und Martin war gewiss nicht der Typ, in den man sich heute noch verlieben könnte. Sarah hingegen schon. Sarah war, ja, humorvoll, gut aussehend und dabei auf vollendete Weise bodenständig. Sie übte den sinnvollsten Beruf der Welt aus, ohne dabei aufs Geld der anderen zu schauen, fuhr einen sauberen Kleinwagen und war, Martin hatte die alles entscheidende Frage dann doch noch irgendwie in einen Nebensatz verpackt, seit Längerem solo.

Eigentlich konnte es nicht stimmen, dass diese Frau noch zu haben war, denn dies setzte die komplette Geschmacksverkalkung aller männlichen Mitbewerber voraus. Aber gesetzt den Fall, dachte Martin, die anderen hätten tatsächlich alle einen Knall, könnte es dann trotzdem stimmen, dass Sarah ihm gerade angeboten hat, ihn noch nach Hause zu bringen? Und dass sie auf seinen gegen 4.45 Uhr ausgesprochenen Vorschlag, man könne in seiner Wohnung noch ein bisschen Raclette machen, mit einem belustigten Kichern zugesagt hatte? War dies alles das gleiche Leben wie noch vor ein paar Stunden?

Vielleicht, dachte Martin, sollte er wirklich Berufsschullehrer werden. Oder Busfahrer. Es spielte wahrscheinlich keine Rolle, mit Sarah an der Seite würde er alles schaffen.

Alles richtig gemacht

»Weißte? So ein Klassentreffen, das ist nix für mich. Wie lange ist das schon her? 15 Jahre? All die runzligen Gesichter von früher. Die mir dann erzählen, wie toll sie sind. Oh, ich muss eigentlich meinen Pool reinigen. Hach, da hat mir der Mechaniker einen Kratzer in meinen Bonzenbenz gemacht. Nee, nee, das kann nicht dein Ernst sein.« Mein Kumpel Paul, genannt Putze, lehnte sich selbstgefällig zurück. So als wollte er mir mit dieser Geste klarmachen, dass er hierhergehörte. Auf diesen Barhocker. Und nirgendwohin sonst. Erst recht nicht auf ein Klassentreffen.

»Ach komm«, entgegnete ich locker, »du machst da wieder ein Drama draus.« So einfach konnte ich meinen Kumpel nicht davonkommen lassen. »Putze, jetzt hör doch mal. Da gehen alle hin«, setzte ich noch mal an. »Du kennst jeden von früher. Das wird sicher lustig.«

»Ey, nee. Ich hab echt keinen Nerv auf diese Streber und Tafelputzer.«

»Sogar der Mark kommt«, sagte ich betont langsam.

Eine Sekunde lang glaubte ich, er würde vor Schreck vom Hocker fallen.

Putze orderte ein neues Bier, dann bedachte er mich mit einem finsteren Blick. »Der Dachberger.« Seit ich Putze kannte – und das war ziemlich lange –, gab es diesen Kampf zwischen den beiden. Ehrlich gesagt, konnte ich mir Putze als Kind gar nicht anders vorstellen. Wie er mit laufender Nase und einer Abschürfung im Gesicht im Papierkorb saß. Wohin ihn der deutlich größere und stärkere Mark mal wieder gesetzt hatte.

»Also gut, ich komme mit«, erwiderte Putze irgendwann, als er sein frisches Bier endlich bekommen hatte, »aber auf deine Verantwortung.«

Ich jubelte innerlich. Ich hätte niemals gedacht, dass ich meinen phlegmatischen Freund so weit bringen würde.

»Und ich habe eine Bedingung«, ergänzte Putze seine Zusage.

»Klar«, antwortete ich und sah mich schon mal nach der Bedienung um, damit ich die nächste Runde ordern konnte.

»Ich will da nicht ich sein.« Verwirrt sah ich meinen Kumpel an, während die Bedienung an uns vorüberging. »Ich will da nicht als Putze hin. Sondern als Herr Zermiuk.«

»Okay«, antwortete ich zögernd, um meinem Gehirn Zeit für ein paar Updates zu geben. »Das machen wir«, erwiderte ich, als der Groschen endlich fiel. »Eine Krawatte und ein fettes Sakko dazu. Ist doch kein Problem.«

Dann bestellte ich noch zwei Bier. Nachdenklich prostete ich Putze zu. Ein flaues Gefühl in meiner Magengegend, das nicht auf meinen Alkoholkonsum zurückzuführen war, ließ mich daran zweifeln, ob das mit dem Klassentreffen wirklich eine so gute Idee gewesen war.

Putze wollte sich im Angesicht seines erfolgsverwöhnten Intimfeindes Mark Dachberger keine Blöße geben. Vater Anwalt, Mutter Regionalpolitikerin. Jugendvorstand im örtlichen Tennisclub. Schwarm aller Mädchen. Eben ein echter Sonnyboy.

Ja, Mark war alles, was Putze nicht war. Und umgekehrt.

»Jetzt guck doch mal. Schaut doch geil aus, oder?«, präsentierte er mir sein Outfit für das Klassentreffen.

»Ich weiß nicht«, murmelte ich vorsichtig. »Ist es nicht einen Ticken zu blau?« Insgeheim verlieh ich mir selbst den Breitbandorden des diplomatischen Geschicks unter erschwerten Begleitumständen. Denn Putzes Wahlanzug, ganz in Taubenblau, war nun wirklich keine Augenweide. »Hast du nichts anderes?«

Wortlos zog sich mein Freund hinter die eigenartig schiefen Türen seines Kleiderschranks zurück. Das Warten löste eine kleine Panik in mir aus. Nicht zu Unrecht, erkannte ich, als er sich mir erneut präsentierte. Ein Leinensakko in Rosa hatte ich seit *Miami Vice* nicht mehr gesehen.

Ein Leinensakko in Rosa hatte ich seit *Miami Vice* nicht mehr gesehen.

Dass Putzes Kopf eine Spiegelbrille zierte, war eigentlich nur die würdige Krönung des Gesamtkonzepts. Don Johnson auf Bockwurst. Aber gut, im Vergleich zum vorherigen Thomas-Kuhn-Anzug war dies eine deutliche Verbesserung. Immerhin.

»Kann sich doch sehen lassen«, urteilte ich. »Aber was dir jetzt noch fehlt, mein Lieber, das ist der richtige Background. Komplett mit Ehefrau und Fake-Kindern. Du wirst ein echter Gewinnertyp.«

»Ernsthaft?«

Ich nickte zuversichtlich. Das würde harte Arbeit, Putze innerhalb von ein paar Tagen vom Homo Kneipiensis zum Manager des Jahres zu machen. Aber ich würde das schon schaffen. Zumindest nahm ich mir das fest vor.

Eine Woche später gingen wir gemeinsam zu unserem Klassentreffen. Natürlich fand es nicht irgendwo statt. Sondern im Restaurant Ackerberg, der exklusivsten Adresse in unserer Region.

Ich bemühte mich, für meinen Panda einen Parkplatz weitab der Nobelkarossen zu finden. Unmittelbar hinter einem rostbraunen VW-Bulli mit selbst gemalten Woodstock-Blümchen reihte ich mich unauffällig ein. Es musste ja nicht jeder gleich sehen, dass sich meine Wagenklasse seit dem Abitur kein bisschen vergrößert hatte.

Beschwingt stieg ich aus. »Alles klar, Putze?«

Mein Kumpel zupfte an seinem Anzug herum. »Logo«, gab er gezwungen lachend zurück.

Kurz checkte ich auch mein Outfit. Auf den ersten Blick mochte mein Arbeitsjackett mit den Ellenbogenflicken etwas underdressed wirken. Doch ich wollte mir treu bleiben.

Drinnen angekommen schlug uns ein unbeschreiblicher Dampf entgegen. Es roch nach Menschen und Essen in einer unangenehmen aromatischen Mischung. »Im Nebenzimmer«, sagte Putze in einem Tonfall, der ihn wie einen echten Macher klingen ließ. Die Wände des Raumes waren kunstvoll vertäfelt. Da hingen zahllose Jagdtrophäen und Bilder mit Waidmannsmotiven. Sofort wusste ich, wer dieses Klassentreffen organisiert hatte. Noch ehe er auf uns zukam.

»Der Hubertus Märzbrenner!«, rief Putze mit gespielter Freude und schüttelte dem Begrüßungskomitee in Olivgrün die Hand.

Hubertus stand irgendwie unschlüssig da und sah meinen Kumpel fragend an.

Der lachte schelmisch und erklärte: »Ich bin der Paul.« Und weil es bei unserem Gegenüber noch lange nicht hörbar Klick machte, ergänzte er gönnerhaft: »Paul Zermiuk.«

Der Organisator ähnelte einen Moment lang den glotzenden Rehköpfen an der Wand. Als hätte man ihn gerade abgeschossen. Sein Mund bewegte sich, aber seine Zunge streikte. Da fiel selbst dem Märzbrenner nichts mehr ein. Und das war gut so.

Ein bisschen wie bei den Lateinabfragen anno dazumal. Um ihn zu erlösen, gab ich ihm schnell meine Hand. Und wen wundert's? Mich erkannte der passionierte Jäger sofort.

»Das ist aber schön, dass ihr hier seid«, stammelte er und führte uns zu den reservierten Tischen.

Putze und ich gingen auf einen Tisch zu, an dem noch zwei Stühle frei waren. Das Gespräch war hier schon in vollem Gange.

»Ich weiß gar nicht, wie ich die Kreuzfahrt in diesem Jahr unterbringen soll«, beklagte eine Frau mittleren Alters, deren Gesicht wohl eher eine Art Testgelände für experimentelle Kosmetika darstellte. Aber wie sie hieß? Keinen Schimmer. Ich fühlte mich ein bisschen wie auf einem Maskenball.

Die Luxusproblemjammerin setzte ihre Tirade unbeirrt fort. »Da sind so viele Gartenpartys und Events. Und überall muss ich hin. Wie soll ich mir da zwei Wochen nehmen, um zu relaxen?«

Zielsicher hatten wir den Angebertisch erwischt. Vielen Dank! Der aufgebrezelten Tussi gegenüber saß ein eher entspannt wirkender Typ mit Wollpullover und runder Brille. »Sorry, Alex, das halte ich für total aso. Wusstest du, dass ein Kreuzfahrtschiff den Energieverbrauch einer Kleinstadt hat?«

Ah, das war hilfreich. Beseelt von einem morbiden Forscherdrang betrachtete ich die Frau, die sich gerade als Alex entpuppt hatte. Selbst mit dieser nicht unwesentlichen Hilfestellung fiel es mir immer noch schwer, in ihr das attraktive Mädchen aus der zweiten Bankreihe wiederzuerkennen. Vielleicht, wenn jemand das Licht ausmachte und ihr eine Tüte über den Kopf zog?

Der John-Lennon-Verschnitt dagegen war sofort identifizierbar. »Hallo Jan«, sagte Putze, als wir uns setzten. Na, jetzt wusste ich wenigstens, wem der VW-Bulli gehörte. Verdutzt sah Öko-Jan uns beide an. Komischerweise tat auch er sich ziemlich schwer, Paul zuzuordnen. »Zermiuk«, offenbarte Putze seine Identität und sorgte am ganzen Tisch für schweigendes Staunen.

»Hast du damals nicht das Gartenhaus des Rektors abgefackelt?«, fragte Alex vorsichtig.

Mein Mund verzog sich zu einem breiten Grinsen, während Putze sie nur fragend ansah. »Also, ich weiß nicht, was du meinst.« Dann bestellte er mittels einer dezenten Geste zwei Bier.

Öko-Jan brauchte ein bisschen länger, bis er seine Fassung wiedererlangte. Kein Wunder, wahrscheinlich hatte er das Trauma bis heute nicht verwunden, das Putze ihm damals in Chemie beschert hatte. Mein Kumpel hatte mittels eines Bunsenbrenners an Jans schulterlangen Locken das Grundprinzip »Wie mache ich Rastalocken?« demonstrieren wollen. Übel riechende Haarreste und ein heulender Junge hatten das Unwissen des übereifrigen Laboranten damals entlarvt. Zumindest waren wir seinerzeit zu der Überzeugung gekommen, dass Putze und der Friseurberuf nicht wirklich kompatibel waren. »Du bist der Putze?«, stotterte der Mann.

»Nö«, sagte der Anzug, der nicht mehr Putze sein wollte. Und streckte seinem ehemaligen Brandopfer die Hand hin. »Ich bin der Paul.«

Und so begann ein äußerst denkwürdiger Abend. Putze fackelte nicht lange und berichtete dem Publikum sogleich von seinen Heldentaten und Eroberungen. Genau so, wie ich es für ihn erdacht hatte.

Ausnahmslos alle interessierten sich für meinen Kumpel Paul. Egal ob Weinverkoster, Kulturschnösel oder Globalisierungsgegner. Es war nicht zu fassen. Keiner, wirklich keiner konnte sich vorstellen, wie aus Paul Zermiuk ein solcher Spitzentyp hatte werden können.

Putze erzählte ungestört aus seinem Leben. Das eigentlich gar nicht seines war. Die Geschichte seines Daseins war meiner professionellen Feder entsprungen. Und ich betete inständig darum, dass er bei seinem Bierkonsum, der im krassen Gegensatz zu seinem Äußeren stand, nichts an seiner Story durcheinanderbrachte.

Auf mich dagegen achtete keiner. Das versetzte mir schon einen kleinen Stich. Denn Putze war ja nur ein vorgetäuschter Business-Kasper. Ich dagegen zumindest ein halbwegs etablierter Journalist - genauer gesagt Stellvertreter des Stellvertreters des Bereichs Regionales bei unserer Zeitung. Na ja, immerhin war er ja so etwas wie meine Erfindung. Da konnte ich dann doch ein bisschen stolz sein. Auf mich. Aber vielleicht war es ja jetzt auch mal an der Zeit, dass Putze einen kleinen Dämpfer bekam?

Während mein schwer getunter Begleiter immer mehr erstunkene Geschichten zum Besten gab, sah ich mich um. Denn ich vermisste jemanden. Mark Dachberger.

Der Feind aus der Kinderzeit konnte den abgehobenen Putze mit Sicherheit ein bisschen abbremsen. Ja, ich musste meinem Kumpel mal einen echten Siegertypen präsentieren.

Doch ich konnte den Dauergewinner im Spiel des Lebens nirgendwo entdecken. Schließlich flüsterte ich der andächtig lauschenden Alex zu: »Sag mal, kommt der Dachberger heute nicht?«

»Der sitzt doch da am Tischende.«

»Der?«, platzte es so laut aus mir heraus, dass ich dafür mehrere böse Blicke erntete. Selbst mein erfundener Macher schüttelte mahnend den Kopf.

Meine Erinnerung zeigte mir den stets sonnengebräunten Sohn aus gutem Hause mit dunklem, dichtem Haar und sportlicher Figur.

Nichts davon konnte ich in der mitleiderregenden Figur erkennen, die am Ende des Tisches saß und sich an einer halbvollen Biertulpe festhielt. Unter seinem staubigen Sakko zeichnete sich ein kaum zu verleugnender Bierbauch ab. Den das peinliche Muscle-Shirt keineswegs kaschieren konnte. Niemand außer mir schien sich für ihn zu interessieren, schon gar nicht Putze.

»Hallo Mark«, begrüßte ich ihn, als ich mich zu ihm setzte.

Selbstredend erkannte er mich sofort. »Wie geht es dir?« Seine Frage klang erstaunlich ehrlich.

Wir unterhielten uns in aller Ruhe, während der Bär um meinen Macherfreund steppte.

Mark, der Angeber von früher, hatte sich nicht nur äußerlich sehr verändert. Mit seinem Traum vom Berufssportler hatte es nicht geklappt. Wegen seiner Knieoperationen. Und weil er eine

Familie ernähren musste. Allerdings nicht von Papis Geld, denn das hatte er in den Wind geschlagen. Aber aufgeben, das kam Mark nicht in den Sinn. Im Gegenteil, er wirkte ziemlich zufrieden mit dem, was er hatte. Drei Kinder, ein kleines Häuschen, einen unspektakulären Job. Doch so wie er das erzählte, musste ich meine flapsigen Sprüche einfach stecken lassen. Weil sie peinlich gewesen wären.

Drei Stunden später schlichen Putze und ich uns zu meinem Panda, um die Tarnung des Business-Machers nicht auffliegen zu lassen.

Never ever hatte ich meinen Tresenkumpel so zufrieden gesehen. Umso mehr, nachdem ich ihm ausführlich von Mark berichtet hatte. Also dem Mark von heute.

»Na, das ist vielleicht eine arme Sau«, flüsterte Putze fast ein wenig mitleidig. Und dann, etwas lauter. »Also ehrlich, eigentlich sind die alle ganz nett.«

Ich hätte ihm sagen können, dass sie eigentlich nur nett zu seinem Anzug gewesen waren. Aber das wäre nicht richtig gewesen. Putze hatte das Fest seines Lebens erlebt. Und wir wären keine Freunde, wenn ich ihm das nicht gegönnt hätte. Denn ich hatte heute etwas Wichtiges dazugelernt.

Selbst nach den langen Knastjahren in der Schule kannten wir die Leute neben uns nicht wirklich. Und selbst wenn, jeder konnte sich ändern. Da konnte einer noch so einen auf wichtig machen und mit Papis BMW vorfahren. In jedem von uns steckte das Potenzial zu einem Loser.

In jedem von uns steckte das Potenzial zu einem Loser.

So gesehen hatte ich alles richtig gemacht. Mein Putze auch. Da waren wir uns vollkommen einig. So beschlossen wir, gleich auf dem Heimweg von diesem Nobelfest in unserer Eckkneipe haltzumachen. Und unser Leben gehörig zu begießen.

Nur eines behielt ich schön für mich – den Spruch, mit dem mich Mark vorhin völlig überrumpelt hatte: »Sag mal, deine Artikel in der Schulzeitung waren damals wirklich schlecht. So richtig unfreiwillig komisch. Was machst du heute so beruflich?«

In diesem Augenblick hatte ich mir gewünscht, ich wäre Putze gewesen. Zumindest dieses eine Mal.

Ach, die Kleinen ...

Eine kleine Blaumeise pickte beständig gegen die Fensterscheibe meiner Küche. Wie schon etliche Tage zuvor. Ich schenkte mir aus Gewohnheit eine Tasse Nachmittagskaffee ein und setzte mich an meinen Küchentisch. Dabei beobachtete ich die kleine Meise, bis der Postbote klingelte und mich aus meinen Gedanken riss.

Er überreichte mir ein Paket für die Nachbarn. Ich war hier in der Wohngegend sozusagen die Ersatzpoststelle für diejenigen, die nicht zu Hause sein konnten. Heute hatte der nette Mann in der gelben Uniform aber noch etwas in seiner Hand. Einen außergewöhnlichen Umschlag. Burgunderrot mit goldener Schrift. »Einladung zum Klassentreffen«, stand da geschrieben. Jahrgang 1990.

Grübelnd setzte ich mich mit dem Brief in der Hand wieder an den Küchentisch. Die Blaumeise begrüßte mich mit freudigem Balzgesang. Ich schenkte ihr ein kurzes Lächeln, ehe ich mich wieder auf das Schreiben konzentrierte. Ein Klassentreffen mit mir? Das ging doch gar nicht. Als Lehrerin gehörte man schließlich nicht in diese innige Gemeinschaft der Schüler, sondern war lediglich diejenige, die immer vorn stand. Diejenige, die stets versuchte, mit mütterlichem Instinkt und pädagogischer Sichtweise die Kinder schulisch sowie emotional bestmöglich auf ihr weiteres ungewisses Schicksal vorzubereiten. Der Kapitän eines Schiffes.

In Gedanken öffnete ich den Umschlag und zog ein seidiges Papier heraus. Meine Augen flogen von Zeile zu Zeile.

Anlässlich ihres 25. Jubiläums wollte sich die Klasse 4c der Heinrich-Zille-Grundschule treffen. Ich als Klassenlehrerin sollte ihr Ehrengast sein. Ja, die 4c. Es hatte so viele 4c's in meinem Leben gegeben. Aber die von 1990, die war dann doch sehr speziell gewesen.

28 Kinder. 16 Mädchen. 12 Jungen. Davon zwei Frederiks.

16 Mädchen. 12 Jungen. Davon zwei Frederiks.

Allein der Klang dieses Namens ließ mich schmunzeln. Mein Blick wanderte zu der Unterschrift. Tatsächlich stand dort genau das, was ich vermutet – vielleicht sogar gehofft – hatte. Frederik und Frederik.

Der eine Schriftzug geschwungen, die Buchstaben fast gemalt. Wie kleine Kunstwerke. Der zweite krakelig und verzerrt. Als wäre er in einen furchtbaren Sturm geraten.

»Mist«, pflegte der zweite Frederik immer zu sagen, wenn ich die korrigierten Deutscharbeiten austeilte und er sich mit seinen Händen die Augen zuhielt. Weil er sich nicht traute, seine Note anzuschauen.

Natürlich wusste ich genau, warum er das tat. Es lag an seinem Vater. Ein anerkannter Anwalt mit großer Kanzlei, der die Laufbahn seines Sprösslings bereits minutiös verplant hatte. Vom ABC-Schützen bis hin zum Studium und der darauffolgenden Partnerschaft in der Kanzlei. Für den lebhaften Jungen schien es beinahe unmöglich, diesen Erwartungen gerecht zu werden. Frederik Nummer eins – oder Rick, wie ihn seine Klassenkameraden getauft hatten – zeigte eher für die Randbereiche des schulischen Lebens Interesse. Da gab es die Kröten im Biotop, den Torschützenkönig im Pausenhoffußball, den schnellsten Fahrradfahrer der Schule. Ja, der Rick hatte sehr viele Talente. Deutsch und Mathe gehörten leider nicht zu den Themen, für die er seine ausreichend vorhandene Energie einzusetzen pflegte. Am Unterricht beteiligte er sich dennoch zur Genüge. Natürlich ohne sich zu melden und mit Beiträgen, die - nun ja - nicht immer passend gewesen sein mochten. Dafür sehr erheiternd.

Ganz anders als sein Banknachbar Fredl. Also Frederik Nummer zwei. Der war hager und nachdenklich. Irgendwie wirkte er immer abwesend, so als schwebte er in einer anderen Welt. Wenn ich ihn ansprach, wusste er jedoch stets die richtige Antwort. Es stellte sich dann ziemlich schnell heraus, dass der Junge überdurchschnittlich begabt war. Nur dass er eben sein Wissen und seine Denkweise nicht jedem mitzuteilen gedachte. Er machte das lieber mit sich aus.

So verschieden sie auch waren, Frederik und Frederik, oder Rick und Fredl - die beiden Jungen schienen unzertrennlich. Im Schatten des Anführers Rick fand auch Fredl seine Rolle in der Klasse. Denn besagter unauffälliger Denker wusste doch immer wieder einen schlauen Hinweis für den Haudrauf. Ein Blick zum Fenster verdeutlichte mir, dass der kleine Vogel in den vergangenen Tagen mein einziger Besuch gewesen war. Abgesehen natürlich von meinen Postgesprächen.

Es war niemals einfach, allein zu sein, wenn man sein ganzes Leben lang Menschen um sich gehabt hatte. Integriert in eine Lehrerfamilie mit unzähligen kleinen quirligen Menschen, deren fröhliche Stimmen und erfrischende Ideen oft im Kontrast standen zur rationalen Welt der Erwachsenen.

Mein Mann ging leider bereits sehr früh von mir, und so kam es, dass ich mein Leben auf das in der Schule ausrichtete. Es ergab sich nie, dass ich eine neue feste Beziehung einging. Und somit blieb ich kinderlos. Dies schmerzte mich nicht sonderlich, hatte ich doch jeden Tag so viele Kinder um mich, denen ich meine Aufmerksamkeit schenken konnte.

Instinktiv dachte ich über die Worte nach, mit denen ich eine höfliche Absage formulieren konnte. Dabei erschien ein hübsches Gesicht in meiner Fantasie. Die Stupsnase übersät mit Sommersprossen. Große blaue Augen, eingerahmt in nussbraune Locken. Paula.

»Ich helfe Ihnen«, hatte sie schnell gerufen, sobald sie Bedarf sah. Von der Suche nach dem Klassenbuch bis hin zum Taschentragen. Widerspruch ließ sie nicht zu. Das Mädchen besaß einen ausgeprägten Gerechtigkeitssinn, der über ihr Alter weit hinausging. Leider hatte sie ein bisschen nah ans Wasser gebaut. Und wenn dann mal was nicht so perfekt klappte, wie es sich die Paula vorgestellt hatte, dann gab es einen regelrechten Tränensturm. Ich sah es noch richtig vor mir, wie ihre Mitschüler unisono seufzten und in einer stummen Choreografie die Augen verdrehten, wenn es wieder mal so weit war für Paulas nächsten Ausbruch. Windstärke zwölf mit Sturzregen. Zumindest emotional.

»Soll ich da wirklich hingehen?«, fragte ich halblaut meine kleine Meise. Die sich gerade mächtig anstrengte, ihrem gläsernen Spiegelbild zu imponieren.

Ich sagte mir selbst, dass ich mich ja jetzt noch nicht entscheiden müsse. Zufrieden legte ich den Brief zurück auf den Tisch. Aus purer Verlegenheit stand ich auf, machte mir eine Kanne Pfefferminztee und setzte mich wieder zu meinem Besucher.

Der Duft nach Minze erinnerte mich an die Begebenheit mit dem Kaugummi. Der sich im Haar der kleinen Inge verfangen hatte. Oh, was war das für eine Aufregung gewesen.

Damals in der 4c. Weil Paula sich sofort hilfsbereit mit der Schere anbot. Der doppelte Frederik stand ratlos daneben. Der eine, weil der Kaugummi aus seinem Mund stammte. Und der andere, weil er seinen Freund nicht verraten wollte. Weswegen sie die Schuld gemeinsam auf sich nahmen. Das verblüffte dann auch unsere süße Inge. Ein Kaugummi, den beide im Mund gehabt hatten? Bei der Vorstellung vergaß sie vor Ekel glatt jedwede Trauer um ihr gefallenes Haar.

Was wohl aus all diesen Kindern geworden war? Selbstverständlich verfolgte ich die schulische Laufbahn meiner Schüler weiter. Doch mein Fokus richtete sich stets auf neue Schicksale **Und da genau lag der schwierigste Teil am Lehrersein. Das Loslassen.** aus. All die Frederiks und Paulas und Inges mussten schließlich ihren eigenen Weg finden. Ohne mich. Und da genau lag der schwierigste Teil am Lehrersein. Das Loslassen. Zumindest empfand ich das so.

Mein Unterbewusstsein registrierte, dass sich etwas verändert hatte. Als ich hochsah, bemerkte ich, dass die kleine Meise verschwunden war. Das Licht der Abenddämmerung hatte sie vertrieben.

Geistesabwesend ging ich in die Küche und richtete mir ein Abendbrot. Da klingelte es Sturm. Sofort huschte ein Lächeln über mein Gesicht. Denn ich erkannte an der Klingelsprache, wer da draußen vor der Türe stand. Der Nachbarsjunge, Torsten, der das Päckchen für seine Mutter abholen sollte. Ich übergab dem Kind besagten Karton und wollte gerade die Türe schließen, da war es mir, als hörte ich ein helles Kichern im Treppenhaus. Wie das von Thomas Timmert. Oder Tomtim, wie ihn seine Klassenkameraden getauft hatten. Wenn ich ihn nicht ab und zu an den Unterricht erinnerte, dann sah er hinaus und träumte. Anders als Frederik zwei wusste er leider nur selten eine passende Antwort auf meine Zwischenfragen. Böse konnte ich ihm dafür nicht sein. Tomtim wirkte wie ein überdimensionierter Teddybär. Ein unbeholfener Junge mit der Körpermasse eines zierlichen Erwachsenen. Große dunkle Augen und eine wirre Frisur rundeten seine Erscheinung ab. Der Junge ließ sich keinen Tag vermiesen. Mit bemerkenswerter Ruhe und einer schier endlosen Gelassenheit gab er dieses unverwechselbare Kichern von sich. Vor allem, wenn die Frederiks wieder einen ihrer erstklassigen Scherze von sich gaben. Kopfschüttelnd schloss ich meine Eingangstüre und ging zu meinem Abendbrot zurück.

Selbst als ich im Bett lag, wanderten meine Gedanken wieder in die Vergangenheit. Trugen mich fort wie Flügel in eine andere Welt. Als würde sie mich dabei begleiten, erschien plötzlich jemand an meiner Seite und betrachtete mich aus tiefdunklen Augen. Und die erkannte ich sofort. Sie gehörten der reizenden Marlene. Einem sehr liebevollen und doch auch außergewöhnlich burschikosen Mädchen. Sie spielte mit den wildesten Jungs Fußball und kam nicht selten in Gummistiefeln zum Unterricht. Auf meine Nachfrage erklärte sie mir dann, sie müsse ja die Kröten aus dem Teich vor den aufdringlichen Frederiks retten. Mit dem wasserdichten Schuhwerk sei sie jederzeit vorbereitet. Mit solch einer Erklärung pflegte sie mich kurz anzulächeln und sich dann wieder ihren wichtigen Aufgaben zuzuwenden. Ja, diese 4c war tatsächlich eine Klasse für sich gewesen.

Natürlich fühlte ich mich geehrt, ja geradezu geschmeichelt, dass die Kinder, die ja längst keine mehr waren, mich eingeladen hatten. Aber hingehen? Das kam nicht infrage. Sollten die jungen Leute doch mal lieber unter sich bleiben. Mit dieser Überzeugung wurden meine Augen schwer, und ich schlief ein.

Dann kam der Tag des Klassentreffens. Ich hatte keinen Gedanken mehr an die Einladung und die 4c verschwendet. Jedenfalls nicht bewusst.

»Ich gehe nicht«, sagte ich mit einem Blick auf den Kalender, auch wenn die kleinen Gesichter aus meiner Erinnerung im Geiste vor mir erschienen. All die Tomtims, Inges, Paulas und Marlenes. Natürlich auch Rick und Fredl.

Einem Impuls folgend betrachtete ich die alten Jahrbücher in einem meiner gefüllten Bücherregale. Sie reihten sich dort ein in die Klassiker und all die Sachbücher, die ich im Laufe meines Lebens angesammelt hatte. Während ich den Band des Jahrgangs 1990 herauszog, überkam mich schlagartig eine tiefe Sehnsucht. Das Titelbild zeugte von dem maroden Betoncharme der Heinrich-Zille-Grundschule in seiner ganzen Pracht. Zwei kräftige Linden säumten rechts und links die gläsernen Eingangstüren. Beinahe zweihundert Kinder und Lehrer schritten Jahr für Jahr über die breiten Stufen empor. Eingesäumt von stabilen Eisengeländern, die schon Generationen von Schülern beim Verlassen des Gebäudes heruntergerutscht waren. Natürlich heimlich, damit sie die Zeigefinger hebenden Lehrkräfte nicht erwischten.

Wahrscheinlich machten sie das heute immer noch. Die Schüler und die Lehrer.

Ich setzte mich in die Küche und schlug das Buch auf. Meine Finger fanden die Doppelseite der 4c wie von allein.

Auf dem Klassenfoto standen Frederik und Frederik natürlich nebeneinander. Im Mittelpunkt der Meute. Das Mädchen darunter erkannte ich zunächst nicht. Stirnrunzelnd nahm ich meine Lupe zur Hand. Schwarze kurze Haare, dunkle Augen hinter einer runden Brille. Der Blick ein bisschen zu ernst für ein Kind ihres Alters. Urplötzlich durchfuhr es mich. Wie konnte ich das Mädchen nur vergessen? Anne aus der Vogesenstraße.

Die Anne war eines von den Kindern, die schon sehr früh lernen mussten, dass es im Leben nicht immer gerecht zuging. Morgens kam sie als Erste und nachmittags ging sie als Letzte. Kein Wunder, dass der Hausmeister sie einmal sogar versehentlich in der Schule eingeschlossen hatte. Sie war ein Schlüsselkind. Zu Hause wartete niemand auf sie. Ich bezweifelte, dass sie ihre Eltern an jedem Tag sah. Ja, die Anne. Sie war der Grund gewesen, warum ich in diesen beiden Jahren regelmäßig meine Korrekturen in der Schule erledigt hatte. Anne machte in der Zwischenzeit ihre Hausaufgaben. So saßen wir tagtäglich schweigend auf unseren Plätzen und konzentrierten uns auf die Arbeit. Ich spürte damals, wie froh sie diese kleine Aufmerksamkeit machte. Und freute mich darüber.

Ich hoffte inständig, dass sie glücklich geworden war.

»Und, kommst du?« Es kam mir vor, als hörte ich Paulas helle Stimme.

»Und, kommst du?« Es kam mir vor, als hörte ich Paulas helle Stimme.

Verlegen klappte ich das Jahrgangsbuch zu. »Ich weiß nicht«, rechtfertigte ich mich mit halblauter Stimme. Der kleine

48

Meisenfreund am Fenster schien kurz innezuhalten und mich kritisch zu beäugen.

»Warum denn nicht?«, hakten die Frederiks im Chor nach.

»Weil ...«, setzte ich an, »... weil ich nicht möchte.«

»Ach menno.« Die Kinderstimmen beschwerten sich deutlich hörbar. Aber nicht ohne eine Spur Resignation. Denn eines hatten sie recht schnell gelernt damals. Ein Beschluss war ein Beschluss. Nichts und niemand konnte das ändern.

»Außer dem Schulrat«, flüsterte Paula ehrfürchtig und stahl mir damit wie so oft das letzte Wort.

Das Klopfen der Meise rief mich zurück in die Gegenwart. Lächelnd stand ich auf und ging zu meinem Brotkorb. Ich nahm ein paar Krumen altes Brot heraus und ging zum Fenster. Aufgeregt flatternd suchte das kleine Vögelchen das Weite. Schnell öffnete ich das Fenster und streute das Futter auf das Außenbrett. Als die Scheibe wieder geschlossen war, wartete ich geduldig.

Kurz überlegte ich, ob ich an diesem Abend etwas unternehmen sollte. Nur um mich abzulenken.

Das Klopfen des Meisenschnabels beendete mein stilles Grübeln. Zufrieden beobachtete ich, wie der Vogel die Brotreste aufpickte. Bis er aufschreckte und davonflog.

Irritiert sah ich ihm nach.

Da klingelte es.

Heute hatte ich doch gar kein Paket bekommen.

Seltsam, ich konnte den Klingeltakt keinem meiner Nachbarn zuordnen.

So leise ich es vermochte, schlich ich zur Tür und sah durch den Spion.

Ein stattlicher Mann im mittleren Alter in Begleitung einer hübschen Frau mit schwarzen langen Haaren stand draußen im Flur.

Wer war das?

Aufdringlich fingen sie jetzt auch noch an, mit den Fingern an die Tür zu klopfen. Und ich hörte, wie sie meinen Namen riefen. Ein weiterer Blick durch den Spion zeigte mir, dass hinter den beiden noch mehr Menschen aufgetaucht waren. In mir wuchs eine leise Ahnung, weswegen ich die Türe mit vorgelegter Kette öffnete.

»Bitte?«, fragte ich vorsichtig.

Zwei freundliche Männergesichter erschienen im Spalt. Wie Zwillinge von verschiedenen Müttern.

»Die 4c!«, rutschte es mir heraus.

Im Flur vor meiner kleinen Wohnung stand meine Klasse. All die Gesichter und Namen rauschten durch meinen Verstand. Von den Frederiks bis hin zur Anne.

Selbstredend ergriff Paula das Wort. »Wir dachten uns, Sie haben bestimmt den Tag unseres Klassentreffens vergessen. Da wollten wir Sie kurzerhand abholen. Schließlich sind Sie doch unser Ehrengast.«

Und noch während ich protestieren wollte, schnitt mir ein elegant aussehender Mann das Wort ab. Natürlich mit einem charmanten Lächeln, das ihn sofort als Tomtim entlarvte. »Eine Lehrerin gehört doch zu ihrer Klasse. Oder etwa nicht?«

Was sollte ich sagen? Da hatte er wohl recht. Der Teddybär.

KAPITEL 2
Nach all den Jahren ...

Der Stoff, aus dem die (Dreh-)Bücher sind

Klassentreffen in Literatur, Film und Fernsehen

Nicht nur uns hat das Thema Klassentreffen zu einem Buch inspiriert, sondern auch eine ganze Reihe von Krimiautoren, Regisseuren oder Fernsehmachern. Und das ist kein Zufall, denn es gibt wenige Settings, die so viel hergeben: Liebe, Rache, Eifersucht, dazu die besondere Perspektive zurück auf die verflossene Jugend, das Bilanzziehen, die Konfrontation mit Erfolg oder Versagen, und nicht zu vergessen mit dem Alter ...
Hier die Highlights aus Literatur, Kino und Fernsehen:

Der Abituriententag. Geschichte einer Jugendschuld (1928)
Diese Novelle von Franz Werfel erzählt aus der Perspektive des Untersuchungsrichters Ernst Sebastian, wie dieser den ehemaligen Mitschüler Franz Adler verhört und anschließend ein Klassentreffen besucht – doch das ist nur die Rahmengeschichte für den Rückblick auf die gemeinsamen Jugendjahre. Damals hat Sebastian, ein schlechter und fauler Schüler, selbst den hochbegabten Adler erniedrigt und am Ende sogar um seinen Schulabschluss gebracht.

Als der Untersuchungsrichter Sebastian am Montagmorgen das Verhör fortsetzt, übermannt ihn das schlechte Gewissen, und er bittet den Delinquenten um Entschuldigung. Da erst wird ihm klar, dass eine Verwechslung vorliegt: Der Häftling ist gar nicht sein ehemaliger Mitschüler Adler - und zudem unschuldig.

Werfel wurde vermutlich von einem Treffen mit früheren Klassenkameraden zu diesem Roman inspiriert.

Peggy Sue hat geheiratet (USA 1986)

Die Rolle der Peggy Sue, die während ihres 25-jährigen Klassentreffens ohnmächtig wird, um dann in ihrer High-School-Zeit 1960 wieder zu erwachen, brachte der Hauptdarstellerin Kathleen Turner eine Oscar-Nominierung ein. Der Rückblick auf gemachte Fehler, das Bilanzziehen und das »Hätte-Wäre-Könnte« wird hier zum Programm: Peggy Sues zweite Chance ist humorvoll, ein bisschen rührend, zuweilen kitschig erzählt und hat selbstverständlich ein Happy End. Ihre verkorkste Ehe mit Charlie (Nicolas Cage) wird quasi im Traum gerettet - und mit einem Apfelstrudel-Vergleich ...

Regie führte übrigens Francis Ford Coppola, der Titel ist eine Anspielung auf die Buddy-Holly-Hits *Peggy Sue* und *Peggy Sue got married*.

Klassentreffen - die Talkshow (1987-1994)

Gäste dieser ZDF-Serie waren jeweils Prominente und ihre ehemaligen Mitschüler. Im Laufe der Jahre gab es vier Moderatoren, zunächst Dieter Kronzucker, gefolgt von Elke Heidenreich, Wim Thoelke und schließlich Fritz Egner. Zu den Gästen gehörten unter anderem Franz Beckenbauer, Harald Schmidt, Rosi Mittermaier oder Norbert Blüm.

Ein auf den ersten Blick sehr ähnliches, auf den zweiten doch völlig anderes Konzept entstand 2014 auf RTL: In der Sendung *Back to School - Gottschalks großes Klassentreffen* treten jeweils zwei Prominente gemeinsam mit ihren Klassenkameraden gegeneinander an und müssen diverse Quiz- und Spielrunden absolvieren. In der ersten Staffel traten unter anderem Barbara Schöneberger und Christine Neubauer gegeneinander an, ebenso wie Heiner Lauterbach gegen Uwe Ochsenknecht oder Lena Gercke gegen Bülent Ceylan.

Ein Mann - ein Mord (USA 1997)

Diese schwarze Filmkomödie mit den Hauptdarstellern John Cusack, Minnie Driver und Dan Aykroyd ist auch unter dem Originaltitel *Grosse Pointe Blank* bekannt. Sie handelt von einem Profikiller, den mitten in einer Schaffenskrise die Einladung zum zehnjährigen High-School-Abschlussklassentreffen ereilt. Dort begegnet er unter anderem seiner Jugendliebe, die er einst beim Abschlussball hatte sitzen lassen ...

Diese Satire lebt von rasanten Dialogen, großartigen Hauptdarstellern und einem Achtziger-Soundtrack, bei dem auch Nenas *99 Luftballons* nicht fehlen.

Klassentreffen (2004)

Simone van der Vlugts erster Psychothriller erschien 2004, im Original unter dem Titel *De Reünie*, und eroberte sowohl die niederländischen als auch die deutschen Bestsellerlisten.

Die Einladung zu einem Klassentreffen weckt bei Sabine die Erinnerung an das längst verdrängte Drama um das Verschwinden ihrer Freundin Isabel. Was ist damals geschehen? Ist Isabel wirklich tot - und, falls ja, wo ist ihre Leiche? Was hat Sabine selbst mit dem Schicksal ihrer Freundin zu tun? Und warum weiß sie nichts mehr von dem Tag, an dem Isabel verschwand? Sabine versucht, der Sache auf den Grund zu gehen, und gerät dabei selbst in Gefahr ...

14 Damen und ein Gemüsehut

»Sag mal, Hubert, du hast doch einen Fotoapparat, oder etwa nicht?« Meine Mutter setzte kurz den Telefonhörer ab und sah mich erwartungsvoll an.

Mir blieben nur Sekundenbruchteile, um zu reagieren. Jede Antwort konnte mich ins Verderben stürzen.

»Er hat«, schlussfolgerte Mutter prompt ins Telefon.

Ich kannte sie schon mein ganzes Leben lang. Sie tat ja wirklich alles für mich, ihren einzigen Sohn und Dauerhausgenossen. So verstand es sich von selbst, dass ich ihre Signale lesen konnte. Der schielende Blick über ihre verbogene Brille verhieß nichts Gutes. Dazu musste man keine 22 Jahre Erfahrung im Verwaltungsdienst haben, so wie ich.

»Mit wem hast du da gesprochen?«, fragte ich, nachdem sie aufgelegt hatte.

»Mit Elsbeth«, entgegnete meine Mutter, »meiner guten, alten Freundin aus der Grundschule.«

Ach herrje. Das musste ja ewig her sein.

»Wie, kennst du die Elsbeth nicht mehr?«, schoss sie hinterher.

»Aber klar doch«, versuchte ich, mich zu retten. Nur klang das dann wohl doch eine Spur zu unsicher.

Und so kam das Unausweichliche: »Das sieht dir wieder mal ähnlich, Hubert.«

Mein schuldbewusster Augenaufschlag konnte die mütterliche Tirade nicht mehr stoppen: Mein Sohn hört niemals zu. Was habe ich nicht alles für ihn getan. Kopfschütteln. Jetzt ruft meine beste Freundin an, Elsbeth, und will mit mir zum

Klassentreffen. Wieder Kopfschütteln, diesmal stärker. Das wäre ja wirklich wundervoll, wenn mein undankbarer Sohn nicht wieder so miesepetrig wäre. Nur, weil er ein paar Fotos machen soll von mir und meinen Schulfreundinnen. Das Kopfschütteln ließ ihr beinahe die Brille runterrutschen. Genau genommen von mir und meiner besten Freundin. Elsbeth. Die in den vierzig Jahren, seit es diesen Sohn gibt, niemals auch nur Erwähnung gefunden hatte.

Kopfschütteln eingestellt.

Markanter Augenaufschlag.

Tiefer Seufzer.

Dann das vernichtende Urteil: »Typisch.«

Endlich machte sie eine Sprechpause, und ich schenkte ihr das pflichtschuldige »'tschuldigung, Mama. Klar, mach ich die Fotos.« Ich trollte mich in mein Zimmer. In solchen Augenblicken fragte ich mich, wie es wohl anders wäre. Mit einer Partnerin. In einer eigenen Wohnung. Dieses Mal seufzte ich laut und deutlich.

Dann kramte ich, einem Instinkt folgend, noch schnell mein Ladegerät heraus und steckte den Akku meiner Digitalkamera hinein. Sicher war sicher.

Wer konnte schon ahnen, dass dieses Mumientreffen schon zwei Tage später stattfinden würde? Also ich jedenfalls nicht.

Deshalb staunte ich nicht schlecht, als diese bunte alte Dame vor unserer Wohnungstür erschien und mich selig lächelnd begrüßte. Sie sah ein bisschen so aus, als wäre das knallige Rouge das Einzige, was sie noch zusammenhielt. Allerdings passte es hervorragend zu ihrem kanarienvogelmäßigen Outfit.

Wie die Faust aufs Auge. Die Augen wirkten übrigens, umrandet von neongrüner Schminke, echt furchterregend. Während ich wie erstarrt in der Tür stand, kniff sie mir in die Wange. »Du bist bestimmt der Hubert!«

Ich nickte stumm und kam mir vor wie ein Dreikäsehoch.

Ehe ich mich versah, huschte Mutters Freundin schon an mir vorbei, als würde sie sich bei uns auskennen, stürmte allerdings ins Klo statt ins Wohnzimmer.

»Die Elsbeth«, hörte ich die säuselnde Stimme meiner Mutter, die besagte Dame wie ein akustisches Navigationssignal durch unsere Wohnung lotste. Vor der Kulisse des Wiedersehenslärms wollte ich mich gerade in mein Zimmer schleichen. Was meiner Mutter leider nicht entging.

Augenaufschlag.

Seufzer.

Das Urteil fiel wie gewohnt aus: »Typisch.«

Mit hängenden Schultern trottete ich ins Bad und machte mich fertig. Als ich wieder herauskam, schaute Elsbeth demonstrativ auf die Uhr.

Ich präsentierte ein taktisches Lächeln und schnappte mir den Autoschlüssel.

Auf der Schwelle blieb Mutter noch einmal stehen und sah mich ermahnend an. »Hubert. Geht dein Fotoapparat auch?«

»Na klar.« Siegessicher schaltete ich den Apparat an. Das heißt, ich drückte auf den Knopf. Die Kamera aber spielte toter Mann. »Der Akku!«, stammelte ich und raste noch einmal zurück. Die Blicke meiner Begleiterinnen ignorierte ich gekonnt kraft der Coolness, die ich jahrelang in vergleichbaren Situationen im Bürgerbüro gesammelt hatte.

Während der Fahrt sprach ich kein Wort. Wozu auch? Die beiden Damen auf dem Rücksitz quasselten ohnehin für zehn und hätten mir bestimmt nicht zugehört.

»Hubert! Du musst da vorne rechts«, wies mich meine Mutter unvermittelt an und riss mich aus meiner Gedankenwelt.

»Aber Mama«, entgegnete ich ruhig, »zum Frühlingshof geht es doch geradeaus.«

»Da hat er recht, dein Hubert«, warf die Freundin mit dem bunt bemalten Gesicht ein.

»Du musst da vorne rechts«, widersprach meine Mutter energisch.

»Nein, Ilse«, sagte Elsbeth bestimmt. »Ich weiß genau, dass es geradeaus zum Frühlingshof geht. Da ging es schon immer lang.«

So diskutierten die beiden weiter, bis die Kreuzung in Windeseile an uns vorüberzog. Und ich fuhr unschlüssig geradeaus. Mutter sagte nichts, als wir an der Abzweigung vorüberfuhren. Im Rückspiegel konnte ich jedoch deutlich ihr Augenrollen erkennen. Natürlich gefolgt vom anklagenden Seufzer.

Ohnehin war ich viel zu beschäftigt damit, eine Vollbremsung hinzulegen, weil vor uns eine Baustellenampel gerade auf Rot schaltete.

»Siehste?«, meinte da meine Mutter spitz und lächelte zufrieden. »Rechts wäre nämlich eine Abkürzung gewesen. Es dauert ewig, bis diese Ampel umschaltet. Aber du wolltest es ja so, Hubertchen.«

Während der restlichen Fahrt tauschten sich meine Passagiere unüberhörbar über meine mangelhaften Fahrerqualitäten aus. »Und du bist schuld, wenn wir die Letzten sind«, schmetterte meine Mutter. Auch Elsbeth hatte es nun richtig eilig und ließ keine Gelegenheit ungenutzt, mich anzutreiben.

Mütterlicherseits bekam ich dagegen das mir wohlbekannte »Fahr nicht so schnell, Hubert« verpasst. Mir blieb also fahrtechnisch die einfache Wahl zwischen falsch und falsch.

Mir blieb also fahrtechnisch die einfache Wahl zwischen falsch und falsch.

Endlich erreichten wir unser Ziel, und ich parkte ein. Natürlich nicht ohne weitere kritische Kommentare von der Rückbank bezüglich meiner Parklückenwahl.

Zu groß, zu klein.

Zu weit, zu nah.

Zu sonnig, zu schattig.

Als wir ausstiegen, verwandelten sich die beiden Streithennen unvermittelt in zwei kichernde Schulmädchen, die mich erfreulicherweise links liegen ließen. Misstrauisch schlich ich unauffällig hinter den beiden her ins Innere des Frühlingshofes. Eine Horde bunter Vögel empfing uns dort mit regem Geplapper. »Da hast du's«, maulte meine Mutter und strafte mich mit ihrem Blick. »Wir sind die Letzten.«

Elsbeth vergaß die Schmach sofort, denn für sie gab es wohl Wichtigeres zu tun. »Es sind ja gar keine Herren da!«, stellte sie enttäuscht fest.

Tatsächlich. Zum sechzigjährigen Jubiläum der Klasse waren nur Damen gekommen. Einschließlich meiner beiden Passagiere 14 an der Zahl. Der böse Kommentar auf meinen Lippen erfror geradezu, als ich eine Frau mit grellrotem Kleid und einem eigenwilligen Hut auf dem Kopf auf uns zuschweben sah.

»Na, die Maria übertreibt wieder mal«, zischte meine Mutter feindselig. »Typisch.«

Und Elsbeth nickte dazu bekräftigend. Ich dagegen starrte fast schon ängstlich auf den Kopfschmuck dieser Maria, der wie ein umgekippter Korb voller Blumenkohl und Tomaten aussah.

Die Gemüsehutträgerin ignorierte die negativen Schwingungen, die von Mutter und Elsbeth ausgingen, begrüßte uns alle freundlich und nahm sogar von mir Notiz. »Die jungen Leute versammeln sich alle im Schankraum«, hörte ich zu meiner Erleichterung.

Der Schankraum wirkte auf den ersten Blick ziemlich leer. Ein paar wenige Männer und Frauen saßen an einem runden Tisch. Die pflichtbewussten Söhne und Töchter. **Jedem Einzelnen stand das Schicksal ins Gesicht geschrieben. Mutteropfer.**

Jedem Einzelnen stand das Schicksal ins Gesicht geschrieben. Mutteropfer.

»Hallo, ich bin Hubert«, sagte ich in die Runde und nahm Platz.

»Hallo. Ich bin Tine«, entgegnete die nette Brünette neben mir und hob ihr Glas. Mein Herz begann, unkontrolliert zu pochen, und ich brachte im ersten Moment kein Wort heraus. Auch sie errötete leicht hinter ihrem schützenden Brillengestell.

Noch ehe ich etwas halbwegs Intelligentes erwidern konnte, hörte ich schon, wie mein Name gerufen wurde. Selten erklang die Stimme meiner Mutter unpassender als in diesem Moment. Mit einem entschuldigenden Blick ging ich nach draußen.

»Wir wollen ein Klassenfoto machen«, schmetterte mir Mutter entgegen.

Schnell präsentierte ich ein Na-klar-Lächeln, während das Organ hinter meiner Stirn fieberhaft anfing zu arbeiten. Wo war noch gleich die Digicam?

»Bin gleich wieder da«, nuschelte ich. Dann eilte ich rasch zu meinem Wagen.

Bitte, lass dieses Ding im Auto sein, betete ich insgeheim, während ich die Fahrertür öffnete. Irgendwo im Hintergrund begannen die alten Damen, sich zu sammeln. Ich spürte genau, wie sich Mutters und Elsbeths finstere Blicke regelrecht in meinen Rücken bohrten.

In mir machte sich Panik breit, denn ich konnte diesen verdammten Fotoapparat einfach nicht finden.

Mist.

Mutter registrierte trotz der Entfernung sofort, was los war.

Augenaufschlag.

Seufzer.

»Typisch!«

Erst als ich Schritte hörte, unterbrach ich meine erfolglosen Anstrengungen und schaute schuldbewusst auf.

In Tines lächelndes Gesicht. »Du hast deine Fototasche über der Stuhllehne hängen lassen. Hast du sie schon gesucht?«

»Du bist ein Engel«, platzte es aus mir heraus.

Ein strenges »Hubert!« beendete schlagartig meine Glückseligkeit. Meine Retterin warf mir einen mitleidsvollen Blick zu, ehe ich genervt auf die Gruppe der betagten Schülerinnen zuging.

»Verzeihung, die Damen«, versuchte ich, die Aufmerksamkeit auf mich zu lenken. Niemand beachtete mich. Ich probierte es lauter: »Wenn die Damen sich bitte in zwei Reihen aufstellen könnten?«

Vielleicht lag es an dem einen oder anderen defekten Hörgerät, doch keine der Seniorinnen reagierte auf meine Anweisung. Das konnte doch nicht wahr sein! Lediglich Elsbeth positionierte sich mit erhobenem Haupt in der Bildmitte. Der Rest dieser bunten Vögel plapperte und wuselte wild durcheinander.

»Bitte, bilden Sie zwei Reihen!«, wiederholte ich energisch. Worauf ich mir wieder einen strengen Mutterblick einfing.

Nach zehn weiteren Minuten intensiven Geduldstrainings schaffte ich es tatsächlich, aus dem Gewimmel so etwas wie eine Aufstellung zu formen.

»Danke sehr«, bemühte ich mich um Fassung. »Noch besser wäre es, wenn nur die großen Damen nach hinten gingen?« Und nicht nur die, die sich dafür halten, ergänzte ich im Geiste.

Sofort kassierte ich eine geballte Ladung finsterer Blicke. Hatte ich den Nachsatz etwa doch laut ausgesprochen?

Aus der zweiten Reihe vernahm ich das Stichwort »Krampfadern« und hatte Mühe, das Kopfkino zu stoppen. Letztendlich half nur noch die Flucht nach vorn. »Sie dort drüben in

Aus der zweiten Reihe vernahm ich das Stichwort »Krampfadern« und hatte Mühe, das Kopfkino zu stoppen.

diesem ...« (Mein Hirn suchte verzweifelt nach einem freundlich klingenden Adjektiv) »... unübersehbaren Katzenkleid. Würden Sie sich bitte mehr in Richtung Rand begeben?«

Die reizende oder aufreizende Dame fasste dies allerdings als Majestätsbeleidigung auf, wie ihre blitzenden Augen verrieten.

»Ach, Hubert?«, mischte sich Mutter ein. »Findest du nicht, dass ich zu weit rechts stehe?«

Aus meiner Sicht stand sie hervorragend an der Seite ihrer besten Freundin Elsbeth, die noch immer in der Bildmitte thronte wie eine Königin. Der unzufriedenen Tonlage nach sollte ich jedoch lieber auf meine holde Erzieherin eingehen.

»Ja, geh doch bitte ein klein wenig nach links«, gab ich deshalb bestätigend zurück.

»Nein«, keifte die Königin der Kanarienvögel dazwischen, »du stehst genau richtig.«

Ich fürchtete, gleich durchzudrehen.

Während ich Maria - die Dame mit dem Gemüsehut - in die erste Reihe holte, entbrannte zwischen meinen beiden Passagieren eine Flüsterdebatte, die sich anhörte wie das Duell zweier Kobras. Nicht nur Mutter und Elsbeth wurden immer lauter, sondern der Geräuschpegel der gesamten Gruppe steigerte sich allmählich. Ich musste handeln.

Kurzentschlossen drückte ich auf den Auslöser. »Bitte recht freundlich«, kommandierte ich ungehört. Und schoss Bild um Bild. In der verzweifelten Hoffnung, dass doch irgendetwas dabei sein möge, was man verwenden könnte.

Seufzend schloss ich das Fotoshooting, als sich die Reihen meiner Models auflösten und in kleine Diskussionsrunden zersplitterten. Unauffällig schlich ich mich wieder in den Frühlingshof. Tine erwartete mich bereits.

Auf dem Heimweg sprach meine Mutter kein Wort. Elsbeth hatte sich ein Taxi genommen. War wohl nicht so gut gelaufen zwischen den alten Freundinnen. Für mich hatte sich dieses Klassentreffen aber durchaus ausgezahlt. Ich fand Tine äußerst reizend, und seit ich in meiner Jackentasche einen Bierdeckel mit ihrer Nummer gefunden hatte, schwebte ich auf Wolke sieben. Dass sie die Tochter der Gemüsehut-Maria war, entlockte mir lediglich ein Schmunzeln.

Endlich zu Hause machte ich mich gleich daran, die Bilder der Fotosession auf meinem Notebook zu begutachten. Das hatte nichts mit Übereifer zu tun, sondern lag schlichtweg daran, dass ich im Verlauf des Abends noch ein paar Schnappschüsse von Tine gemacht hatte.

»Hubert, zeig mal die Bilder von der Klasse. Ich habe versprochen, dass wir jeder einen Abzug schicken«, unterbrach mich Mutter.

Rasch ließ ich Tine mit einem Mausklick vom Bildschirm verschwinden und zeigte ihr eine Auswahl meiner Aufnahmen. Von geschlossenen Augen bis hin zu unfreiwilligen Grimassen war alles dabei, was das Herz eines Hobbyfotografen unfreiwillig beschleunigte.

»Das gefällt mir gut«, sagte meine Mutter mit einem Mal.

»Das?«, fragte ich überrascht. »Aber die Elsbeth ist ja gar nicht drauf.« Denn hinter dem Gemüsehut von Tines Mutter konnte man die Kanarienvogel-Freundin nur erahnen.

Mein Muttchen zuckte mit den Schultern, ehe sie mir ihren gewohnten Augenaufschlag zeigte und dazu seufzte. »Aber Marias Hut kommt doch schön zur Geltung, oder?«

Verpasstes Glück

Als ich Greta nach all den Jahren wiedersah, hörte mein Herz auf zu schlagen. Angestrengt schnappte ich nach Luft und versuchte, es zum Weiterarbeiten zu animieren und mir gleichzeitig nichts anmerken zu lassen.

Sie stand am anderen Ende des Saales, mit dem Rücken zu mir. Doch obwohl wir inzwischen alt waren, erkannte ich sie sofort an ihrer geraden Haltung wieder. Schon immer hatte sie etwas Stolzes an sich gehabt.

All die Jahre war ich nie zu unseren Klassentreffen gegangen, weil ich Angst vor dieser Begegnung hatte. Nicht direkt vor Greta, sondern vor dem, was es mit mir machen würde.

Ich bewegte mich langsam auf die kleine Bar zu, so konnte ich mich ihr von der Seite nähern. Als ich ihr Profil sah, wäre ich am liebsten wieder umgedreht und weggelaufen. Stattdessen ließ ich mir einen Cognac einschenken. Mit dem Glas in der Hand drehte ich mich in ihre Richtung zurück, doch sie war weg. Vielleicht hatten mir meine Augen einen Streich gespielt, und sie war doch nicht hier? Ich nahm einen großen Schluck und spürte, wie das Brennen des Alkohols meine wider-

Vielleicht hatten mir meine Augen einen Streich gespielt, und sie war doch nicht hier?

streitenden Gefühle für ein paar Sekunden in den Hintergrund rückte, als würde ich durch einen Vorhang treten.

Verstohlen sah ich mich um, aber ich konnte sie nirgends entdecken. Meine Augen streiften die anderen Gesichter. Ab und an kamen dabei winzige Erinnerungsfetzen hoch, doch wie Federn im Wind torkelten sie langsam zu Boden, und ich machte mir auch nicht die Mühe, sie näher zu betrachten.

Unsere gemeinsame Schulzeit lag mehr als fünfzig Jahre zurück, dafür waren erstaunlich viele Leute gekommen. Ich konnte mich an die Einladung schon gar nicht mehr erinnern. Als ich sie öffnete, wusste ich sofort, dass ich diesmal hingehen wollte.

Mein Knie fing an zu schmerzen, und ich hielt Ausschau nach einem Sitzplatz. Ich schlenderte auf die kleine Terrasse, die mir erst jetzt auffiel. Es war wunderschön dort draußen. Die Terrasse war kreisrund und von einer kleinen Mauer umgeben, auf der in regelmäßigen Abständen dunkelblaue Blumentöpfe standen, die nur so überquollen von leuchtenden Knospen. Ein intensiver Duft erfüllte die Luft und war schon fast ein wenig zu stark. Genau in der Mitte der Terrasse führte eine kleine Treppe in den Garten hinab, und ich setzte mich auf die oberste Stufe.

Ich nahm einen kleinen Schluck von dem Cognac und genoss die Wärme, mit der er meinen Magen ausfüllte. Dunkel lag der Garten zu meinen Füßen und erinnerte mich an den kleinen Park, in dem wir uns als Jugendliche oft getroffen hatten. Wir waren eine eingeschworene Sechsergruppe gewesen, zwei Jungs und vier Mädchen, die viele Jahre lang gemeinsam durch dick und dünn gingen, bis das Leben uns trennte.

Hier, unter dem leuchtenden Sternenhimmel, mit den Geräuschen des Festes in meinem Rücken, holte ich mir eine der liebsten Szenen ins Gedächtnis, an die ich an jedem einzelnen Tag meines Lebens gedacht hatte. Es war ein Beginn, der das Ende schon eng umschlungen bei sich trug.

Wir saßen alle zusammen in dem kleinen Park unter einem schattigen Baum, Greta hatte wie immer ihren Zeichenblock dabei und kritzelte vor sich hin. Unbemerkt hatte sie eine Skizze von mir gemacht und hielt sie mir plötzlich unter die Nase. »Sieh mal«, rief sie und sah mich auffordernd an. Erstaunt blickte ich auf das kleine Stück Papier sowie eine Skizze, die so rein gar nichts mit mir zu tun haben konnte, denn so hübsch war ich einfach nicht.

»Das ist wirklich schön, Greta, aber wer ist das denn?«, fragte ich, während ich die feinen Linien betrachtete.

»Du Dummerchen«, sagte sie mit zärtlicher Stimme. »Das bist doch ganz eindeutig du!« Während sie das sagte, strich sie mir leicht über die Wange, und diese sanfte Berührung hinterließ einen bleibenden Abdruck auf meinem Gesicht.

Wie elektrisiert saß ich da und konnte mich nicht mehr rühren. Das Einzige, woran ich dachte, war, dass ich ihre Hand noch einmal genau so spüren wollte. Einer der anderen nahm mir den Block weg, nun wollten alle das Bild betrachten. Ich hörte nicht, was sie darüber sagten, ihr Gelächter und Gemurmel verschwand in einem Ballon, der für ein paar Atemzüge den Rest der Welt von uns fernhielt. Ich sah Greta in die Augen und entdeckte dort etwas, was ich mir bis dahin nur heimlich zu wünschen gewagt hatte.

Wie elektrisiert saß ich da und konnte mich nicht mehr rühren.

Als einer der anderen Greta etwas fragte, sah sie von mir weg, um zu antworten, und es fühlte sich an, als wäre eine Verbindungsschnur zerrissen. Ich hätte am liebsten alle fortgeschickt, um ganz sicherzugehen, dass ich mir diesen Blick nicht nur eingebildet hatte, aber das ging natürlich nicht. Sie lachten und scherzten, und ich bekam das Bild mit Kommentaren der anderen in die Hand gedrückt, die ich nur am Rand mitbekam. Angestrengt versuchte ich, noch einmal Gretas Blick einzufangen, doch es gelang mir nicht mehr, vielleicht wich sie mir auch aus.

Ich erschrak heftig, als plötzlich eine Stimme ganz nah hinter mir erklang, denn ich hatte nicht bemerkt, dass jemand nach draußen gekommen war.

»Na, betrachtest du immer noch so gern den Nachthimmel?«

Ich erkannte Gretas Stimme sofort. Vor Schreck ließ ich das Glas fallen, und es polterte mit lautem Klirren die Stufen hinab.

»Was war da drin?«, fragte Greta.

»Cognac«, antwortete ich mit rauer Stimme, nicht fähig, auch nur ein einziges Wort mehr herauszubringen, oder mich wenigstens nach ihr umzudrehen.

»Ich hole dir einen neuen«, erwiderte sie und ging hinein.

Völlig aufgelöst saß ich da und wäre am liebsten weggelaufen. Ich dachte, dass ich zumindest die Scherben einsammeln sollte, damit später niemand hineintreten würde, aber ich war wie gelähmt. Erneut hörte mein Herz auf zu schlagen.

Krampfhaft versuchte ich, mir irgendetwas zurechtzulegen, was ich gleich sagen könnte, um mich ein wenig zu beruhigen. Aber mir fiel nichts ein, und vermutlich würde ich sowieso gleich tot umfallen, wenn mein altes Herz nicht bald seine Arbeit wieder aufnehmen würde.

»Hier«, sagte Greta und ließ sich neben mir nieder.

Schweigend nahm ich den Cognac entgegen und trank einen großen Schluck. Greta hatte ein Glas mit einem rötlichen Getränk in der Hand, an dem sie ab und an nippte. Lange schwiegen wir beide, und es gab nur noch uns und die Zeit, die wir niemals zusammen hatten. Als würde diese verlorene Zeit sich wie eine dicke Decke über alles legen, wurden die Geräusche, die von drinnen kamen, immer leiser, der Duft der Pflanzen schien weniger zu werden, und ich konnte den sanften Wind, der die Bäume vor uns zum Rauschen brachte, kaum noch auf meinen Armen wahrnehmen.

Irgendwann spürte ich etwas an meiner Hand. Es waren Gretas Finger, die sich mit meinen verschränkten.

»Ich bin froh, dass du hier bist«, sagte Greta nach langer Zeit.

»Ich auch«, antwortete ich und fand meine Stimme langsam wieder. Da war so unendlich viel, was es zu sagen gab, dass es mir unmöglich schien, überhaupt irgendwo anzufangen. All die Jahre war ich mir nie sicher gewesen, ob Greta dasselbe empfunden hatte wie ich. Und plötzlich, als wir hier still nebeneinandersaßen, war es völlig klar.

»Ich hatte ein schönes Leben, habe zwei tolle Kinder und kann meinen Lebensabend gesund genießen. Doch ich habe niemals aufgehört, darüber nachzudenken, warum wir damals nicht mutig genug waren. Jetzt, all die Jahre später, muss ich dich nicht fragen, ob du dasselbe gefühlt hast wie ich, denn ich spüre es. Und jetzt, wo ich es so deutlich spüre, frage ich mich, wie wir nur so dumm sein konnten«, sagte Greta leise.

Ich blickte auf unsere verschränkten Hände und wusste nicht, was ich darauf erwidern sollte.

»Weißt du, Ingrid«, sprach Greta weiter. »Ich war nicht unglücklich ohne dich, aber du wärst mein Glück gewesen.«

»Ich war nicht unglücklich ohne dich, aber du wärst mein Glück gewesen.«

Still liefen Tränen aus meinen Augen und tropften in mein leeres Glas. Mein ganzer Kopf war so voller aufgestauter Worte, dass mir schwindlig wurde. Ich wühlte einen Moment in meiner Handtasche herum, bis ich meinen Terminkalender fand. Zwischen den ersten beiden Seiten zog ich das Bild heraus und hielt es Greta hin. Die Kante, an der es in der Mitte geknickt war, war schon ganz brüchig und das Papier vergilbt. Aber ihre fein gezeichneten Linien konnte man noch gut erkennen, obwohl sie in all den Jahren stark verblasst waren.

»Du hast es immer noch!«, rief sie leise aus.

»Natürlich.«

Plötzlich flog hinter uns eine Tür auf, und Stimmen durchschnitten die Stille.

»Lass uns gehen«, sagte Greta und half mir beim Aufstehen.

Gemeinsam fuhren wir in ihr Hotel, und als sich die Morgendämmerung aufdringlich durch die Schlitze der Vorhänge drängelte, lagen wir immer noch wach. Es war unmöglich, in einer Nacht ein verpasstes Leben nachzuholen, und der Boden unter uns war zu wacklig, um fest darauf stehen zu können.

Ich blickte noch lange in die Richtung, in die sie später davonfuhr. Es gibt Menschen, die nehmen ein wenig vom Tageslicht mit, wenn sie gehen.

Der kleine Ahmed

Es gibt Momente, in denen einem klar wird, wie furchtbar alt man geworden ist. Der, in dem ich mein erstes graues Haar entdeckt habe, war so einer. Oder der, in dem ich bei der Anmeldung zu einem Halbmarathon feststellte, dass ich in die Kategorie Ü35 gerutscht war. Oder der, in dem der Brief aus Ägypten kam. Es war ein offiziell aussehendes Schreiben. Man lud mich samt Familie zum Treffen der internationalen Klasse einer kleinen Privatschule ein, die ich für kurze Zeit besucht hatte. Ich hatte zu den allerersten Schülern eines globalen Lernprogramms gehört. Und nun feierte diese Ursprungsklasse, ergänzt durch einige erfolgreiche Absolventen späterer Jahre, ihr 25-jähriges Jubiläum. Ich verschluckte mich erst einmal an meinem Frühstückskaffee. 25 Jahre. Himmel! Ich fühlte mich noch im selben Moment wie Ü75.

25 Jahre. Himmel! Ich fühlte mich noch im selben Moment wie Ü75.

Meine Frau schien zu glauben, ich wäre über den Tod eines nahen arabischen Verwandten erschrocken. Mit sorgenvoller Miene zog sie mir den Brief aus den Fingern. Sie konnte allerdings Arabisch weder sprechen noch lesen, also musste ich ihr den Inhalt des Schreibens übersetzen.

»Ist doch toll«, meinte sie und glich das Datum schon mal mit den Schulferien ab. »Erste Woche Sommerferien. Passt.«

»Aber ... aber ...«, versuchte ich, meine Gefühle in adäquate Worte zu verpacken, und scheiterte kläglich. Leute, die vor 25 Jahren zusammen in einer Schule gewesen waren, standen in meiner Vorstellung kurz vor der Rente.

Die Klasse, wegen deren Jubiläum ich so niedergeschmettert war, hatte ich für gerade einmal sechs Monate besucht, als meine Eltern mit mir eine kurze Zeit berufsbedingt im Land am Nil gelebt hatten. Für mich war das, soweit ich mich entsann, eine schöne Zeit gewesen. Ich war damals ohnehin ziemlich oft in Ägypten. Kein Zufall, da die Hälfte meiner Familie aus Kairo stammt. Aber meine Erinnerung an Einzelheiten war doch ziemlich verblasst. Daher erinnerte ich mich kaum noch an meine Mitschüler. Nur wenige Namen waren mir im Gedächtnis geblieben.

Da waren ein Mahmoud, eine Leila, eine Aynur und ein Walid. Rief ich bei dem Treffen den Namen Mohammed in die Menge, würden sich statistisch gesehen vermutlich wenigstens zwei ehemalige Mitschüler umdrehen. Auch mein Kumpel Hisham, zu dem ich heute noch Kontakt habe, hatte die Klasse besucht.

Mir fiel schließlich noch ein Name ein. Ahmed. Als ich an ihn dachte, musste ich lächeln. Ahmed war damals so etwas wie der Klassenclown gewesen. Ein paar Köpfe kleiner als die anderen und ziemlich ungeschickt. Er war in die bereits erwähnte Leila verknallt. Sie wiederum war die ebenso unerreichbare wie märchenhafte Schönheit der Schule gewesen. Scheherazade hätte gegen sie wie die Miss Castrop-Rauxel gegen die Miss Universe gewirkt. Sie hatte den armen Ahmed natürlich keines Blickes gewürdigt. Ich war übrigens auch nicht an sie herangekommen, hatte mich aber ohnehin nicht getraut. Nachdem ich gehört hatte, dass ihr Vater der Polizeichef eines Kairoer Stadtbezirks war, hatte mich der Mut verlassen, sie anzusprechen. So verliebt wie der arme Ahmed war ich jedoch nie gewesen. Er hatte sich sogar ihren Namen auf den Arm tätowieren lassen. Behauptete er wenigstens. Wir lachten ihn aus, weil statt Leila so etwas wie Lila auf seinem Arm stand. Einen Tag später war die angebliche Tätowierung dann weg. Ich vermutete einen Filzstift-Fake.

Wegen mir mussten wir da wirklich nicht hin. Ich mochte mich nicht alt fühlen. Doch meiner Frau Henriette gefiel die Vorstellung sehr gut, nach Ägypten zu reisen. Immerhin würde es einen Empfang und einen hübschen Ausflug geben. Samt kostenlosem Aufenthalt in einem Luxushotel. Die Kinder waren sowieso für alles zu haben. Vier gegen einen. Wir flogen.

Unsere Kinder Karim, Lars und Antonia machten sich während des Fluges darüber lustig, wie alt ich doch sei. Sicher, so meinten sie, wären die Bilder von damals, die man auf dem Treffen zu sehen bekäme, noch in Schwarz-Weiß. Die Sprüche vergingen ihnen, als sie das Luxushotel betraten, in dem wir residierten. Die Schule hatte es ausgesucht. Schlecht schien es ihr offenbar nicht zu gehen. Ich weiß nicht, wie viele Sterne es hatte, doch die Paläste in den Erzählungen aus Tausendundeiner Nacht dürften im Vergleich zu ihm den Charme von Jugendherbergen gehabt haben.

Für meine Kinder bedeuteten die folgenden Tage Entspannung pur. Chillen am Pool, Pommes ohne Ende und deutsches Satellitenfernsehen. Meine Frau und ich dagegen mussten noch am selben Abend zum ersten offiziellen Termin: dem Dinner. Herausgeputzt wie zuletzt bei unserer Hochzeit erschienen wir im Kongresssaal des Hotels, der extra für meine Klasse mit Erinnerungen geschmückt worden war. Man hatte Fotos von früher an die Wände gehängt. In Schwarz-Weiß. Ich war dankbar, dass meine Kinder nicht hier, sondern auf dem Zimmer waren und hoffentlich schliefen.

»Da seid ihr ja«, begrüßte uns Hisham, kaum dass meine Frau den ersten Lachanfall hinter sich gebracht hatte – **Meine Krause von damals hätte Jimi Hendrix Konkurrenz gemacht.**
sie hatte mich auf einem der Bilder entdeckt. Ich trug mein Haar in jenen Tagen aufrührerisch lang. Oder besser gesagt: Meine Krause von damals hätte Jimi Hendrix Konkurrenz gemacht.

»Kommt«, sagte Hisham und zog uns mit sich. »Ich stelle euch die anderen vor.« Ehrlich gesagt, ich wusste nicht, wer von all denen zur gleichen Zeit wie ich in der Klasse gewesen war. An den Italiener Marco, der mit stattlichem Weißmehlbauch am Buffet stand, erinnerte ich mich wenigstens dunkel. Und auch an den Engländer Dick. Damals hatte der britische Diplomatensohn schulterlange Haare gehabt, heute trug er Halbglatze.

Ja, meine ehemaligen Mitschüler waren alt geworden. Verdammt alt. Dagegen hatte ich mich ganz gut gehalten. Innerlich dankte ich meiner Frau, dass sie so unbedingt hatte fliegen wollen. Wir plauderten ein wenig mit den anderen, und natürlich wurden die typischen Karrierevergleiche angestellt. Ich vermute, da wird immer gelogen, dass sich die Balken biegen. Unter Vorstandschef schien bei dem Treffen gar nichts zu gehen, und selbst Hisham gab sich als Manager eines internationalen Immobilienfonds mit Schwerpunkt Dubai aus. In Wirklichkeit war er Immobilienmakler am Roten Meer. Einzig von Ahmed, der ein wenig verloren in der Menge stand, wollte keiner wissen, was er beruflich machte. Er war immer noch klein, und nun hatte er auch noch seine Haare verloren, um dafür einen Bauch dazuzugewinnen. Ich kam mir gegen ihn vor wie George Clooney und schüttelte ihm gönnerhaft die Hand.

Weiter ging die Begrüßungstour. Hisham schien tatsächlich alle zu kennen, während ich meist nur so tat, als wäre mir völlig klar, wer da vor mir stand. Ich kam mir vor wie der Typ aus der Arzneimittelwerbung im Fernsehen. Er begrüßt einen anderen Mann und dann fällt ihm der Name nicht mehr ein. Beim nächsten Mal hat er irgendetwas eingeschmissen und macht den Eindruck, als wüsste er nicht nur den Namen seines Gegenübers, sondern auch dessen Geburtsdatum und das seiner Frau sowie der vier Kinder. Er hat, glaube ich, Ginkgo eingeschmissen. Oder Kürbis. So genau erinnerte ich mich nicht. Woran ich mich jedoch sofort erinnerte, war Leila. Wie hatte ich nur glauben können, sie nicht wiederzuerkennen? Als sie vor mir stand, sah sie aus, als wäre die Zeit für sie stehen geblieben. Auch ein Vergleich mit den Fotos von damals zeigte keine Veränderung. Offenbar war sie immun gegen Faltenbildung oder gar altersbedingte Problemzonen.

Offenbar war sie immun gegen Faltenbildung oder gar altersbedingte Problemzonen.

Nein, sie sah ganz einfach immer noch unfassbar gut aus. Meine Frau trat mir auf den Fuß, als sie bemerkte, wie mir bei der Begrüßung der Mund offen stehen blieb. Leila war übrigens noch unverheiratet, hatte als Model gearbeitet und war nun Moderatorin und Sängerin. Und berühmt noch dazu.

»Also das war Leila«, meinte Henriette bissig, als wir uns an unseren Tisch setzten.

»Leila?«, meinte ich unschuldig. »Heißt sie so, ja?«

»Ja«, erwiderte meine Frau. »Immerhin hast du sie so angesprochen. Deinen Namen wusste sie allerdings nicht mehr.«

Das war mir nicht aufgefallen. Oder ich hatte es nicht wahrnehmen wollen. Also hatte die gute Leila doch altersbedingte Beschwerden. Vergesslichkeit. Sie sollte mal Ginkgo nehmen. Oder Kürbis. Vielleicht half beides.

Nach einigen schönen Stunden, die wir mit Essen und Erzählen verbrachten, endete der Abend. Am nächsten Tag sollten wir uns sehr früh wieder treffen. Der Ausflug stand bevor. Mit dem Bus in Richtung El Alamein. Wir würden uns die Schauplätze des 1942er-Feldzugs von Generalfeldmarschall Erwin Rommel gegen britische Verbände vor Ort ansehen. Derlei Kriegsromantik ist aus meiner Sicht ein verzichtbares Vergnügen. Absagen konnten wir jedoch nicht. Immerhin wohnten wir kostenfrei im Luxushotel. Da musste man das Rahmenprogramm mitmachen. Für die Kinder immerhin war gesorgt. Animateure würden sich um den Nachwuchs der ehemaligen Schüler kümmern.

Die Fahrt war unspektakulär und langweilig, die Rommel-Stätten ebenso heiß wie staubig. Und das Essen in einer einsamen Raststätte viel zu reichhaltig.

Ich schleppte mich vollgefuttert in den Bus und hoffte, bis Kairo alles verdaut zu haben. Der kleine Ahmed saß bereits auf seinem Platz und schnarchte hingebungsvoll. Auch ich fiel wohl in einen tiefen Dämmerschlaf, denn von den folgenden Ereignissen bekam ich nichts mit. Nur so viel wurde mir nach meinem Erwachen berichtet: Offenbar hatte der Fahrer unseres Busses beim Ausparken ein Polizeifahrzeug touchiert. Dessen Besatzung wollte daraufhin die Schuldfrage geklärt wissen, und es kam, wie es immer bei solchen Ereignissen kommt: Beide Seiten schrien sich aufgebracht an. Aus Sicht des Busfahrers war das keine ganz so optimale Taktik, denn sein Gegenüber in Uniform nahm ihn einfach fest. Für uns brachte das die unangenehme Folge mit sich, dass wir keinen Fahrer mehr hatten. Der Bus bewegte sich also nicht. Er würde es auch nicht in absehbarer Zeit tun, denn der Schlüssel war beim Busfahrer. Und der befand sich gerade im Polizeifahrzeug auf dem Weg in die nächste Stadt. Also kehrten alle in die Raststätte zurück. Auch ich verließ den Bus nach meinem Erwachen. Nur Ahmed schlief weiter seelenruhig.

Es war übrigens mittlerweile ziemlich heiß. Und die Raststätte lag mitten im Nirgendwo. Der Versuch, mit dem Busunternehmen Kontakt aufzunehmen, endete kläglich. Kein Mobiltelefon war zu gebrauchen. Mitten in der arabischen Pampa hätte nicht mal James Bond ein Netz gehabt. Einen Ersatzbus gab es also nicht. Wir waren gefangen.

Die Zeit verstrich, ohne dass der Fahrer zurückkam oder überhaupt jemand die Raststätte ansteuerte. Der Wirt war ebenfalls keine Hilfe. Vielleicht witterte er auch nur das Geschäft seines Lebens. Ein Bus voller gestrandeter, wohlhabender Eliteschüler. Was wollte er mehr?

Nach einer Ewigkeit hilflosen Wartens aber schien es das Schicksal gut mit uns zu meinen. Ein weiterer Bus fuhr die Raststätte an. Die Rettung, dachten wir alle. Beim zweiten Blick entpuppte er sich allerdings als keine ideale Lösung. Er war bis auf den letzten Platz vollbesetzt. Wir würden also nicht um Aufnahme bitten können.

Die Ägypter unter uns allerdings waren anderer Ansicht. Einer der selbst ernannten Vorstandschefs fing eine hitzige Diskussion mit dem Fahrer an, der seine Insassen für eine kurze Toilettenpause aus dem klimatisierten Inneren entließ. Ob er es denn verantworten könnte, wenn wir alle in der Wüste verdursten würden, fragte mein ehemaliger Mitschüler aufgebracht. Zugegeben, mit einer Raststätte im Rücken verliert dieses Argument an Kraft, aber hierbleiben wollten wir natürlich alle nicht.

Ob wir es denn verantworten könnten, wenn wir seinen Bus kaputt machen würden, fragte der Fahrer zurück. Doppelte Beladung! Wie sollten denn das die Achsen aushalten?

Leila trat vor und bat ihn, es sich noch einmal zu überlegen. Sie müsste zu einem wichtigen Auftritt heute Abend. Ob er denn nicht über seinen Schatten springen und uns mitnehmen könnte?

Nein, beharrte der unkooperative Chauffeur, das sei ausgeschlossen. Allerdings, meinte er und lächelte Leila charmant an, einen Gast könnte er sicher noch mitnehmen und dann versuchen, den anderen von Kairo aus einen Ersatzbus zu organisieren.

Es war ein ganz billiger Trick, die Klassenschönheit um den Finger zu wickeln. Leila allerdings lehnte dankend ab.

Gerade als der Busfahrer einsteigen und uns alle zurücklassen wollte, erschien Ahmed auf der Bühne. Er war von dem Tumult geweckt worden und hatte sich ins Bild setzen lassen. Nun stellte er sich zwischen den zwei Köpfe größeren Mann und seinen Bus. Der Fahrer lachte und wollte Ahmed beiseitestoßen, hielt aber inne, als mein kurz gewachsener ehemaliger Mitschüler etwas aus seiner Jackenasche holte. Ich erkannte im ersten Moment nicht, was es war, doch die anderen murmelten ein paar ebenso überraschte wie anerkennende Worte. Und die schöne Leila schien Ahmed zum ersten Mal in ihrem Leben wirklich wahrzunehmen. Dann sah auch ich es. Ahmed hielt einen Polizeiausweis in die Höhe. Und zwar nicht irgendeinen. Es war der Ausweis eines Polizeichefs.

Er brüllte den Mann in den folgenden Minuten ziemlich zusammen und zuletzt beschlagnahmte er unter dem Jubel meiner Mitreisenden kurzerhand den ganzen Bus. Es stellte sich heraus, dass er, vermutlich getrieben von der unerfüllten Liebe zu Leila, nach der Schule zur Polizei gegangen und zu einem ziemlich wichtigen General oder so was aufgestiegen war. Hätte er vorhin nicht geschlafen, so hätte man uns sicher nicht den Busfahrer weggenommen. Aber das war egal. Nun gab er uns einen neuen Bus. Er war unser Retter.

Wir stiegen ein, und es wurde eng. Sehr eng. Jeder Zweierplatz wurde von je drei Leuten, immer Frauen und Kinder, besetzt. Die Männer standen. Nur Ahmed nicht. Er saß mit Leila hinter dem unter Arrest stehenden Busfahrer. Die ganzen dreihundert Kilometer bis nach Kairo. Dort erst entließ Ahmed den Bus wieder.

Wir kamen wohlbehalten zurück zum Hotel und waren um ein Abenteuer reicher. Ahmed hatte es sogar

Offenbar hatte Leila eine Schwäche für mächtige Männer.

noch besser getroffen. Offenbar hatte Leila eine Schwäche für mächtige Männer. Selbst wenn sie nicht wie George Clooney, sondern wie Danny DeVito aussahen …

Hisham erzählte mir später, dass Leila und Ahmed in den kommenden Monaten öfter einmal auf den lokalen Klatschseiten erschienen. Natürlich fand man unter den Fotos nur lobende Worte für den stattlichen Polizeichef an Leilas Seite. Nach einem Jahr aber war Schluss mit den Fotos der beiden. Ahmed wollte nicht, dass seine schwangere Frau über rote Teppiche schritt. Also machte sie erst einmal eine Pause, während er medial durchstartete. Es hieß, er habe den Job bei der Polizei geschmissen und plane gerade seinen ersten Film. Offenbar steckte mehr von George Clooney in ihm als in mir.

Ein guter Jahrgang?

Aus dem Tagebuch eines Klassentreffen-Junkies

Sonntag, 24. Mai 1992

Juhuu, hurra und hüpf! Es ist vollbracht: Ich hab mein Abi in der Tasche. Und nicht nur ich, der gesamte Jahrgang! Sogar Lainey – die hat mit ihrer 3,7 am breitesten gegrinst von allen. Francesco hingegen zog eine Schnute: »nur« 1,0 ...

Wir tanzen, singen, trinken ... fast pausenlos. Direkt am Montagnachmittag, nach Bekanntgabe der Noten, ging es auf dem Schulhof los, dann machten wir am Baggersee weiter, tags darauf im Biergarten, danach in diversen Partykellern. Der krönende Abschluss lief gestern in der Aula unserer (ehemaligen!) Penne. War eine super Sause, die Lehrer machten uns Komplimente, die Eltern waren voller Stolz. Und auch wenn wir uns gegenseitig die letzten 13 Jahre hindurch immer mal wieder auf den Zeiger gegangen waren – jetzt, zum Ende hin, haben wir vierzig, der Abijahrgang, '92, uns perfekt verstanden.

Scheiße, hab ich den Sauhaufen lieb! (Note to the reader: Hab noch Restalkohol. Handschrift und Ausdruck könnten also leiden.)

Gestern habe ich sogar kurz in Saschas Armen gelegen ... Aber irgendwer hat uns unterbrochen, schade. Den fand ich mit 14 so toll, und pünktlich zum Abi bahnt sich was an.

Aber ... ach nee. Erstens flieg ich morgen mit meiner Family in den Urlaub, zweitens jobbe ich den Sommer über als

Reiseleiterin und drittens zieh ich im Herbst weg. Das Letzte, was ich jetzt brauche, ist eine Liebelei. Außerdem bin ich sowieso schon verknallt: in das Leben!

Gute Vorsätze für die nächsten vier Monate (bis die Journalistenschule/das Studium, oder was immer sich ergibt, anfängt):

- Dringend eine neue Dauerwelle machen lassen.
- Abnehmen. Mindestens drei Kilo. Prüfungsschokolade, Martini und Sekt haben Spuren hinterlassen.
- Meine supertollen Klassenkameraden so oft wie möglich treffen!
- Die Abilieder-Maxisingles anschaffen! - *O.P.P.* von Naughty by Nature und *Ritmo de la Noche* von Chocolate. Die haben die Jungs nämlich umgetextet: Der Refrain von *Ritmo* heißt bei uns jetzt »Abi, Abi 92«, der von *O.P.P.* »Wir haben Abitur - und das zählt nur!«

Mittwoch, 19. Mai 1993

Wie kann in einem Jahr nur dermaßen viel passieren? Irgendwie bin ich nach dem ersten offiziellen Klassentreffen - genau ein Jahr nach unserem mündlichen Abitur - ernüchtert. Was vielleicht daran liegt, dass ich später noch nach Stuttgart in die Redaktion fahren muss und gestern nur Apfelschorle getrunken habe. Aber auch sonst wäre mir klar geworden: Die Verbundenheit, die wir den letzten Sommer hindurch so genossen haben, hat sich verflüchtigt.

Zugegeben, wir waren immer schon ein reichlich heterogener Haufen - manche aus eher einfachem Hause, andere wohlhabende Akademikerkinder; manche megasportlich, andere ...

so wie ich: nur dann am Rennen, wenn sie mussten. Die Hitze des letzten Sommers ließ die Unterschiede hinwegschmelzen. Einen Herbst, einen Winter und ein Frühjahr später sind wir wieder die Alten.

Oder auch nicht. Mein Problem ist, dass ich mit den meisten gestern nichts anfangen konnte. Das Gros lebt immer noch bei Mami und Papi. Kata, Julian und Diana tun zudem auch noch zero, niente, gar nichts. »So ein Jahr faulenzen ist auch mal ganz nett ...« Meine Eltern würden mir was husten!

Aber auch jene, die studieren oder Zivildienst machen, sind anders drauf als ich. Während der letzte Film, den ich gesehen habe, *The Bodyguard* war (das war im Januar!), sitzen die täglich im Kino. Und dann gehen sie tanzen. Zumindest sprachen sie so, als ob. Ich hingegen bin tagsüber auf Pressekonferenzen, recherchiere oder führe Interviews, abends schreibe ich bis acht. Dann koche ich mir was, kümmere mich um meine Wohnung, anschließend falle ich ins Bett. Praktisch, dass mein Schatz gerade in Amerika studiert.

Gut, dass gestern Valentin, Gabriel, Tim und Andrea da waren. Dafür, dass ich die längste Zeit des Abends mit den Ruhigsten unserer Jahrgangsstufe gequatscht habe, bekomme ich sicherlich keinen Coolnesspreis. Aber bei ihnen fühlte ich mich verstanden. Erstens, weil sie auch wenig Alk getrunken haben. Zweitens studiert Gabriel katholische Theologie – und ich hatte, als Volontärin bei einer katholischen Kirchenzeitung, viele Fragen an ihn. Drittens steckt auch Tim schon im Beruf, er wird Verwaltungsbeamter (und kämpft ebenfalls mit dem frühen Aufstehen). Viertens zieht Andrea bald nach Stuttgart, um dort zu studieren! Darauf freu ich mich.

Sonntag, 21. Mai 1995

Drei Jahre Abitur! Weil wir nicht mehr die Jüngsten sind, haben wir uns diesmal im katholischen Gemeindehaus getroffen. Mit Dach überm Kopf und Sitzgelegenheit – und ab der Nachmittagszeit. Für Niels war das besonders günstig, denn so konnte er sein Töchterchen mitbringen. Wir haben also tatsächlich schon ein Abi-92-Baby!

Ich schiebe solche Themen noch vor mir her. Ich studiere noch eine Weile, und mein Schatz fängt gerade an mit dem Geldverdienen. Immerhin kann ich mir das mit Mann und Kind(ern) theoretisch vorstellen – Andrea nicht. »Ich mache lieber Karriere«, erklärte sie gestern wieder lauthals.

Francesco verkündete, er habe schon zwei Studiengänge abgebrochen und wolle nun Bestseller schreiben. Diana schwärmte von ihrem zukünftigen Modedesignstudium, überbrückt derweil die Wartezeit allerdings als Kioskverkäuferin.

Ich schwieg. Vielleicht, weil ich im Beruf schon zu viele Lebensgeschichten gehört habe?

Wenigstens auf Valentin, Gabriel und Tim war Verlass: dieselben Ausbildungs- und Studienrichtungen, dieselben Adressen, derselbe Humor. Auch mit Lainey habe ich mich unterhalten, sie wird Erzieherin. »Und wovon träumst du so?«, fragte sie mich. Da vertraute ich ihr an, dass ich gerade versuche, ein Stipendium für ein Studienjahr in den USA zu bekommen.

Sascha ist überhaupt nicht mehr hübsch. Oder hat sich nur mein Geschmack verändert? Er und einige andere Jungs redeten nur belangloses Zeug: »Wen würdest du lieber flachlegen, Julia Roberts, Cameron Diaz oder Halle Berry?« – »Wieso oder? Ich denke lieber über die Reihenfolge nach!«

Skandälchen gab es auch: Julian hat letztes Jahr in einem Schmuddelheftchen nackt posiert, wohl im Glauben, dass junge Abiturienten solche Heftchen nicht kaufen. Er hatte völlig vergessen, dass Leute, die in einem Kiosk jobben, diese Hefte gratis lesen können ... und dass Diana sehr mitteilsam ist.

Lukas saß wohl ein paar Monate im Knast! Das weiß ich vom Hörensagen, er war nicht anwesend. Fazit: Ob wir insgesamt ein guter Jahrgang sind, muss sich noch zeigen. Nett war's trotzdem. Und das Baby so süß ...

Gute Vorsätze bis zum nächsten Klassentreffen:

- Herausfinden, wer Cameron Diaz ist.
- Lukas' Knastgeschichte recherchieren.
- Alle Zwischenprüfungen bestanden haben!

Sonntag, 25. Mai 1997

Ich habe gerade den alten Eintrag noch mal gelesen – gut, dass '96 kein Treffen stattfand. Sonst hätte ich einen Vorsatz nicht einhalten können. Sch ... Linguistikprüfung! Das mit Lukas waren allem Anschein nach Drogen. Er ist jetzt unbekannt verzogen. Cameron Diaz ist meine neue Lieblingsschauspielerin, eine echt coole Socke. Und das Heftchen mit Julian ... Ich hab's mir bei Andrea angeguckt, jedoch auf den Kauf verzichtet. Da drin fand ich nichts, was ich nicht schon in besserer Qualität in echt gesehen hätte. ;)

Julian war der Erste, dem ich beim Klassentreffen über den Weg lief. »Wow, keine Dauerwelle mehr – kurz und glatt! Sieht gut aus!«, lobte er. »Viel jünger.« Ich freute mich – seltsam irgendwie: Noch vor wenigen Monaten hatte ich mich besser gefühlt, wenn Leute mich älter schätzten.

Julian ist offenbar erwachsen geworden, hat eine feste Freundin und kommt im Wirtschaftsstudium gut voran. Ich erzählte ihm von Kalifornien, wohin ich in acht Wochen fliegen werde, und er gratulierte mir.

Andrea und mich zog es bald zur Tanzfläche. Diesmal hatte unser Treffen das Motto »Disko« – ein paar der Jungs hatten einen Saal gemietet, der mit DJ und Lichttechnik richtig viel hermachte. Aus den Boxen wummerten die Hits aus unserer Abizeit. *Ritmo*, *O.P.P.*, Techno, Disko ... Zwischen den Tanzrunden gab ich Andrea, Valentin, Gabriel und Tim eine Runde aus. Diesmal mussten wir begießen, dass ich a) ein Stipendium für die USA bekommen und b) die Trennung von meinem Ex durchgezogen habe. »Er war viel zu sportsüchtig für dich«, versicherten mir alle, »außerdem hat er dich überredet, diese schrecklichen Locken zu behalten!«

»Was habe ich nur für Freunde, wenn die mir jahrelang verschweigen, dass weder meine Frisur noch mein Freund zu mir passen?«, schimpfte ich. Dann lachten wir gemeinsam.

PS: Es gibt zwei neue Babys zu feiern (Dianas und Marcos).

PPS: Nervigste Lieder des Abends (weil ständig wiederholt): *Ritmo de la Noche*, *Nur Geträumt* (von Blümchen, NICHT Nena!) und alles von Scooter!

PPPS: Die Jungs fahren aktuell alle auf Verona Feldbusch ab, die Sängerin, die *Ritmo de la Noche* trällert. Die ist wunderhübsch, hat aber den ollen Bohlen geheiratet! Wer so eine Geschmacksverirrung hat ...

Samstag, 18. Mai 2002, morgens:

Nur zwei von mir könnten noch erschöpfter sein. Schlimmer noch: Ich verspreche und verschreibe mich andauernd. Ich, die Journalistin, kriege keinen geraden Satz mehr zustande. So soll ich auf ein Klassentreffen? Ach, was soll's. Wurstegal! Zehn Jahre Abi gehören gefeiert, basta. Außerdem treffen wir uns in zwei Schichten: Erst mit Kind und Kegel in der Schulaula. Später nur Abi '92 in Monis Partykeller.

Wenn ich meine Tochter dabeihabe, das süßeste Baby der Welt, fallen meine Blässe und mein Gestammel eh keinem auf. So war's doch immer in den letzten drei Monaten.

Mein erstes Klassentreffen als Mutter! Irgendwie sind die letzten fünf Jahre noch schneller vorbeigezischt als die fünf davor ... Etwa so: Gestern im Minirock zur Party, heute Morgen im Kostüm zum Vorstellungsgespräch, heute Nachmittag im Hauszelt auf die Entbindungsstation. Zwischendurch in Amerika studiert, wieder daheim den Magister gemacht, beim Sender angefangen, begleitend eine kleine, eine mittlere und dann eine große Liebe, schwanger geworden, geheiratet. Nur warum hat mich kein Schwein davor gewarnt, was Nächte mit Säugling mit einem machen? Auch Niels, Marco und Diana haben beim letzten Treffen kein Wörtlein davon verraten! Die knöpf ich mir vor.

Sonntag, 19. Mai 2002, Mittag

War ja klar: Bei Diana und Marco haben die Babys sofort durchgeschlafen. Nur Niels gab zu, die Kleine regelmäßig übers Wochenende bei Oma und Opa geparkt zu haben, um auszuschlafen.

Alles in allem fand ich das »Zehn Jahre Abi«-Treffen ... komisch. Im Haupteingang der Schule stieß ich fast mit Tim zusammen – und mein Maxi-Cosi mit seinem. »Kaum lässt man dich mal ein paar Monate aus den Augen, produzierst du doch tatsächlich ein Baby«, entfuhr es mir.

»Du doch auch!«, entgegnete er. Die Kleinen guckten einander mit riesigen Augen an. Wir Großen lachten, fielen uns um den Hals und gratulierten einander. Und gelobten, den in letzter Zeit vernachlässigten Kontakt wieder richtig aufzubauen.

Wie erwartet bekam ich kaum Beachtung - mein Töchterchen umso mehr. Andrea flirtete mit ihr, sagte aber hinterher: »Kriegt ihr nur fleißig Kinder - die zahlen dann auch meine Rente!« Einige der Jungs schlugen sich auf ihre Seite, »die Welt ist eh überbevölkert« und »unsere Gene muss man nicht weitergeben«. Julian, Sascha und Kata brachten niedliche Kleinkinder mit, und so zerfiel die Jahrgangsstufe in zwei Lager: Die einen tauschten sich über Abstillen, Anti-Bauchweh-Tricks und ALDI-Kinderkleidung aus, die anderen spielten »Mein Haus - meine Fernreise - mein Sportwagen«.

Vor einem Jahr hätte ich bei dem Spielchen locker mithalten können (»Mein Fernseh-Job - meine Lieblings-Promis, mit denen ich jetzt per Du bin - meine schönsten Pressereisen«). Ich war froh, aus diesem Fahrwasser raus zu sein!

Zur Abendessenszeit brachte ich Mann und Maus in das Haus meiner Eltern und fuhr nach dem Abend-Stillgang in den Partykeller. Nun waren wir Jubilare unter uns - dennoch bildeten sich sofort dieselben Grüppchen wie zuvor. Die meisten Kinderlosen soffen teure Whiskeys und rauchten. Das gab mir den Rest. Seit der Schwangerschaft hab ich eine Nase wie ein Drogenhund, und der Gestank gepaart mit Erschöpfung trieben mich aus dem Keller und ins heimische Bett.

Sonntag, 20. Mai 2007
»Wusstest du, dass Andrea wieder schwanger ist?«
   »Nein!«

»Doch. Sie hofft auf Zwillinge. Da muss sie keinen neuen Wagen kaufen.«

Mir wäre fast das Stockbrot ins Lagerfeuer geplumpst. Tim grinste breit: Überraschung gelungen!

Meine eigenen Zwillinge spielten derweil, beaufsichtigt vom stolzen Papa, auf dem Sportplatz Fangen mit der großen Schwester, Saschas und Tims Söhnen und Julians Tochter.

Wer hätte gedacht, dass ausgerechnet unser Jahrgang sich als so fruchtbar erweisen sollte?

Unser Kindersegen zum Zehnjährigen wirkte wohl inspirierend. Jedenfalls kamen ab 2003 aus allen Richtungen Karten mit Babyfotos.

Kata machte neun Monate nach dem letzten Treffen den Anfang. Julian legte nach, dann war wieder ich an der Reihe. Was wiederum Andrea ansteckte, die ebenfalls gleich zwei auf einmal zur Welt brachte. Den Vogel schoss Francesco ab: Er wurde Vater von Zwillingen UND veröffentlichte zwei Bücher!

Tim, der das Treffen maßgeblich organisiert hat, hatte einen kleinen Sportplatz mit Vereinsheim angemietet. Petrus schickte bestes Sommerwetter. Ab der Kaffeezeit picknickten, grillten und feierten wir mit unseren Familien.

Später brachten wir die Kinder zu den Omas und Opas und trafen uns erneut. Entspannt tauschten wir uns aus, die Themen waren spießig: Grundstückskauf und Altersvorsorge, Kinderbetreuung und Schulwahl, Hochzeitsplanung und gelungene Scheidungen. Francescos Bücher fanden viel Anklang, und ich freute mich darüber, dass Diana, wenn schon keine eigene Modelinie, so doch eine Laufbahn als Sängerin und Songwriterin gestartet hatte. Ansonsten sprachen wir wenig über Karrieren. Mir kam das gelegen: Meine liegt familien- und hausbaubedingt auf Eis.

Erst heute beim Frühstück, als meine Eltern nachfragten, fiel mir auf, dass ich zwar den Familienstand fast aller Anwesenden kannte, Berufe und Gehalt hingegen von kaum jemandem.

»So weißt du also gar nicht, ob ihr ein guter Jahrgang seid?«, neckte mich mein Vater.

Ich sah ihm fest in die Augen: »Wenn ein guter Jahrgang die Seele wärmt und die Zeit schnell vergehen lässt – dann sind wir das auf jeden Fall!«

Sonntag, 20. Mai 2012

Auf dem Weg zum Klassentreffen kam genau das richtige Lied im Autoradio: *Tonight we are young* von Fun. Mein Herz schlug schneller. Würden wir uns wirklich fühlen wie früher? Immerhin hatten Lehrer von damals uns in die alte Schule eingeladen!

»Von acht Leuten weiß ich leider nicht, wo sie abgeblieben sind«, berichtete Valentin, der diesmal die Einladungen versandt und die Feierlichkeiten vorbereitet hatte. Außerdem war er mein Chauffeur. Mein Auto war, wie die Kinder, bei meinem Mann in unserem Haus geblieben, drei Stunden von der alten Heimat entfernt.

»Bei Lukas hätte mich durchaus interessiert, ob er die Kurve gekriegt hat«, meinte Valentin. »Ich wüsste auch gern, ob Lainey noch in Australien lebt.«

»Vielleicht melden sie sich ja zum 25-Jährigen«, tröstete ich. »Ich finde wunderbar, dass 26 Klassenkameraden zugesagt haben. Und ist nicht aus fast allen etwas geworden?«

Er stimmte mir zu: »Beamte und freischaffende Künstlerinnen, Pfarrer und Unternehmerinnen, Handwerker und Professorinnen ... eine aparte Mischung. Auch bin ich gespannt, welche Lehrer wir wiedersehen.«

Das war ich auch. Tatsächlich entdeckte ich sofort, als wir das Schulhaus betraten, eine Gruppe vertraut wirkender älterer Menschen. Mein inneres Auge radierte Falten weg, zauberte schütteres Haar voller, graues und weißes brünett oder blond.

Da waren die Kringellocken von Miss March, meiner ersten Englischlehrerin! »Wissen Sie, ich liebe die Sprache und habe sie sogar studiert«, erzählte ich ihr eifrig. »Ohne Englisch hätte ich als freie Journalistin keine Chance! Dank Ihnen kann ich telefonisch oder per E-Mail Experten aus aller Welt interviewen.«

»Schön für Sie, ich gratuliere«, meinte Miss March lächelnd. »Aber helfen Sie mir bitte auf die Sprünge: Wie war Ihr Name?«

Zu Abizeiten hat sie ihn noch gekannt, dachte ich wehmütig. Sogleich fragte ich mich: Bin ich so gealtert? Nicht mehr wiederzuerkennen? Wie um meine Frage zu beantworten, schoss Kata auf mich zu: »Schatzi! Mensch, du siehst keinen Tag älter aus als vor zehn Jahren!«

Ich atmete tief durch: Ein prima Auftakt zu einer wunderbaren Feier.

Wir schwelgten in Erinnerungen. Andrea, Tim und ein paar andere hatten eine Ausstellung vorbereitet, die die pikanten Fotos von Julian, Artikel von mir, Berichte über Francescos Bestseller sowie viele Hochzeits- und Geburtsanzeigen beinhaltete.

Vorwiegend aber führten wir Gespräche über das Hier und Jetzt. Wir redeten über Kinder, Mode, Gesundheit, Politik, Religion - und über den Fußball.

Ausgerechnet heute spielte der FC Bayern München im Champions-League-Finale! Wir zogen also um in das nächste Gasthaus mit Großleinwand. Die Bayern verloren trotz unseres Daumendrückens gegen Chelsea, ich unterlag meinem inneren Schweinehund und gönnte mir drei Cocktails. Nun freute ich mich aufrichtig, keine Abiturientin mehr zu sein - damals hätte ich mir solch einen Abend schwerlich leisten können!

»Kommst du nachher eigentlich mit in die Kirche?«, fragte Valentin auf der Heimfahrt. »Gabriel hält die Predigt.«

Das ist der Grund, weshalb ich nach fünf Stunden Nachtschlaf bereits Tagebuch schreibe - und nun sicher weiß, die Jugend hinter mir zu haben. Bei Youngstern enden Feiern unterm Tisch, nicht im Gotteshaus. Aber das ist mir ja so was von egal! Ich habe Gefährten, die immer für mich da sind, wenn ich in die Stadt meiner Kindheit zurückkehre. Gefunden nicht im Internet, sondern in meiner guten, alten Schule. Um es mit den Worten meines 19-jährigen Ichs auszudrücken: Juhuu, hurra und hüpf!

KAPITEL 3

Weißt du noch? Wisst ihr schon?

Die Top Ten der Schulerinnerungen

»Wisst ihr noch, wie der Song ging, den wir alle gemeinsam auf unserer Abifeier gesungen haben?« – »Ähm – wir haben da gesungen?«

Wenn es um Erinnerungen geht, scheint das menschliche Hirn sehr individuell auszusieben. Was für die einen zu den Highlights ihrer Schulzeit gehört, ist für die anderen nicht mehr als eine Randbemerkung und für wieder andere einfach nur ein großes schwarzes Loch.

Doch wenn man fragt, welche Schulerlebnisse die unvergesslichsten sind, tauchen ein paar Stichworte immer wieder auf. Wir haben daraus die Top Ten zusammengestellt:

1: Der Schulweg

Ganz egal, ob man damals immer gelaufen ist, geradelt oder mit dem Bus gefahren: Die Strecke hat sich auf ewig in die persönliche Festplatte gefräst, und zuweilen passiert es noch Jahre später, dass man in Gedanken diesem Weg folgt und plötzlich vor der alten Schule steht statt vor dem Supermarkt, der Arztpraxis oder dem Büro, zu dem man eigentlich wollte. Wenn sich doch bloß die vielen Vokabeln, Formeln und Fakten genauso gut eingeprägt hätten!

2: Das Schulbrot

Kaum zu fassen, was für einen Kohldampf man als Kind entwickeln konnte, und das bereits zwei Stunden nach dem Frühstück! In der großen Pause stürzten sich alle auf ihre Stullen, wobei die der Mitschüler natürlich deutlich leckerer waren als die eigenen, weshalb das große Tauschen zum unverzichtbaren Ritual wurde. Auf Klassenfahrten steigerte sich der Appetit schon nach wenigen Kilometern im Bus zu einem wahren Bärenhunger, sodass der Proviant meist viel zu früh aufgefuttert war und man am Zielort erst mal einen Fast-Food-Tempel aufsuchen musste ...

3: Die Sitzordnung

Leider überließen es nicht alle Lehrer den Schülern selbst, zu entscheiden, wer wo sitzen durfte. Einige bestanden sogar auf regelmäßigem Rotieren oder auf absurden Sitzordnungsregeln. Dann gelang es nur selten, den Platz neben der besten Freundin oder dem besten Kumpel zu ergattern – und wenn, wurde man oft schon nach kürzester Zeit wegen maßlosen Quatschens wieder auseinandergesetzt. Mit etwas Glück wurde man neben dem oder der Klassenbesten platziert, wobei es hier allerdings zwei Varianten gab: Streber und Nicht-Streber. Der Unterschied bestand darin, dass der Streber bei Tests sein Mäppchen als Sichtschutz aufstellte, während der Nicht-Streber einem sogar vorsagte.

4: Die Lehrersprüche

Die lustigen Versprecher, die später als Zitat in der Schülerzeitung landeten, sind hier nicht gemeint, sondern die stupiden Phrasen, die einem die ganze Schulzeit über immer wieder begegneten. »In Straßenschuhen nicht die Turnhalle betreten« zum Beispiel oder »Erst melden, dann reden« oder »Wer schnipst, wird nicht drangenommen« oder ... Na ja, wir kennen sie alle. Sie sind die »Draußen gibt's nur Kännchen«-Version der Schulzeit und werden zwar selten befolgt, aber noch seltener hinterfragt.

5: Die Gerüche

Angenommen, man würde mit verbundenen Augen in seine ehemalige Schule geführt, wie schnell würde man sie wohl erkennen? Vermutlich sehr schnell - schließlich erinnert sich das menschliche Hirn an nichts so gut wie an Gerüche, auch wenn es meist schwerfällt, sie zu benennen. Versuchen wir es trotzdem: Da ist der muffige Tafelschwamm, das typische Bohnerwachs, der Umkleidekabinen-Mief, der ewige Kreidestaub ... Fast erwartet man schon, dass gleich der mettbrötchenkauende Hausmeister um die Ecke biegt oder der Musiklehrer mit dem schlechten Atem - aber lassen wir das lieber.

6: Die Pausen

Das Pausenverhalten ist der ultimative Maßstab für den Grad des Erwachsenwerdens. In der Grundschule wurde noch getobt und gespielt, später ging man zu Gesprächen über und schließlich zu lustlosem Vor-sich-hin-Gestarre. Für heutige Schüler unvorstellbar: der Raucherschulhof von damals. Sich an einem Glimmstengel festhalten zu können, erleichterte natürlich das wortlose Coolsein ganz enorm. Heute gibt es stattdessen Smartphones, die allerdings auf den meisten Schulhöfen verboten sind. Was hätten wir gestaunt damals!

7: Die Strafen

Manche Lehrer mussten gar keine Strafen verteilen, sie waren selbst welche. Und doch kamen gerade sie nicht ohne Drohungen aus, die sie leider auch häufig wahr machten. Hausordnung abschreiben, nachsitzen oder - im Akutfall - vor die Tür gehen waren die Klassiker. Wer klug war, wies die dem Klassensaal verwiesenen Störenfriede an, von außen die Türklinke runterzudrücken, damit sie nicht abhauen konnten. Was wäre eigentlich passiert, wenn man die blöde Hausordnung NICHT abgepinselt hätte? Schade - die Frage hätte man sich vielleicht ein paar Jahrzehnte früher stellen sollen ...

8: Die Klassenfotos

Jahr für Jahr wurden sie an der gleichen Stelle im Foyer, auf dem Hof oder im Treppenhaus aufgenommen, und stets kam der Fotograf unangekündigt. Oder aber man hatte die Ankündigung bloß verpasst und war mal wieder als Einzige nicht vorbereitet: Für einen ganz normalen Schultag wäre das lappige T-Shirt mit dem winzigen Marmeladenfleck auch völlig okay gewesen, aber aufs Bild hätte das Teil nun wirklich nicht gemusst ... Und überhaupt: Haare waschen wäre keine schlechte Idee gewesen. Und ein Abdeckstift.

9: Die Freistunden

Sie waren das Schönste an der ganzen Schulzeit! Auch wenn man eigentlich gar nichts mit sich anzufangen wusste und aus purer Langeweile »Schiffe versenken« spielte oder schlimmer: Hausaufgaben machte. Dennoch sehnte man sich danach, dass der Sportlehrer endlich wieder mit seinem

Jugend-trainiert-für-Olympia-Team unterwegs sein, die Mathelehrerin eine Erkältung bekommen oder der Biolehrer auf Fortbildung fahren würde, um endlich wieder ein paar ermüdende Stunden im Aufenthaltsraum verbringen zu dürfen. Und wenn keiner unterwegs war, krank wurde oder sich fortbildete, machte man eben mal blau. Nur um hinterher festzustellen, dass die anderen ausgerechnet in dieser Stunde einen Film geschaut hatten ...

10: Das Freundebuch

»Wenn du einst als Großmama im Lehnstuhl sitzt bei Großpapa, dann denke doch mit stillem Glück an deine Freundin XXX zurück« – solche oder ähnliche Sprüche hatte wohl jedes Mädchen im Poesiealbum stehen. Gern auch verziert mit kitschigen Glitzerklebebildchen. Irgendwann wurde man zu cool, um »wie das Veilchen im Moose, bescheiden, sittsam und rein« sein zu wollen, und ersetzte das Poesiealbum durch ein Freundebuch, in das man sich gegenseitig Hermann-Hesse- oder Gandhi-Weisheiten schrieb und ein Erinnerungsfoto klebte.

Dieses Buch nimmt man dann gern wieder zur Hand, wenn ein Klassentreffen ansteht. Um gut vorbereitet zu sein, die Namen zu checken und das Gedächtnis aufzufrischen.

Doch redet man eigentlich beim Wiedersehen über die Erinnerungen aus Punkt 1 bis 10? Mitnichten. Wozu auch? Man spricht ja auch nicht darüber, dass das Wasser nass ist und die Luft voll Sauerstoff ...

Langweiler

Beklemmung war das Erste, was ich fühlte, als ich in die Stadt zurückkehrte. Alles wirkte klein, die Straßen eng, die Häuser geduckt. Es gab zwei Tankstellen auf dem Weg ins Zentrum, von denen eine geschlossen war, die andere als Treffpunkt für Teenager diente, für die es keine Alternative zu geben schien. Ich war noch nicht einmal richtig angekommen, da wollte ich schon wieder umkehren und bereute meine Entscheidung, über-  **Ich war noch nicht einmal richtig angekommen, da wollte ich schon wieder umkehren.** haupt hergekommen zu sein. Obwohl es erst Samstagnachmittag war, waren nur wenige Menschen auf der Straße, von denen die meisten entweder einen mürrischen oder phlegmatischen Eindruck machten. Kaum zu glauben, dass ich in dieser Stadt aufgewachsen, hier in den Kindergarten und zur Schule gegangen war. Zweimal hatte ich die Einladung zum Klassentreffen ausgeschlagen, weil ich einfach noch nicht das Bedürfnis verspürt hatte, jene Menschen wiederzusehen, mit denen ich über so viele Jahre zwangsvereinigt gewesen war.

Nun aber sollte es so weit sein.

Nach der Schule war ich damals so schnell wie möglich verschwunden, war ins Ausland gegangen, gereist. Nach meiner Rückkehr hatte ich studiert und danach einen gut dotierten Job angenommen, der jetzt meine Familie ernährte. Ich war gut in meinem Beruf, hatte Selbstvertrauen und Lebenserfahrung.

Warum also fühlte ich mich jetzt wieder so klein?

Ich checkte in dem kleinen Hotel am Marktplatz ein. Jenes, an dem wir über die Jahre immer wieder vorbeigelaufen waren, ohne es wahrzunehmen, meine Kumpels und ich. Jetzt waren wir in alle Himmelsrichtungen verstreut, es gab nur ein paar diffuse Kontakte über soziale Foren, die so schnell wieder erstarben, wie sie aufgelodert waren. Die erste Freude über das Wiederfinden war Ernüchterung gewichen, als wir merkten, dass es keine weiteren Themen als die Vergangenheit gab. Dass wir uns in der Gegenwart nicht mehr viel zu sagen hatten, weil wir uns nicht nur räumlich, sondern auch sozial und ökonomisch in unterschiedliche Richtungen bewegt hatten.

Was also wollte ich hier?

Es war die Neugier, die mich hergetrieben hatte. Ich wollte sie sehen, die anderen, die Zurückgebliebenen genauso wie die Heimkehrer. Ich wollte wissen, wie sie sich abseits der wenigen Fotos auf Facebook entwickelt hatten. Ich wollte wissen, wo ich stand.

Im Hotel checkte ich vor dem Spiegel meine Erscheinung und versuchte, sie mit dem Bild von damals abzugleichen. Ich hatte mich gemacht. Vom unscheinbaren dünnen Jungen, der es schwer mit den Mädchen gehabt hatte, war ich zu einem erfolgreichen Mann gereift. Gut, inzwischen waren zwar schon erste Anzeichen der Überreife zu erkennen – der vor wenigen Jahren noch straffe Bauch wurde von einer verräterischen Wölbung verdeckt, wenn der Gürtel zu eng gezogen war. An der Stirn legte der Scheitel bereits einen Rückwärtsgang ein. Aber es

An der Stirn legte der Scheitel bereits einen Rückwärtsgang ein.

war noch nicht alles verloren – für einen Abend und bei gutem Licht sollte es funktionieren.

Es lag mir sehr viel daran, einen guten Eindruck zu machen.

Ich hatte mich mit einer guten Freundin von damals verabredet – Sandra, eine der wenigen, mit der ich seit jener Zeit in losem Kontakt stand, und die mir nun helfen sollte, etwaige drohende Peinlichkeiten durch Nichterkennen früherer Weggefährten zu meistern. Wir trafen uns vor dem Hotel, und zumindest von Weitem hatte sich Sandra nicht großartig verändert. Ich wusste, dass sie verheiratet war und einen Sohn hatte. Außerdem ein paar Falten um die Augen, wie ich bei genauerem Hinsehen feststellte. Nichts Dramatisches, aber Zeichen der vergangenen Jahre, die mir wie selten etwas im Leben verdeutlichten, dass die Zeit voranschritt.

Nach den üblichen, nur zum Teil ehrlich gemeinten Begrüßungsfloskeln (»Wow, du siehst gut aus!« – »Du aber auch.«) überraschte Sandra mich mit dem Vorschlag, das Klassentreffen sausen zu lassen und stattdessen irgendwo ein Bier trinken zu gehen.

»Ich muss die Typen nicht mehr alle sehen«, gestand sie und klang dabei ein wenig müde. »Ich begegne ihnen ja ständig auf der Straße oder in der Kita oder im Supermarkt. Einige grüße ich nicht mal mehr.«

Ich wandte ein, dass das für mich nicht infrage käme, nun wo ich schon diesen weiten Weg auf mich genommen hatte.

»Ich will sehen, wie sie aussehen«, bekannte ich. »Und wenn es nur für ein paar Minuten ist.«

Sandra knickte ein. »Na gut! Aber sag nicht, ich hätte dich nicht gewarnt.«

Als wir in dem verabredeten Restaurant ankamen, wusste ich sofort, was sie gemeint hatte. An der langen, zu einem U gestellten Tafel saßen nur alte Menschen. Männer mit Glatze oder sehr wenigen Haaren, dazwischen stark geschminkte, zum Teil übergewichtige Frauen, die ich nicht erkannte. Wir wurden herumgereicht wie Sportpokale, ich etwas mehr als Sandra, der das anscheinend ganz recht war, und so langsam dämmerte mir, wer diese Leute jeweils waren. Entkräftet ließ ich mich auf einen der vielen freien Stühle fallen und bestellte bei der müde dahinschlurfenden Kellnerin ein Kristall.

Sie sah mich mit großen Augen an, und ich konkretisierte:

»Ein Kristallweizen, bitte.«

Immer noch kein Erkennen in den leeren Augen.

»Ein Hefeweizen. Ein Bier.« Ich war verzweifelt.

»Da muss ich den Chef fragen, ob wir so was haben.« Langsam schlich sie davon, und ich wusste, dass sie kein Kristallweizenbier haben würden. In den nächsten Minuten versuchte ich, mit den mir fremden Männern und Frauen Gespräche in Gang zu bringen. Da ihre Geschichten rasch erzählt waren, kam es mir zu, den Hauptredeanteil zu bestreiten. Wobei ich schnell merkte, dass meine Welt sehr anders war als die ihre.

»Meine Frau möchte nach der Babypause wieder arbeiten und überlegt nun, ob sie eine Dreißig- oder Vierzig-Stunden-Stelle annehmen soll.«

»Echt? Als Mutter bleibt man doch zu Hause.«

Oder:

»Freunde von uns sind im letzten Jahr mit ihren Kindern durch die USA

Echt? Als Mutter bleibt man doch zu Hause.

gereist. Wir überlegen, ob wir das im nächsten Jahr auch tun sollen.«

»Also, wir waren vor drei Jahren mit den Kindern auf Malle, das hat mir gereicht. Purer Stress, sage ich dir.«

In den nächsten Stunden lernte ich viel über zerplatzte Träume, enttäuschte Hoffnungen, schwere Zeiten. Fast alle waren verheiratet oder zumindest in einer Beziehung gewesen, bis eine Trennung in die Quere kam. Die meisten hatten Kinder, die Spanne reichte von pubertierenden Teenagern bis hin zu Neugeborenen, mitunter in einer Familie, bei einigen Frauen gern auch von unterschiedlichen Vätern.

Unter ihnen war Anett.

Sie war die Einzige, mit der ich damals so was wie einen Flirt zustande gebracht hatte. Ich hatte Anett zu der Zeit sehr gemocht, mir phasenweise sogar eingebildet, sie zu lieben. Aber ich war leider nicht alt oder cool genug oder sonst wie interessant gewesen, sodass mich Anett am ausgestreckten Arm hatte verhungern lassen. Heute wusste ich, dass es natürlich niemals Liebe gewesen war, von Anetts Seite sowieso nicht und von meiner wohl auch nicht. Eher ein verhaltenes Interesse, Sympathie vielleicht. Ein bisschen Verliebtsein. Mehr nicht.

Wir begrüßten uns wie die Fremden, die wir inzwischen waren. Das Leben hatte es nicht gut mit Anett gemeint. Ihre Haare waren jetzt kürzer, was nicht das Problem war, auch die Falten um die Augen und den Mund hätten als Spuren der Zeit durchgehen können. Doch im Vergleich zu den anderen Frauen sah sie abgezehrt aus, abgekämpft, erschöpft. Sie hatte zwei Kinder, erklärte sie, natürlich von unterschiedlichen Männern. Mit einem dritten lebte sie zusammen, der im Moment ohne

Arbeit war, heute Abend aber dafür auf die Kinder aufpassen konnte. Sie selbst arbeitete als Empfangsschwester bei einem Kinderarzt, verdiente dort als Quereinsteigerin ein Drittel weniger als ihre Kollegin, die nur die Hälfte der Zeit arbeitete und zudem ständig krank war. Zumindest ihren Stolz schien Anett nicht eingebüßt zu haben. Vielleicht blitzte er aber an diesem Abend auch nur noch einmal mit all seinem Trotz durch, in Erinnerung an alte Zeiten.

»Du siehst gut aus«, meinte sie mit einer Stimme, die immer schon tief gewesen war, inzwischen aber so rauchig klang, dass man denken konnte, ein Mann säße vor einem. Dabei schwenkte sie versonnen ihr Weinglas, als würde sie auf dessen Grund die Antworten auf die vielen unbeantworteten Fragen ihres Lebens finden.

»Du auch«, log ich, was mir anscheinend nicht besonders gut gelang.

Sie lächelte traurig. »Ich weiß, wie ich aussehe. Trotzdem danke. Du siehst aber wirklich gut aus.«

Das erste echte Kompliment des Abends, und ich fühlte mich schlecht dabei.

»Ich hatte immer schon gewusst, dass du es mal zu etwas brin-  gen wirst«, behauptete sie weiter. »Die ande- ren haben das nicht geglaubt. Die haben dich für einen Träumer gehalten. Ich aber kannte dich ja etwas besser.«

Ich hatte immer schon gewusst, dass du es mal zu etwas bringen wirst.

»Wer hat das denn gedacht?«

Sie hob unschlüssig die Schultern, als könnte sie sich selbst nicht mehr daran erinnern. »War doch so. Alle anderen haben von Zeit zu Zeit Mist gebaut. Nur du nicht. Du warst immer so sauber, fast schon berechenbar.«

»Du meinst langweilig«, half ich etwas gereizt weiter.

»Deshalb konnte das mit uns auch nichts werden.« Sie überging meine Worte, vielleicht mit Absicht, vielleicht auch nicht. »Ich wusste zwar, dass aus dir mal was wird. Aber damals war nicht viel los mit dir. Und ich musste doch auf meinen Ruf achten.« Sie lachte schwer und rauchig und laut genug, um René Wuttig auf uns aufmerksam zu machen, seinerzeit der Klassenclown, nie um einen Witz oder komischen Einfall verlegen, nun ein rotgesichtiger Mann mit einem grauen Bart über einem mächtigen Doppelkinn. René hatte schon immer die Fähigkeit besessen, sich in letzter Sekunde in ein Gespräch zu drängen.

»Das stimmt«, nickte er nun bestimmt in meine Richtung. »Du warst damals immer langweilig. Ist aber nicht schlimm!« Kumpelhaft tätschelte er meinen Arm, als wäre ich ein Patient und er der Arzt. Ich war von dieser Einigkeit bezüglich der Einschätzung meiner Person etwas überrascht.

»Was habt *ihr* denn alles so Aufregendes gemacht?«, wollte ich wissen.

»Es geht um nichts Bestimmtes«, erklärte Anett und leerte ihr Glas. »Aber du warst eben immer so brav. Man wusste, dass man dich gar nicht erst fragen brauchte, wenn man was Verrücktes machen wollte.«

»Ihr hättet es ja mal versuchen können.«

René überging meinen Einwand. »Wusstest du, dass ein paar von uns sich in der neunten Klasse jeden Mittwochmorgen zum Kartenspielen getroffen haben? Immer während der ersten beiden Stunden, und kein Lehrer hat je gemerkt, dass wir fehlten. Zumindest ein paar Wochen lang nicht.«

Natürlich hatte ich das gewusst. Ich war ja nicht blöd gewesen. Was hätte ich denn tun sollen? Heulend zu den Lehrern rennen und mich darüber beschweren, dass sie keine ordentlichen Anwesenheitslisten führten?

Anett winkte nach der Bedienung und bestellte ein neues Glas Wein.

»Die Mädchen fanden dich damals nett«, erklärte sie weiter, wohl um ihre Aussage etwas abzuschwächen und mich nicht völlig als Trottel dastehen zu lassen. »Aber mit einem netten Kerl wollte nun mal keine etwas anfangen.« Sie lächelte entschuldigend, und ich lächelte zurück, mich hilflos zu Sandra umsehend, die die Gelegenheit ergriff und ein anderes Gespräch abbrach, um zu uns zu kommen.

»Fandest du mich damals auch langweilig?«, wollte ich wissen. Sie setzte sich neben mich.

»Ja, aber mach dir nichts draus. Alle fanden das.«

Ich stand, gelinde gesagt, unter Schock. Meine gesamte Schulzeit ratterte vor meinem inneren Auge vorbei. Klar hatte ich mich stets aus gefährlichen oder unüberlegten Situationen herausgehalten. Doch wäre ich nie auf den Gedanken gekommen, dass ich deshalb gleich als Klassenlangweiler gelten würde.

»Überleg doch mal selbst«, sagte Sandra, die nun ebenfalls über das Gesagte nachzudenken schien. »Wo warst du, als wir auf der Klassenfahrt in der zehnten Klasse nachts heimlich zur Disko in den Nachbarort gefahren sind? Im Bett. Was hast du gemacht, als die Jungs in der neunten Klasse nachts zu den Mädchen ins Zimmer gekommen sind? Geschlafen. Als wir den Schnaps im Supermarkt geklaut haben? Da warst du gar nicht dabei.«

»Weil ich nichts davon wusste«, verteidigte ich mich.

»Und wenn du es gewusst hättest, wärst du dann mitgekommen?«

Kleinlaut musste ich gestehen, dass ich das wahrscheinlich nicht getan hätte. Es war schließlich illegal.

»Na, siehst du.« Sandra hob ihr Bierglas, prostete mir zu und leerte es zur Hälfte. In einem Zug. Zumindest in puncto Trinken machte den Frauen aus meiner ehemaligen Klasse keiner so schnell etwas vor.

In puncto Trinken machte den Frauen aus meiner ehemaligen Klasse keiner so schnell etwas vor.

»Selbst das kleine Fräulein Selig hatte mehr kriminelle Energie als du.«

»Was nie bewiesen werden konnte«, unterbrach Anett mit erhobenem Zeigefinger, während sie sich eine Zigarette ansteckte.

»Ach, komm schon.« Sandra wehrte müde ab. »Jeder wusste, dass sie das Geld geklaut hatte. Es konnte nur nie bewiesen werden.«

René schüttelte gedankenverloren den Kopf. »Entweder hat sie sich sehr clever angestellt. Oder sie war wirklich unschuldig.«

Fräulein Selig war die Sekretärin unseres Direktors gewesen. Klein und rund und immer gut drauf. Sie war die gute Seele der Einrichtung gewesen. Zumindest bis zu jenem Tag.

Soweit ich mich erinnere, war der Skandal - der einzige wirkliche Skandal, den unsere Schule je erlebt hatte - über mehrere Wochen das Stadtgespräch gewesen. Aus der Schulkasse waren damals fast zwanzigtausend D-Mark verschwunden, und die Einzige, die den Schlüssel dafür gehabt hatte, war Fräulein Selig gewesen. Sie hatte Stein auf Bein geschworen, dass sie nichts mit der Sache zu tun hatte. Ihrer Meinung nach mussten es Einbrecher gewesen sein. Und in der Tat hatte man im Kellerbereich der Schule ein eingeschlagenes Fenster und Spuren von Werkzeugen an Schrank und Kasse des Schultresors gefunden. Fräulein Selig blieb bei ihrer Aussage, und die Polizei, die ihr nichts nachweisen konnte, musste sie am Ende laufen lassen. Von der Schule war sie dann trotzdem geflogen. Zu groß war der Skandal, und da der Verdacht nie wirklich ausgeräumt werden konnte, war sie als Vertrauensperson nicht mehr tragbar gewesen.

»Wie geht es ihr jetzt?«, fragte ich in die Runde.

»Sie ist gestorben«, antwortete Sandra. »Letztes Jahr.«

Ich dachte zurück an die kleine, runde, liebenswürdige Person, die jeden Morgen mit ihrem gelben Motorroller in die Schule gefahren kam. Ich mochte sie. So wie jeder andere auch.

Wir tranken auf das Wohl von Fräulein Selig. Dann tranken wir auf die verlorenen Jahre und die Zukunft, die alles besser machen sollte. Auf das Leben und die Liebe, die Schule und die Lehrer, und am Ende auf jeden Einzelnen von uns. Gegen Mitternacht war die Hälfte blau oder zumindest angeheitert. Da wir inzwischen die Letzten im Restaurant waren und die unfähige Bedienung sichtbar ungeduldig wurde und nach Hause wollte, beschlossen wir, den Abend zu beenden. Neun Mann waren wir noch, und als wir draußen vor der Tür standen, rief einer, es wäre noch zu früh, um nach Hause zu gehen.

Also machten wir uns auf die Suche nach einer Kneipe, die uns aufnehmen konnte, was nicht so einfach war in einer Stadt, in der auch am Wochenende ein Großteil der Lichter um 22 Uhr ausgeknipst wurde. Am Ende landeten wir in einem Bowlingclub, der gleichzeitig als Disko für die hiesige Jugend diente. So standen wir zwischen angetrunkenen Halbstarken oder Grüppchen, die sich aus der Schar Hoffnungsloser zusammensetzten, die an diesem Abend niemanden abbekommen hatten, und klammerten uns an unser Bier. Ich schaute mich um, sah die jungen, unzufriedenen Gesichter der anderen Gäste und fühlte mich fremd. Ich kannte den Laden nicht, weil er erst erbaut worden war, als ich schon meine Koffer gepackt hatte. Er sollte eine kulturelle Bereicherung für die Stadt werden, ein Höhepunkt der Wochenendaktivitäten, und ich dachte, dass es das wohl inzwischen auch war. Zufriedener oder gar glücklicher wirkten die Menschen deshalb aber nicht. Vielleicht hatten wir auch nur den falschen Tag erwischt. In einer Ecke unter einer lahm rotierenden Glitzerkugel entdeckte ich ein vertrautes Gesicht, ohne ihm einen Namen zuordnen zu können. Ich hatte ihn nie gewusst. Aber ich kannte den Mann. Früher war er der große Aufreißer gewesen, der die Mädchen scharenweise auf die Tanzfläche und wer weiß wohin noch geschleppt hatte. Damals hatte ich ihn beneidet – darum, wie er tanzen konnte, sein Rhythmus- und Körpergefühl, seine blonden Haare und die blauen Augen. Und heute sah er noch genauso aus, nur eben älter und ein wenig aufgedunsener, das Blau der Augen etwas wässriger. Er wirkte nicht unglücklich, im Gegenteil, er schien sich mit dem Mädchen an seiner Seite prächtig zu amüsieren, und ich überlegte, wie regelmäßig sich doch Geschichte zu wiederholen pflegte.

Eine mittelalte, betont flippige Bedienung kam vorbei und fragte, ob wir noch etwas zu trinken bestellen wollten, was wir taten, obwohl ich inzwischen eigentlich keinen Durst mehr hatte. Kurz darauf war sie mit einem Tablett neuer Gläser zurück, die sie auf unserem Stehtisch verteilte, bevor sie weitere Striche auf einer Liste machte und davonsegelte.

Anett prostete mir zu und lehnte plötzlich ihren Kopf gegen meine Schulter.

»Du hättest damals nicht so langweilig sein sollen, dann wäre vielleicht etwas aus uns geworden.« Ihre Zunge schien inzwischen schwer geworden zu sein, denn sie musste sich beim Reden sehr konzentrieren. Ich roch die letzte Zigarette in ihrem Atem. »Wer weiß, was dann aus *mir* geworden wäre.«

»Chance vertan«, gestand ich.

Sie prostete mir so heftig zu, dass die Gläser klirrten und ich Angst hatte, eines zu zerbrechen, um dann den Großteil des noch im Glas befindlichen Bieres hinunterzustürzen.

»Du hast einen guten Zug drauf«, bemerkte ich.

Sie kam mit dem Gesicht ganz nah zu mir heran und flüsterte hoch konzentriert: »Du weißt ja gar nicht, was ich noch so alles drauf- habe.«  **»Du weißt ja gar nicht, was ich noch so alles draufhabe.«**

Ich zuckte nur mit den Schultern.

Aber Anett war noch nicht fertig. »Wenn du willst, zeige ich es dir.«

Ich wusste, dass ich das auf keinen Fall wollte, und schüttelte den Kopf, darauf hoffend, sie nicht zu kränken. Es gelang mir nur zum Teil.

»Verdammt, du bist immer noch genau so brav«, fuhr sie zurück, und zum ersten Mal an diesem Abend war ich froh darüber. Fassungslos schüttelte sie den Kopf. Sandra hatte uns beobachtet und wollte wissen, worüber wir redeten.

Anett winkte müde ab. »Darüber, dass er noch der gleiche Spießer ist wie früher.«

»Vielleicht ist er ja nur vernünftig«, meinte Sandra, die zu ahnen schien, worum es in Wirklichkeit ging.

»Heute ist aber nicht der Abend, um vernünftig zu sein«, rief René von der gegenüberliegenden Seite des Tisches, und die anderen, einschließlich Anett, stimmten mit ein. René senkte den Kopf und sagte so leise, dass nur wir, die am Tisch standen, es hören konnten: »Warum machen wir nicht mal wieder etwas Unvernünftiges?«

»Zum Beispiel?«

Er schielte runter auf die Strichliste der Kellnerin. »Ich habe eben gemerkt, dass ich gar kein Geld mehr dabeihabe. Ich will ungern einen von euch anpumpen.«

Er sah grinsend in die Runde, und alle bis auf mich schienen zu verstehen, worauf er hinauswollte. Als sie es mir dann erklärten, bekam ich sofort Schweißausbrüche. Vielleicht war ich ja damals wirklich zu spießig gewesen. Und war es heute immer noch.

»Mach wenigstens hierbei mit«, forderte Anett genervt. »Zeig einmal, dass du kein Langweiler bist.«

Ich schaute in die Runde, sah in erwartungsvolle, gespannte Gesichter, blitzende Augen und nervös flatternde Lider und erkannte, dass es das Aufregendste wäre, was diesen Menschen für lange Zeit widerfahren würde.

»Na, dann ...« Wider besseres Wissen holte ich Luft und schüttelte mich kurz, um mich vorzubereiten. »Wie machen wir es denn? Alle gleichzeitig losrennen?«

Allgemeines Prusten.

»Man merkt wirklich, dass du so etwas noch nie gemacht hast«, grinste René und forderte mich auf, ihm etwas zu geben, das ich in meinem weiteren Leben nicht mehr brauchen würde. Ich gab ihm einen Kugelschreiber, den er sorgsam neben der Strichliste platzierte. Jemand gab ein Feuerzeug, ein anderer Zigaretten, René Streichhölzer und Anett eine alte Puderdose aus ihrer Handtasche. Alles drapierten sie säuberlich auf dem Tisch, der nun vereinnahmter aussah als zuvor, bevor sie mich aufforderten, vor die Tür zu gehen und dort zu warten. Ich tat wie geheißen und wartete mit bebendem Herzen in der kalten Nachtluft. Bald nach mir kam Sandra herausgeschlendert, betont gelassen, dann Anett. Je mehr Leute wir waren, desto weiter entfernten wir uns vom Club, bis am Ende René herausgestürzt kam und rief:

»Lauft!«

Schlagartig stürzte unsere Truppe los. Ich vorneweg, als wäre ich der Anführer dieses Himmelfahrtskommandos. Aus den Augenwinkeln sah ich die Kellnerin aus dem Club gestürmt kommen, an ihrer Seite einen Typen von der Sicherheit. Kurz nahm er die Verfolgung auf, doch wir waren schon zu weit weg. Als ich vor meinem Hotel ankam, war ich außer Puste, aber stocknüchtern. Alle grinsten.

»Na, siehst du«, sagte Anett und lächelte verschwörerisch. »War doch gar nicht so schlimm, oder?«

Für mich nicht, dachte ich. Ich fahr morgen wieder weg von hier.

»Man muss sich manchmal nur was trauen«, erklärte sie, und ich dachte, dass es komisch war, diese Worte von jemandem zu hören, der sich im Leben augenscheinlich nicht viel getraut hatte.

»Du hast recht«, sagte ich, und Anett nickte. Zum ersten Mal an diesem Abend sah sie zufrieden aus.

»So aufregend kann das Leben hier sein«, murmelte Sandra und schien als Einzige den Widersinn ihrer Worte zu verstehen.

Dann umarmte sie mich, und wir verabschiedeten uns alle voneinander, natürlich nicht ohne zu versprechen, uns auf Facebook zu besuchen. Als ich im Bett lag, brauchte ich lange, bis das Adrenalin aus meinem Körper verschwunden war und ich einschlafen konnte.

Als ich am nächsten Morgen auscheckte, hatte ich für einen Moment Sorge, dass die Polizei auf mich warten würde, oder ich einem der Club-Angestellten über den Weg laufen könnte. Aber beides war nicht der Fall. Der Bowlingclub lag da wie tot. Man konnte sich kaum vorstellen, dass hier ein paar Stunden zuvor noch Menschen getanzt und gebowlt und jemand die Zeche geprellt hatte. Die ganze Stadt wirkte an diesem Sonntagmorgen so ausgestorben, als wäre eine Neutronenbombe niedergegangen, die alles Leben ausgelöscht hätte. Also eigentlich wie immer. Ich wusste jetzt wieder, warum ich hier weggewollt hatte. Und ich hatte Fräulein Selig, die kleine Schulsekretärin, damals sehr gut verstanden, dass auch sie hier rauswollte. Und da war ich erst in der neunten Klasse gewesen.

Während die Stadt an mir vorbeirauschte, liefen die Bilder jenes Tages an meinem inneren Auge vorüber. Ich erinnerte mich genau. Es war an einem Freitagnachmittag, und ich musste noch mal zurück in die Schule, weil ich meinen Schlüssel vermisste und zu Hause nicht reinkonnte. Kein Mensch war mehr da, die breiten Flure lagen leer und verlassen, das gesamte Gebäude war tot. Ich fand meinen Schlüssel im Physikraum und wollte gerade gehen, als ich das Geräusch hörte. Es klang wie splitterndes Glas und kam aus dem Keller. Obwohl ich Angst hatte, überwog die Neugier, und ich ging langsam nach unten. Auf halbem Weg kam mir jemand entgegen. Zuerst glaubte ich, es sei ein Kind, ein anderer Schüler. Dann aber erkannte ich Fräulein Selig. Wir erschraken beide voreinander und hielten uns den Bauch, während wir zu ergründen versuchten, was der jeweils andere hier wollte. In ihrer Hand erkannte ich einen kleinen Hammer. Als sie meinen Blick bemerkte, sagte sie leise:

»Du wirst mich doch nicht verraten, oder?«

Und ich versprach ihr, es nicht zu tun.

Selbst als ich Tage später verstand, was sie getan hatte, sagte ich nichts. Wer war ich schon, dieser netten, zu uns immer freundlichen Frau die Zukunft zu vermasseln?

Einmal nur trafen sich unsere Blicke danach noch, eher zufällig. Zuerst lag Sorge in ihrem Blick. Dann aber, als sie merkte, dass ich sie nicht verraten würde, entspannte sie sich und lächelte flüchtig. Selten danach habe ich jemanden getroffen, dem ich so sehr in seine Seele schauen konnte. Bis heute.

Ach, Valerie ...

Sonntag, 7. Juni 2015

Liebe Valerie,

was tut es mir leid, dir schon so lange nicht mehr geschrieben zu haben! Ich vermisse unsere Brieffreundschaft außerordentlich. Nenn mich ruhig altmodisch, wie du es schon so oft getan hast, seitdem ich verheiratet und Hausbesitzerin bin. Mein Leben mag spießig wirken, vor allem verglichen mit unseren wilden Zeiten - aber weißt du was? Jetzt, mit beinahe vierzig, habe ich mich damit ausgesöhnt. Ich find's okay! Ebenso die zehn Kilo, die mir zuge- wachsen sind, und die Silberfäden in meinem Haar. Woran ich mich hingegen noch immer nicht gewöhnt habe, ist, wenn mir gute Freunde abhandenkommen. Wenn aus gemeinsamem Lachen und Feiern Stille wird. Genau darum habe ich mir gedacht: Los, schreib der Valerie endlich mal wieder ein paar Zeilen! So wie frü- her. Schließlich gibt es heute etwas zu erzählen, das dich ganz bestimmt interessiert: unser Klassentreffen! »20 Jahre Abitur - doch von Weis- heit keine Spur« hieß das Motto.

»20 Jahre Abitur – doch von Weisheit keine Spur.«

Ach Valerie, hättest du doch dabei sein können! Es hätte so viele Überraschungen für dich gegeben ... Erinnerst du dich, wie unsere Schule roch? Man sagt uns Menschen mit schlechten Augen ja nach, dass unsere anderen Sinne ausgeprägter sind - bei mir trifft das vor allem in Bezug auf den Geruchssinn zu. Ist es bei dir vielleicht ähnlich? Das habe ich dich noch nie gefragt, aber wir hatten bei unseren Treffen ja meistens (vermeintlich) Wichtigeres zu besprechen. Jedenfalls, wenn ich als Jugendliche unser Schulhaus betrat, nahm ich erst mal einen Hauch von Tabak wahr und dann dieses Süßliche, Verbotene. Darüber haben wir beide damals gestaunt: In unserer Raucherecke haben manche tatsächlich gekifft! Und sie sind nie erwischt worden. Dabei standen sie quasi auf dem Präsentierteller, zwischen den zwei Glastüren des Hintereingangs unserer Schule. Timo war mutig genug, mir seine Hasch-Verstecke zu zeigen: ein Krümel in der Brillenbox, einer im Spitzer. Das hat uns beide allerdings null interessiert, damals jedenfalls. ;-) Wir bevorzugten andere Ecken des Schulhauses, die mit dem Kaffeeautomaten zum Beispiel, rechts neben der Aula. Für fünfzig Pfennig gab es diesen quietschsüßen Schokoladenkaffee. Schon der Duft machte uns high.

Uns war unsere schlanke Linie durchaus wichtig, Größe 36 war unser Ziel. Ergo machten wir um den wohlriechenden Verkaufsstand mit den Wurstwecken einen großen Bogen (ein großer Weck + fingerdick Butter + zwei Scheiben Lyoner + eine Essiggurke = mindestens 250 Kalorien).

Eine andere Art von Essensdüften herrschte im Musikzimmer vor, wo wir immer nur durch den Mund atmeten. Unser Herr Seyffert war ja ganz verrückt nach Knoblauch, »das ist gut für die Gesundheit«, dozierte er unaufhörlich. Nahm er siebzig Zehen am Tag zu sich oder doch nur 17? Darüber streiten die Klassenkameraden bis heute. Auf jeden Fall genug, dass es bis in die letzte Reihe des Raumes roch wie fünf Dönerbuden zusammen.

Einem Gestank konnten wir zum Glück meistens ausweichen: dem der Schulklos. Daran habe ich keinerlei Erinnerung. Erstens hatten wir meistens um ein Uhr Schulschluss, und zweitens wohnte ich mit meinen Eltern gerade mal um die Ecke. Weißt du noch, die schönen Freistunden mit einem Kaffee oder Tee auf unserer Terrasse? Meine Eltern sind übrigens inzwischen auch weggezogen. Genau wie du und ich.

Zurück zum Thema Schule: Die Gänge und Klassenzimmer rochen meiner Meinung nach nie besonders interessant. Ein bisschen nach Bohnerwachs, ein bisschen nach Putzmittel. In der Sporthalle hing obendrein eine unangenehme Wolke von Schweiß und Deo. Neben dir ließ sich das aushalten, du hast immer gut geduftet, nach Pfirsichshampoo und später auch nach Parfum, *Eau d'Issey* wurde sofort dein Lieblingsduft, als er auf den Markt kam. Ich finde, dass er zu dir passt: leicht und frisch, wie ein Sommertag an einer Strandpromenade.

Ich weiß schon noch, dass auch du manchmal mürrisch warst, aggressiv oder traurig. Eben ein Teenager, keine Barbiepuppe. Aber rückblickend habe ich dich als Person mit auffallend sonnigem Gemüt in Erinnerung. Das Lachen hat immer die Oberhand behalten. Sogar nach einer Fünf oder Sechs. Sogar, wenn Philipp (den du hasstest) wie ein Hündchen hinter dir hertrottete und Frederic (den du liebtest) durch dich hindurchsah. Sogar, wenn Frau Doktor Eisele dich vor der Klasse zusammenschrie und Dinge rief wie: »Dumm geboren, nichts dazugelernt und alles wieder vergessen!«

»Dumm geboren, nichts dazugelernt und alles wieder vergessen!«

Letztlich hast du's ihr und allen gezeigt. Wurdest eine der schönsten und coolsten Frauen auf unserer Schule - und das Abi hast du auch gemeistert. Sogar Frederic weiß das jetzt: Seine Augen wurden ganz dunkel, als wir über dich sprachen.

Frederic interessiert dich am meisten, nicht wahr? Immer noch. Ich sehe vor mir, wie deine grünen Augen ganz schmal werden und du dir auf die Lippe beißt vor Ungeduld. Und ich hab deine Stimme im Ohr: »Raus damit! Wie sah er aus? Hat er geheiratet? Was hat er über mich gesagt?« Geduld! Ich werde es dir verraten, aber noch nicht jetzt. Ein bisschen Spannung muss sein ...

Gegenfrage: Wie muss ich mir dich eigentlich jetzt vorstellen? Ich meine, als 39-Jährige. Als wir uns das letzte Mal trafen, warst du 34, hattest eine neue bunte Brille, keinerlei Make-up und einen Bubikopf in deinem natürlichen Braun. Ich fand, du warst ein guter Typ so. Aber das warst du auch mit langen dunklen Locken, damals zur Abizeit, und mit Haaren wie Marilyn, mit 22, kurz vor deiner Weltreise. Sogar den blauen Bob, den du mit Mitte zwanzig eine Weile trugst, konntest du dir leisten.

Du warst eine der Ersten von uns, die sich tätowieren ließ, und der Paradiesvogel auf deinem Schulterblatt, in den Farben eines Opals leuchtend, überzeugte mich, dass Tattoos durchaus edel wirken können.

Da wir schon beim Thema Aussehen sind: Unsere Schule hat außen keiner auf irgendeine Weise verschönert. Sie war noch derselbe schwarz-weiß-graue Klotz, über den wir schon damals so gern lästerten. »Verschandelung der Landschaft« - »Da kriegen wir ja mit Lego was Besseres hin«, meinten wir. Innendrin wirkte die Schule ein wenig einladender, mit bunt gestrichenen Gängen und so manchem Kunstwerk an den Wänden. Einige Räume hatten jetzt eine neue Bestimmung gefunden. Hausfrauen-Mütter wie unsere damals gibt es kaum noch, immer mehr Kinder verbringen den ganzen Tag in der Schule. Darum gibt es im Schulhaus nun auch eine Bücherei, ein Fitnesscenter für die Oberstufe, allerlei Entspannungs- und Spielräume. Und eine Mensa mit eigener Küche. Ob es da noch die berühmt-berüchtigten Wurstwecken gibt?

Immerhin, unseren einst hübschesten Lehrer, den Herrn Mayerhofer, den gibt es noch! Inzwischen ist er Rektor. Wir haben uns ja immer darüber gestritten, ob er Nick Nolte ähnlicher sieht oder Robert Redford. Inzwischen hat er eine völlig andere Ausstrahlung als beide Stars, auch ist sein Haar nachgedunkelt (oder gefärbt?). Aber die Lachfältchen sind noch immer sexy, und ich verstehe durchaus, warum wir damals trotz des Altersunterschieds alle ein bisschen in ihn verknallt waren. Jedenfalls bis du deine Vorliebe für Frederic entdecktest und ich meine für Benedikt aus der 11a.

Herr Mayerhofer hatte uns netterweise das ganze Schulhaus zur Verfügung gestellt, damit wir unser zwanzigjähriges Abijubiläum in dem vertrauten Ambiente feiern konnten. Sabrina, die inzwischen Englisch und Erdkunde dort unterrichtet, hatte ihn wohl überredet.

Apropos Sabrina … weißt du noch, welche Prognosen wir ihr in die Abizeitung hineinschrieben? »Das neue Supermodel«, »Deutschlands Schauspielentdeckung« und »Spielerfrau des Jahres«. Stattdessen kehrte sie aus New York in unsere Heimatstadt zurück, zog bei den Eltern in die Einliegerwohnung, ließ sich verbeamten und heiratete einen Nicht-Promi. Und sie trank das ganze Klassentreffen über Saftschorle. Ich meine,

Sabrina! Saftschorle statt Schampus! Klingelt's? Sie hat zwar dementiert und war auch noch so schlank wie eh und je,

Saftschorle statt Schampus! Klingelt's?

aber ich bin mir sicher, dass da was Kleines im Anflug ist. In spätestens acht Monaten wissen wir mehr. ;-)

Da wir schon bei den Klassenkameradinnen sind - rate mal, was aus Elli geworden ist! Nicht Vorstandsvorsitzende bei einem großen Modeunternehmen und auch nicht Professorin. Nein, Hausfrau mit vier Kindern! Darum konnte sie auch zu keinem der früheren Treffen kommen, sie war immer im Kreißsaal oder am Stillen gewesen. Den blöden Spruch »Wofür dann ein 0,9-Abi?« habe ich mir verkniffen. Den brachte Annette an, vorlaut wie eh und je. Doch Elli blieb locker. »Wer weiß? Vielleicht mache ich mich selbstständig oder meinen Doktor, wenn der Jüngste mich nicht mehr so braucht«, meinte sie lässig. »Vielleicht aber auch nicht. Wenn mich mein Leben eines gelehrt hat, dann das: Nichts kann man wirklich planen.« Diese angestrengte Falte zwischen den Augen, die sie in der Schulzeit immer hatte, wenn Klausuren ausgeteilt wurden, ist übrigens spurlos verschwunden. Und ich denke nicht, dass bei ihr Botox im Spiel war.

Die meisten hatten sich seit dem zehnjährigen Jubiläum kaum verändert. Optisch, meine ich. Aber vielleicht liegt das auch nur an meiner Kurzsichtigkeit. ;-)

Vielleicht sollte ich mal ein bisschen beschreiben, wie das Klassentreffen überhaupt ablief. Frieder hielt die Einführungsrede. Der hatte sich ja bei den letzten Jubiläen immer entschuldigt. Wetten, auch du denkst beim Namen Frieder sofort an ein gestärktes Hemd und eine Stoffhose mit Bügelfalte? An ein Gesicht so makellos, als hätte ein Künstler es gemeißelt? Weißt du noch, wie wir versuchten, uns einen Reim darauf zu machen, wie jemand dermaßen gut aussehen und nett sein und uns trotzdem als Männertyp null ansprechen kann?

Tja, nun weiß ich die Antwort: Du und ich waren nie Frieders Zielgruppe. Er kam mit seinem Ehemann. Und seine Rede ging sinngemäß so:

»Was haben wir geächzt und gestöhnt über die Dinge, die wir lernen mussten. Langweilig fanden wir sie, völlig irrelevant, und wir nahmen uns vor, alles nach den Prüfungen schleunigst wieder zu vergessen. Ganz schön blöd. Viele von uns haben sich viel davon Jahre später von vorn erarbeiten müssen. Man brauchte es eben doch!

Ach, hätten wir nur vor 20, 25 Jahren schon geahnt, wie wichtig die Naturwissenschaften, Sprachen und vieles andere im Leben sind! Cocktails mixen und Fladen backen – das ist angewandte Chemie für Gastronomen wie mich. Rechnen können muss ich auch, genauso die Bankerin, die Ingenieurin, der Architekt und der Hausmann. Die Weltreisende erkennt voller Staunen, wie viel sie von spanischen Texten versteht, wenn sie Latein im Hinterkopf behalten hat. Der Vater paukt mit den Kindern Grammatikregeln und vermittelt die Eselsbrücken gleich mit dazu. Manches Bibelzitat, manche Musik von früher tröstet uns in schweren Zeiten. Der Schulstoff, den wir als nutzlosen Ballast empfanden, begleitet uns als Schatz durchs ganze Leben.

Und in den Pausen ... in den Pausen haben wir damals ebenfalls Unverzichtbares gelernt. Welche Drogen zu uns passen, etwa. Eher der Automatenkaffee mit Schokolade, ein Joint oder doch der beste Wurstweck der Welt?«

Alle lachten. Dann fuhr Frieder fort.

»Jetzt, wo man die Kindheit immer mehr beschneidet, die meisten mit fünf einschult und mit 17 auf die Uni schickt, ist uns erst bewusst, wie gut wir es hatten. 13 Jahre Schule! Für manche auch 14. In dieser Zeit kann man einiges ausprobieren. Ob man ein Popper ist, ein Grufti oder eher ein Punk, ein Einzelgänger oder Herdentier, ob man Jungs spannender findet, Mädchen oder vielleicht beide gleich gut. Man lernt, Blase und Schließmuskel fünf Stunden zu Höchstleistungen zu zwingen, weil man auf gar keinen Fall, niemals nicht, auf dieses Schulklo gehen möchte. Man schreibt Spickzettel und verliert sie, schreibt sie erneut, sicherheitshalber auf dem Arm und findet das Gekritzel auf der eigenen Haut auf einmal wunderschön. Nicht umsonst haben so viele von uns inzwischen Tattoos.«

Auf einmal hatte Frieder Grübelfalten auf der Stirn und atmete tief durch - dachte er an dich und deine Körper-Kunst? Vermisste er dich? Gut möglich.

Endlich sprach er weiter.

»Als Schüler trainiert man auch den Humor. Man erfährt, was die Lehrer zum Furzkissen unter ihrem Allerwertesten sagen, ob sie vor Plastik-Vogelspinnen zusammenzucken und wie sie auf Hundehaufen auf ihrem Pult reagieren - bevor sie erkennen, dass diese aus Gummi sind.«

Genau! Diese Streiche hattest du dir ausgedacht, Valerie!

»Man wippt auf viel zu schmalen, harten Stühlen herum, schwitzt und friert, weil Klimaanlagen und Heizungen regelmäßig spinnen, und stellt fest, dass man trotzdem nicht kaputtgeht. Man erfährt, man kann Mist bauen und wird nicht gefeuert.

Man kann einen Freund vor den Kopf stoßen und im selben Zimmer zehn neue finden. Man muss für all das keinen Cent bezahlen. Das ist eigentlich ziemlich famos, nur weiß man es dummerweise erst, wenn es vorüber ist.« Und dann dankte er allen Lehrern und Mitschülern.

Man kann einen Freund vor den Kopf stoßen und im selben Zimmer zehn neue finden.

Den größten Teil der Rede fand ich sehr wahr, nur das mit den Freunden konnte ich nicht teilen. Das hängt aus meiner Sicht immer von der Qualität der Freundschaft ab. In der Schulzeit kam mir niemand so nahe wie du. Später, als das Schicksal uns auf unterschiedliche Kontinente verschlug, fand ich durchaus weitere Seelengefährten, und noch später einen ganz besonderen. Meinen Mann. Heute kann ich von mir sagen, fünf richtig gute Freundinnen und Freunde zu haben, die ich oft und gern sehe. Ich wünschte, du wärest die Nummer sechs.

Nach der Rede wurde das Buffet eröffnet. Diejenigen, die noch vor Ort wohnen, hatten Kuchen, Schnittchen und Fingerfood mitgebracht. Frag nicht, wie viele Kalorien das hatte. Ich hab's vor Jahren aufgegeben, mir darüber Gedanken zu machen. Den ganzen Mist von wegen »Low-Carb« oder »Paleo-Diät« boykottiere ich sowieso. Etwa die Hälfte aus unserer Jahrgangsstufe – jedenfalls derer, die da waren – halten es offensichtlich ähnlich. Pölsterchen hier, Rundungen da. Aber weißt du was? Ich finde das sogar attraktiver so. Und du?

Anschließend führte uns Herr Mayerhofer durchs Schulhaus. Wie gern hätte ich dich neben mir gehabt und die Erinnerungen mit dir geteilt! »Weißt du noch, wie wir in dieser Ecke laut über die Eisele lästerten und auf einmal die Tür neben uns aufflog - und sie mit grimmigem Gesicht dahinter hervorgeschossen kam?« - »Weißt du noch, wie du einem Jungen nachgeschaut, die Treppenstufe übersehen hast und von oben bis unten gefallen bist?« - »Weißt du noch, wie wir ganz stolz« nach den bestandenen Abiturprüfungen unsere Autogramme auf die Wand im Schulhaus gepinselt haben?« Nun haben sie unsere Wand frisch gestrichen, ausgerechnet in Pink! Darauf sieht man die Unterschriften der nigelnagelneuen Abiturienten. Abi 2015.

Sie könnten unsere Kinder sein ...

Anfangs war ich zudem enttäuscht, dass überall alles so anders roch. Die haben offenbar das Putzmittel gewechselt, und geraucht wird in Schulhäusern sowieso nirgends mehr. Und unsere Klassenkameraden benutzen - so wie auch ich - längst neue Parfums. Kein *Loulou*, *Fahrenheit*, *Noa Noa* oder *Davidoff Cool Water*, nirgends. Auch kein *Eau d'Issey*.

»Was schaust du denn so traurig?«, fragte auf einmal Frederic, der sich unbemerkt an mich herangeschlichen hatte. Und da erwähnte ich dich. Dass ich dich gern bei uns hätte. Ich hätte gern zurück, was wir teilten, die durchtanzten Nächte, die stundenlangen Gespräche, das Kalorienzählen (früher) und hemmungslose Schlemmen (später), Einkaufsbummel, Beschwipstheiten, Vorbereitungen und Nachbesprechungen zu jedem Date. Oder doch wenigstens das Briefeschreiben in Zeiten, in denen es mit dem Treffen kaum klappte.

Frederic sah auf einmal sehr ernst aus, er legte mir die Hand auf die Schulter und flüsterte: »Ja. Das verstehe ich gut. Sie ist, ich meine, war etwas Besonderes. So voller Ideen und Leben! Wie konnte sie nur so früh schon sterben? Ich fass es nicht.«

Ich auch nicht - wie du ja siehst. Ich schreibe dir, obwohl du seit vier Jahren tot bist. Du wirst nie zurückschreiben, und wir werden uns nie wieder sprechen oder gar sehen. Jedenfalls nicht, solange ich lebe. Ich verdränge es oft, das gelingt mir auch meistens. Doch als Frederic es so klar aussprach, schlug die Trauer mich wie eine Faust in den Magen. Peinlich, aber wahr: Ich fing an zu weinen. Frederic nahm mich in den Arm. Philipp und Elli und Sabrina traten zu uns, und dann auch Herr Mayerhofer, und dann sprachen wir über dich. Das tat gut, denn: Niemand hat dich vergessen, alle erinnern sich. An deine Witze und Streiche von damals, deine Frisuren, deine Tattoos, an dein Lächeln. Und daran, dass du wunderbar warst.

Wusstest du, dass auch Timo auf dich stand? Und sogar Frederic! Nur zu spät. Nach dem »Fünf Jahre Abi«-Treffen, als du die blauen Haare trugst. »Ich hab mich damals nur nicht getraut, es ihr zu sagen«, meinte er bedauernd.

Du hattest auch längst dein Beuteschema geändert und heute würdest du auf der Straße achtlos an ihm vorbeigehen: dünnes Haar, dicke Brille, Karohemd, verspießert. Dafür fiel mir jetzt erst auf, dass er feinfühlig und nett sein kann und gut riecht. Verheiratet war er übrigens nie.

»Manchmal«, vertraute Frederic mir noch später an, als ein paar von uns in einer neu eröffneten Bar versackten, »sehe ich in der Stadt eine junge Frau mit blauen Haaren und wippendem

Gang. Dann drängt es mich, zu rufen: Valerie, stopp, hier bin ich! Dann fällt mir auf, dass das Mädchen da maximal 25 ist. Viel zu jung. Und mit einem Schlag ist die Erinnerung wieder da: Valeries Absage beim letzten Klassentreffen, aus Gesundheitsgründen, wie du dort mit besorgter Miene berichtet hast. Wenig später dann die Todesanzeige. Diese unfaire, miese, beschissene Scheißkrankheit!«

»Gottes Wille ist unergründlich«, wandte Timo sanft ein. »Valerie ist jetzt beim Herrn und hat keine Schmerzen mehr.« Unschwer zu erkennen: Er ist Pfarrer geworden. Rauchen tut er nicht(s) mehr.

»Lasst uns auf Valerie anstoßen – die Runde geht auf mich«, schlug Philipp vor. Er hat übrigens abgenommen, ein Softwareunternehmen gegründet und würde dir mit seinen halblangen dunklen Locken vermutlich gut gefallen.

Wir tranken Kir Royal, den mochtest du auch immer. Und plötzlich – ich schwöre es! – roch die Bar ganz intensiv nach *Eau d'Issey*. Ich blickte mich um, überall, aber da waren keine neuen Gäste, und niemand hielt einen Parfumflakon in der Hand.

Da habe ich noch ein bisschen lautlos geweint – diesmal vor Freude. Denn ich bin sicher, du bist dabei gewesen bei diesem Teil des Treffens. Und so denke ich mir, du liest auch diesen Brief, auf deine eigene Weise, und freust dich vielleicht.

Ich bin so froh, dich in meinem Leben gehabt zu haben.

Deine
Susanna

Fünf Farben Violet

»Puh«, stöhnte Christine, warf sich auf das Sofa und zupfte ihren Kostümrock zurecht. »Ah, das ist ja richtig schick geworden hier! Nicht mehr dieses gruselige ... Was war das hier noch gleich?«

»Ein altes Ikea-Sofa«, bemerkte Jördis lakonisch und verrenkte sich den Hals, um angewidert die Rückseite ihres schwarzen Pumps zu betrachten, von dem sich eine Laufmasche gerade auf den Weg nach oben machte.

Markus schlenderte in unsere Richtung, blieb allerdings auf halbem Weg stehen und zwinkerte uns zu. Er fischte in seiner Jacketttasche herum und beförderte doch tatsächlich eine ZIGARETTE zutage.

Auf Annettes gezischtes »Bist du verrückt?! Willst du unsere Kinder vergiften, Markus?« verschwand die Zigarette allerdings genauso schnell wieder in der Tasche, wie sie zum Vorschein gekommen war.

»Unsere? Also meine Kinder habe ich nicht mehr auf diese Schule geschickt«, murmelte Jördis. Moment, ihre Kinder? Als wir noch gemeinsam Abitur gemacht hatten, dachte sie erstens nicht an Männer und zweitens nicht an Kinder, sondern drittens vor allem an Nicaragua.

»Meine auch nicht«, stellte Christine fest und steckte ihre Hände in ihren Blazer. Mir wurde ein wenig wehmütig zumute. Mit der gleichen Bewegung hatte Christine früher ihre Hände in den Ärmeln ihres Islandpullovers versenkt. Als sie noch lange flatterige Haare hatte und nicht diesen blonden Zementbob.

Damals, als wir in dieser Teestube gesessen hatten, in der sich keineswegs ein Ikea-Sofa, sondern ein dunkelbraunes Cord-Ungeheuer aus der Generation unserer Großeltern befunden hatte und die Wände vom vielen Rauch genauso dunkelbraun gewesen waren.

Jetzt waren sie cremeweiß.

Zu diesen grauen Vorzeiten war Jördis Pfeifenraucherin gewesen, die einzige an der Schule. Ob sie sich daran überhaupt noch erinnerte?

Christine hatte zwar auch damals schon Perlenkette getragen, sich aber trotzdem jeden Samstag auf dem Markt beim Amnesty-Stand die Füße platt gestanden.

Wir hatten gemeinsam die Oberstufe eines Gymnasiums besucht, nein, nicht irgendeines Gymnasiums, sondern eines Elitegymnasiums, wobei sich Elite weniger auf den Intelligenzpegel der Kinder als auf den Geldpegel des Elternhauses bezog.

Damals war diese Schule fortschrittlich gewesen, damals hatten viele Schüler ihre Eltern für ihre Millionen verachtet. Berufswünsche wie »Förster«, »Schriftstellerin« oder »Che Guevara« machten die Runde; »Anwalt in meines Vaters Kanzlei für Medienrecht« murmelte man entweder tief in seinen noch schütteren Bart hinein oder sprach es laut nur unter gewissen Leuten aus, die schon damals Mitglied der Jungen Union oder sonst irgendwie seltsam gepolt waren.

Damals hatten viele Schüler ihre Eltern für ihre Millionen verachtet.

Aber so etwas kann sich ja mit der Zeit und der Reife ein wenig ändern, dachte ich und sah mich um in der Runde, die sich in der ehemaligen Teestube versammelt hatte. Der Anteil an Designerbrillenträgern, iPhone-Benutzern und Handgenähte-Schuhe-Besitzern war sehr hoch. Waldschratbärte, Stoffbeutel oder wieder neu aufgelegte Atomkraft-nein-danke-Plaketten? Fehlanzeige.

»Was machst du denn jetzt eigentlich beruflich, Johanna?«, fragte mich Christine.

»Und du?«

»Ich - puh. Also - studiert habe ich Jura und jetzt ... Ich unterstütze meinen Mann in der Praxis. Und mit den Kindern habe ich auch noch einiges zu tun, die Hausaufgaben, die nachmittäglichen Aktivitäten, die Arbeit fängt ja erst richtig an, wenn die Kinder ins Gymnasium kommen, nicht?«

Jetzt kam Markus doch herangewandert und blieb breitbeinig vor uns stehen.

»Setz dich doch!« Christine klopfte neben sich. Sie schickte ein Perlenkettenlächeln in die Höhe und erhielt im Tausch dafür das Lächeln irgendeines Raubtieres, das mir gerade nicht einfiel.

»Sag mal, Markus, hattest du nicht auch auf etwas krummen Wegen Medizin studiert?«, fragte Annette wissbegierig. »Weil meine Tochter ...«

Markus schüttelte den Kopf. »Krumm? Italien«, sagte er einfach.

»Ah. Hat dein Vater das finanziert?«

»Natürlich. Das Studium ist dort ja auch unvergleichlich besser. Und dann das Leben dort ...« Er schnalzte mit der Zunge.

»Nun ja, wir hatten auch schon Rumänien überlegt. Bist du denn jetzt ...?«

»Gynäkologe.«

»Konntest du die Praxis ...?«

»Von meinem Vater übernehmen? Natürlich! Sie läuft gut!«

Riesenhaifisch! Ob es so etwas gab? Gigantohaifischus maximus? Dann hatte sich Markus sein Lächeln ausgeliehen.

»Und wo hast du studiert, Johanna?«, wandte er sich plötzlich an mich.

»Warum?«

»Wolltest du nicht auch Medizin studieren? Und war dein Abischnitt dafür nicht ein wenig, ähm, mau?«

Mau? Wenn ich mich recht entsann, war Markus' Abischnitt der mauste gewesen, von dem ich je gehört hatte, er guckte sozusagen gerade noch über den Rand des Abgrunds.

»Ich habe in Dublin studiert.«

»Dublin? Guinness und Fiddle! Gibt es da überhaupt so etwas wie eine Universität?« Er grinste.

Ich räusperte mich, bohrte mit meinem Fuß ein Loch in den Teppich. »Ich habe in Dublin Violet wiedergetroffen«, sagte ich dann leichthin.

Verwirrte Gesichter ringsherum.

Ich runzelte die Augenbrauen. »Violet! Wisst ihr nicht mehr? Die Austauschschülerin aus Irland! Sie war nur ein halbes Jahr bei uns!«

»In der ... elften?«, fragte Annette.

»Ich glaube, ja.« Stille.

Christine war die Erste, die zögernd nickte. »So rote Locken, oder?«

Ich nickte. »Bei Hülsendonck in Philo hat sie uns einmal das Kapital erklärt am Beispiel Irland. In drei Sätzen. Wahnsinn, wir lagen alle unter dem Tisch! Wisst ihr das nicht mehr?«

Kopfschütteln. »Du warst die Einzige mit Philosophie-Leistungskurs«, erinnerte mich Jördis.

»Hat sie nicht in der Teestube auch mal deine Pfeife probiert?«, fragte Christine Jördis.

»Habe ich mal Pfeife geraucht?«

»Doch, natürlich! Pfeifenrauchen war Avantgarde. In deinen Augen jedenfalls!«, sekundierte ich. »Und es war Violet, die dir Rauchkringel beigebracht hat. Wisst ihr nicht mehr, wie wir hier alle auf dem Sofa gehockt und ihre Rauchkringel bestaunt haben?«

»Echt? Ach ja, die Pfeife!« Jördis' braun gebranntes Gesicht wirkte etwas weniger energisch.

»Aus was für einem Elternhaus kam sie denn? Und bei wem hat sie gewohnt?«, erkundigte Markus sich skeptisch.

Ich zuckte die Schultern. »Keine Ahnung. Ich glaube, sie hat bei einem aus der C gewohnt. Und hat uns das Elternhaus damals etwa interessiert? Müsstest, wenn, dann du wissen, Markus, du bist doch ganz schön um sie herumscharwenzelt.«

»Ich? Ich bin nie scharwenzelt! Es sei denn ... war sie hübsch?«

»Weißt du das wirklich nicht mehr? Rote Locken den halben Rücken hinunter. Und dieses Lachen! Und sie konnte auf zwei Fingern pfeifen, dafür habe ich sie so beneidet.«

Markus legte den Finger auf die Lippen. »Moment, ja, ich erinnere mich. Aber ...« Er beugte sich ein wenig zu mir herunter. »Ich hatte auch Erfolg«, flüsterte er und lächelte schief. So hatte der Markus vor Jahren gelächelt, der sich in der Schülervertretung engagiert hatte. Der coole Konzerte in der Aula organisiert hatte und der Einzige gewesen war, der darauf geachtet hatte, dass die Eintrittskarten fair verteilt wurden.

»Glaubst du«, flüsterte ich zurück, und Markus musste lachen.

Er setzte sich neben mich. »Was hat sie denn gesagt?«

»War Violet nicht auch die gewesen, die auf Leanders Party plötzlich mit diesem Volkstanz angefangen hat? Wo dann alle, wirklich alle, mitgemacht haben?«, fragte Annette jetzt mit glänzenden Augen.

Ich nickte. »Bestimmt! Ich meine: Irland! Volkstanz! Wer soll es denn sonst gewesen sein?«

Alle schwiegen.

»Sie konnte aber auch ganz anders sein«, sagte Christine plötzlich leise.

»Wieso?«

»Sie hat mich damals getröstet. Als mein Hund gestorben ist, wisst ihr noch? Sie hatte so viel Mitgefühl.«

Mitfühlend nickten alle.

»Hat sie nicht einmal auch einen Artikel für die Schülerzeitschrift geschrieben?«, überlegte ich. »Unsere Schule so aus irischer Sicht?«

»Doch!«, fiel Annette ein, die seinerzeit, wenn auch unregelmäßig, zum Redaktionsteam gehört hatte. »Aus der Sicht eines Glases Guinness, oder? Puh, ist das nicht auch Violet gewesen, mit der wir einmal eine ganze Nacht lang über dem Layout gesessen haben, weil sie so ultraperfektionistisch war?«

»Echt? Da müsst ihr zwei euch ja gegenseitig ganz schön hochgeschaukelt haben«, kicherte Jördis, damals ebenfalls

Gelegenheitsreporterin. Annette streifte ihre Pumps ab und trat nach Jördis, und nun kicherten beide. Von draußen kamen die Stones hereingeweht, *Satisfaction*, und in meinen Beinen fing es an zu kribbeln. Peter war DJ, wer sonst, und er machte erstens gute Musik und zweitens …

»Leute, ich geh tanzen«, verkündete ich und stand auf. Hinter meinem Rücken rutschten Markus und Christine dichter zusammen.

Ich blieb länger bei dem Abitreffen, viel länger, als ich geplant hatte. Das lag auch, wenn auch nicht nur, an Peter.

Einmal stand ich, noch glühend von *Smoke on the Water* kurz neben Markus, um mir ein Bier zu holen.

Markus zwinkerte mir zu. Dann beugte er sich über den Tresen und fragte Christian aus der ehemaligen 10d in verschwörerischem Flüsterton: »Erinnerst du dich noch an Violet?«

Vor dem Schuleingang standen noch ein paar Gestalten, als ich mich müde und mit zertanzten Füßen auf den Weg zum Haus einer alten Freundin machte, denn ich wohnte schon lange nicht mehr in der Stadt meiner Kindheit.

»Johanna?«, kam es aus dem dunklen, nach Rauch riechenden Pulk vor dem Eingang. Eine Gestalt löste sich aus der Gruppe, eine große, sehr markusförmige und leise schwankende.

Bei mir angekommen legte er mir die rechte Hand mit der Zigarette auf die Schulter, was sehr zu seiner Stabilisierung beitrug, und flüsterte mir dann ins Ohr: »Denk dran, vergiss es nicht, okay?«

»Woran denn? Was soll ich nicht vergessen?«

»Grüß Violet von mir, okay? Vergiss es nicht!«

Ich sah in seine Augen. Sie waren voll Sehnsucht, voll, wenn auch alkoholvernebeltem, Flehen.

»Markus!« Ich machte mich sanft von ihm los. »Markus, ich muss dir jetzt etwas gestehen.«

Markus schwankte leicht. Ich hielt ihn sicherheitshalber am Ärmel fest. »Violet gibt es gar nicht.«

Keine Reaktion. Nur sanftes Weiterschwanken.

»Ich habe sie mir ausgedacht. Damit ihr aufhört, euch weiter eure Erfolge an die Birne zu knallen und euch wieder daran erinnert, wie es früher war. Als uns gesellschaftlicher Status und gut laufende Praxen noch völlig egal waren.«

Markus starrte mich an. »Das stimmt nicht«, sagte er rau.

Ich sah ihm in die Augen und erkannte, wie sehr Violet sich in ihm festgesetzt hatte, Violet, vielleicht das einzige Mädchen, bei dem Markus während seiner Schulzeit wirklich Erfolg gehabt hatte.

Ich seufzte. Na gut. Dann tätschelte ich ihm vorsichtig den Arm. »Ich werde Violet von dir grüßen, Markus. Versprochen.«

Auf dem Weg zu meiner alten Studienfreundin musste ich lächeln. Keine Ahnung, was ich losgetreten hatte, aber ich sollte es dringend verfolgen. Vielleicht ein diskretes Interview in ein paar Monaten? Um nachzuprüfen, ob Violet dann noch am Leben war?

Ich würde es meiner Freundin, die wie ich Psychologie studiert hatte, übergeben. Vielleicht konnte sie einen interessanten Artikel daraus basteln ...

Ohne die anderen

Lisa, Alex, Sebastian. In den Pausen haben wir aneinanderge-klebt wie die Marshmallowmäuse, die es in der Schulcafeteria zu kaufen gab.

Steffi, Mandy, Sandra. Wie viele Filme wir gemeinsam gese-hen haben, *Pretty in Pink*, *Breakfast Club*, *Dirty Dancing*, immer wieder.

David, Jan, Dennis. Da war diese Klassenfahrt, auf der wir uns zum ersten Mal gemeinsam betrunken haben, und am nächsten Morgen sind wir alle zehn in einem Zimmer aufgewacht.

Wir haben uns gestritten, mal war Steffi meine beste Freundin, mal Lisa. Aber es hat uns gegeben, UNS, wir waren eine Einheit, eine Marke, ein Name. Fünf Jahre lang war

Aber es hat uns gegeben, UNS, wir waren eine Einheit, eine Marke, ein Name.

Herr Zimmermann unser Klassenlehrer. Norbert haben wir später zu ihm gesagt, nach der Schulzeit, wenn wir uns in sei-ner Berliner Altbauwohnung trafen, einmal im Jahr kurz vor Weihnachten, die einzige Zeit, zu der wir fast alle in der Stadt waren. Meistens gab es Käsefondue oder selbst gemachte Pizza, Norbert besorgte die Zutaten, wir Nachtisch und Wein, jede Menge Wein. Im ersten Jahr schon kam Dennis nicht, er studierte in Florida. Im zweiten Jahr befand sich Steffi auf einem Work & Travel in Australien, und Davids Eltern waren umgezo-gen. Mit jedem Jahr wurden wir weniger, irgendjemand konnte nicht aus irgendwelchen Gründen, das Leben forderte seinen

Tribut. Bis bald schon niemand mehr die anderen fragte, die anderen und Norbert, und seit jenem Tag, an dem wir vor der Schule die Sektflaschen öffneten und unsere letzte Abiprüfung feierten, sind zwanzig Jahre vergangen, meist still und leise, nur manchmal mit Unwetter und Sonnenfinsternis und allem, was einem so passieren kann. Einfach davongeflogen sind sie wie trockene Blätter in einem Herbststurm.

Jetzt stehen wir in der großen Kapelle, Hunderte Schüler und Lehrer und Freunde und Familienangehörige. Ich nehme Steffis Hand, weil ich kurz jemanden brauche und weil sie das einzige Blatt ist, das während all der Jahre neben mir geflogen ist.

»Alles okay?«, flüstert sie.

Ich nicke, und sie lehnt sich an mich, dann entdecke ich Alex weiter vorn, und Steffi entdeckt ihn ebenfalls, ihr Körper versteift sich, und sie drückt meine Hand fester als vorher. Wir sagen beide nichts. Wir lauschen nur stumm, der Schulchor singt *Wild Horses*, langsam, traurig, erst im vierten Jahr nach dem Abi erfuhren wir, dass das Norberts Lieblingssong war.

Steffi war diejenige, die die Todesanzeige in der Zeitung entdeckte. Sie zeigte sie mir, und ich schickte sie David und Sandra, und sie schickten sie wieder weiter, und als wir eine halbe Stunde nach der Zeremonie draußen stehen, kommt Alex zögernd auf uns zu, Lisa neben ihm, und nach und nach auch der Rest.

Alex, Steffi, Lisa, David, Mandy, Jan. Die anderen sind nicht gekommen. Keine Zeit, zu weit weg, kein Babysitter für die Kinder. Es ist ein Mittwochvormittag. Die Sommersonne scheint genauso wie vor zwanzig Jahren, als wäre gar keine Zeit vergangen.

»Wollen wir zusammen etwas essen gehen?«, fragt Mandy. Steffi zögert, doch dann gehen wir alle in eine Pizzeria in der Nähe, nachdem wir noch ein paar unserer ehemaligen Lehrer gegrüßt haben.

Natürlich sehen wir nicht mehr so aus wie früher. Natürlich haben wir Falten um die Augen, haben ab- oder zugenommen, andere Frisuren, andere Kleidung.

Wir fangen mit dem Wein an, bevor das Essen kommt. Erst ist da nur Schweigen und manchmal David, der schon immer ein Eisbrecher war, einer von denen, die für jede Situation ein passendes Thema in den Raum werfen.

»Wisst ihr noch diese eine Stunde, als so tolles Wetter war und alle schwänzen wollten? Wir waren die einzigen Streber, die im Klassenraum geblieben sind.«

Wisst ihr noch diese eine Stunde, als so tolles Wetter war und alle schwänzen wollten?

»Ja. Wahrscheinlich hat sich Norbert ganz schön darüber geärgert, sonst hätte er auch eine Stunde früher Schluss gehabt.« Mandy lacht dieses Lachen, das sie auch damals schon hatte, ein Lachen mit lauter Glucksern darin, nur klingt es heute rauer, wie etwas, das lange irgendwo herumgelegen hat und an das sie sich erst wieder erinnern muss.

»Ach, wir haben uns doch nett unterhalten.« Lisa winkt dem Kellner, und wir geben unsere Essensbestellung auf. Kurz darauf werden die beiden Weinflaschen gebracht, einmal Merlot, einmal Riesling.

»Stimmt, das war das erste Mal, dass uns Norbert von seinem Sabbatjahr erzählt hat. Wo war er da noch mal, Indonesien?« Alex verteilt den Wein, Steffi und ich sind die Einzigen, die von dem weißen nehmen. Sommer bedeutet bei uns immer Weißweinschorle auf unserem Balkon, sobald Karla schläft.

»Indonesien und Nepal, glaube ich. Danach hast du nur noch vom Reisen geschwärmt«, erinnere ich mich und lächle David zu, der uns nächtelang im Garten von Lisas Eltern von seinen Reiseträumen vorgeschwärmt hat. Er wollte die ganze Welt sehen, das war sein Ziel. Oder alles, was man eben in einem Leben sehen kann, je nachdem, wie lange es dauert. Manchmal ist es einfach so vorbei. Manchmal legt man sich abends in sein Bett und wacht am nächsten Tag nicht mehr auf. Das passiert häufiger, als man glaubt, hat Steffi gesagt.

»Bist du denn viel gereist?«, fragt Lisa. Sie ist wohl nicht auf Facebook mit ihm befreundet, sonst würde sie all die Fotoalben kennen, die mit den Titeln Island, Paraguay, Indien, Brasilien.

David lacht fröhlich. »Ich reise immer noch. Eigentlich mache ich kaum etwas anderes. Ich habe zwar eine kleine Wohnung hier in Berlin, aber da leben häufiger Freunde von mir als ich.«

»Ist das dein Job? Reisen?« Überrascht blickt Mandy ihn an. Früher schnitt sie Löcher in ihre Jeans und färbte sich die Haare lila und rot und grün, und immer, wenn ich sie ansehe, frage ich mich, wie sie in dieses Kostüm mit faltenfreiem Rock und Satinbluse gekommen ist, ob sie irgendwo ausgetauscht wurde und jetzt eigentlich eine ganz andere Mandy vor uns sitzt. Andererseits, vielleicht sehen wir genauso aus, Steffi und ich. Keiner von uns ist mehr das, was wir vor zwanzig Jahren gewesen sind.

Jugend zerbricht und mit ihr ihre Ideale und ihre Wünsche und ihre Freundschaften. Zumindest die meisten.

»Ja, so ähnlich. Eigentlich wollte ich ja immer Reiseführer schreiben, aber es war gar nicht so einfach, in dem Bereich an bezahlte Aufträge zu kommen. Ich habe ziemlich früh mit einem Blog angefangen, als das noch nicht so in Mode war. Erst bestand es nur aus kleineren, halb privaten Reiseberichten, dann habe ich es immer mehr ausgebaut, zum Beispiel mit Hotelberichten und Restaurantkritiken. Über die Jahre haben sich mehrere tausend Stammleser angesammelt, und mittlerweile schreibe ich die Artikel sowohl auf Deutsch als auch auf Englisch. Das ist zwar untypisch, erhöht aber die Reichweite.«

»Was denn, du hast nur diesen Blog? Das ist alles?« Lisa wirkt mindestens genauso erstaunt wie Mandy. Sie lächelt, aber da ist etwas in ihren Augen, in der Art, wie sie den Mund verzieht, wenn ich gemein wäre, würde ich es Spott nennen. Denn wer macht das schon, wer reist schon sein Leben lang und lebt davon?

Denn wer macht das schon, wer reist schon sein Leben lang und lebt davon?

»Ja, so in etwa. Da das Blog inzwischen ziemlich bekannt ist, kriege ich auch schon mal Übernachtungen und Restaurantbesuche kostenlos, solange ich hinterher darüber blogge. Ich schalte so wenig Werbung wie möglich, aber genug, um Geld einzuspielen. Man wird kein Millionär mit so was, doch ich kann gut davon leben.«

Der Kellner bringt die Bruschetti und Weißbrot, das noch warm und sehr weich ist.

»Wie sieht es denn mit Familie aus?«, fragt Steffi.

»Man kann nicht alles haben.« David grinst. »Ich war einmal für zwei Jahre verheiratet. Die Schwangerschaft war eher ein Versehen, und dann sind es gleich Zwillinge geworden. Danach hatte ich keine langen Beziehungen mehr, aber es gibt noch ein Kind, von dem ich weiß.«

»Von dem du weißt?« Ein Lachen eruptiert aus Lisas Mund, sie verschluckt sich fast daran. »Wie kann man denn nichts von seinen Kindern wissen?«

»Passiert halt. Frauen kriegen das zwangsläufig mit. Aber wenn ich eine bei einem One-Night-Stand geschwängert habe und sie keine Kontaktdaten von mir hat oder mich nicht findet oder mir einfach nicht sagen will, dass sie von mir schwanger geworden ist, wie soll ich das denn dann erfahren?«

»Also, ich weiß nicht. Es gibt ja auch Verhütungsmittel.«

Steffis Handy klingelt. Es ist ihre Schwester. Steffi entschuldigt sich und verlässt rasch das Lokal, um das Gespräch anzunehmen.

»Ich kann mir ziemlich gut vorstellen, dass David überall auf der Welt Kinder verteilt hat. Lauter kleine Davids, manche mit dunkler Haut, manche mit weißer, manche mit hübschen Mandelaugen und andere mit lockigen Haaren.« Mandy kichert, und ihre Wangen färben sich rot. Sie gießt sich Wein nach, als Erste von uns.

»Hast du denn Kinder?«, fragt Jan leise. Es ist das erste Mal, dass er einen Ton von sich gibt, seit wir den Friedhof verlassen haben. Manche Dinge ändern sich nie. Zum Beispiel das Lachen. Zum Beispiel das Schweigen.

Vielleicht wird sie blass, vielleicht ist es auch das schummrige Licht. »Ja. Na ja.« Mandy zögert, doch dann scheint etwas in ihr zu zerbrechen, so als wäre diese Frage der letzte Wassertropfen zu viel, dem der Staudamm nicht mehr standhalten kann. »Ein Junge. Er lebt allerdings bei seinem Vater, schon seit er ein Jahr alt ist. Die Beziehung lief von Anfang an nicht besonders.« Steffi kehrt an den Tisch zurück, aber Mandy bemerkt es nicht. Ihr Blick ist auf die Tischdecke gerichtet, wie festgenagelt. »Dann wurde ich schwanger, und wir blieben erst mal zusammen. Schon während der Schwangerschaft haben wir festgestellt, dass das keine gute Idee war, aber erst, als der Junge etwa ein halbes Jahr alt war, trennten wir uns. Ich kam nicht gut mit all dem zurecht, mir war langweilig zu Hause und ich begann rasch wieder zu arbeiten. Beides, Kind und Job, ging aber gar nicht. Die Kanzlei, in der ich arbeite, ist ziemlich erfolgreich, was viele Überstunden nach sich zieht, manchmal auch Aktendurchsichten am Wochenende zu Hause. Eine Halbtagsstelle habe ich nicht bekommen. Eigentlich hatte ich gar keine Zeit für ein Kind. Oder vielmehr wollte ich gar keine Zeit für ein Kind haben. Es hat sich nach einer Weile von selbst ergeben, dass er immer mehr bei seinem Vater gewohnt hat als bei mir. Mittlerweile ist er vierzehn. Manchmal sehe ich ihn am Wochenende, dann gehen wir was essen und machen etwas Nettes. Das läuft relativ unkompliziert. Er erwartet nicht viel von mir, ich erwarte nicht viel von ihm.« Vielleicht weint sie, ich kann es nicht erkennen, obwohl sie mir gegenübersitzt. Damals, mit den lila-grünen Haaren und der zerschnittenen Jeans, sagte Mandy immer, sie wolle auf keinen Fall wie ihre Eltern werden. Sie wolle ihre Arbeit

140

nicht zum Mittelpunkt ihres Lebens machen, sondern höchstens zu etwas, das nebenbei passiert. Damit noch Zeit bleibt für Konzerte und Cocktails mit Freunden unter der Woche und Tierparkbesuche mit den Kindern in den Ferien.

»Wolltest du nicht eigentlich Pilotin werden?«, frage ich.

»Ja.« Sie hebt den Blick und sieht mich an. Keine Tränen. Keine, die man erkennen kann. »Hat nicht geklappt. Meine Eltern wollten, dass ich etwas studiere, sonst hätten sie mir kein Geld mehr gegeben, also habe ich mit Jura angefangen.«

»Ging mir auch so«, meint Alex. Unter dem Tisch taste ich nach Steffis Hand. Es ist seine Stimme. Damals, in der Elften, als sie mir verriet, dass sie in Alex verliebt ist, ganz leise sagte sie das in die Nacht in ihrem Zimmer hinein, damals schon meinte sie, es wäre diese Stimme. Alex hätte die schönste Männerstimme der Welt. Und das, obwohl er noch nicht ganz raus aus dem Stimmbruch war.

»Du hast doch gar nicht Jura studiert«, bemerkt Lisa.

Was für eine Stimme denn?, fragte sie damals in jener Nacht. Der klingt doch wie alle anderen Jungs auch.

»Nein, aber eigentlich wollte ich Landschaftsarchitekt werden, das weißt du doch. Meine Eltern waren aber der Meinung, das wäre ein total überfüllter Markt und ich solle lieber etwas Vernünftiges mit meinem Leben anfangen.«

»Elektrotechnik ist aber ziemlich weit weg von Landschaftsarchitektur«, meint David.

»Ist es auch. Aber es war okay. Mittlerweile arbeite ich in einem Start-up für Verkehrs-Apps. Das ist ziemlich spannend, die Mitarbeiter sind alle sehr locker. Genau genommen bin ich der Älteste dort, das ist zwar manchmal komisch, aber eigentlich fällt es gar nicht auf.« Er bemüht sich nicht einmal.

Da ist diese Müdigkeit in seiner Stimme, dieser Überdruss, immer dasselbe zu erzählen, immer dieselbe Begeisterung zu erfinden.

Lisa nickt Alex zu und nippt an ihrem Wein. Im Gegensatz zu allen anderen hat sie bisher kaum etwas getrunken. »Ich als Lebensmittelchemikerin habe natürlich leicht reden, ich finde immer eine gut bezahlte Anstellung.«

Nach ihrer Familienplanung fragt niemand, aber ich weiß, dass sie keine Kinder haben. Manche Dinge fliegen offen herum, man muss sich nicht danach erkundigen.

Wir schweigen, bis das Essen serviert wird. Steffi hat Lasagne bestellt, das macht sie jedes Mal. Bei jedem neuen Italiener, den wir ausprobieren, bestellt sie Lasagne, nur um dann festzustellen, dass sie nicht so gut schmeckt wie die, die wir selbst machen.

Man erfährt eine Menge über andere Menschen, wenn man sie beim Essen beobachtet. Lisa zerschneidet ihre Tortellini, sie isst in winzigen Happen, so wie damals schon. Jan hingegen unterteilt seine Portion, er zieht unsichtbare Linien und isst erst von einem Viertel des Tellers, dann vom nächsten. David taxiert erst den Teller, vielleicht schreibt er Notizen in seinem Kopf: Aussehen, Dekoration, Geruch. Dann: erster geschmacklicher Eindruck, langsames Kauen.

Essen ist wie eine Geschichte von sich erzählen.

Steffis Handy vibriert. Sie überfliegt die Nachricht, als wäre sie vollkommen unwichtig. Ich blicke sie fragend an, doch sie lächelt nur ausweichend. Ihre Schwester und Karla kommen nicht gut miteinander zurecht. Da ist etwas zwischen ihnen, eine Art Eifersucht vielleicht.

»Was ist mit dir, Lotte?« David beugt sich ein Stückchen zu mir. Lotte. So hat mich schon seit Ewigkeiten niemand mehr genannt. »Wie sieht dein Leben aus? Du wolltest doch immer Schriftstellerin werden.«

»Ja. Das wollte ich.« Ich könnte sagen, dass die Pressearbeit in dem kleinen Kulturbüro auch sehr spannend ist. Wechselnde A u f g a b e n f e l d e r. Freundliche Kollegen. Vielfältige Themenbereiche. Flexible Arbeitszeiten. Interessante Außenkontakte. »Aber nicht jeder erfüllt sich all seine Träume.«

»Aber nicht jeder erfüllt sich all seine Träume.«

Auch von den beiden Romanen erzähle ich nicht, die ich bereits beendet und Steffi an unseren Weißweinschorlebalkonabenden vorgelesen habe, so wie sie mir manchmal ihre Übersetzungen aus dem Portugiesischen vorliest. Schreiben ist nur ein Anfang, es ist nichts, das einen irgendwo ankommen lässt. Selbst nach der Veröffentlichung des ersten Romans in einem winzigen Verlag war da noch nicht dieses Gefühl, von dem ich immer dachte, es würde von selbst kommen. Dass man etwas erreicht hätte. Sich einen Traum erfüllt. In Wahrheit aber kommt man nie irgendwo an. Man muss immer weitergehen, man muss sich entscheiden und laufen und hoffen, dass dieses Gefühl, sich auf dem falschen Weg zu befinden, seit Ewigkeiten schon, dass dieses Gefühl nicht schneller wird als man selbst.

Sie schweigen. Ich blinzle zu David und frage mich, ob das euphorische Bild seiner Gegenwart, das er uns vorhin gezeichnet hat, tatsächlich der Wahrheit entspricht oder ob er nur am besten lügen kann. Doch wieso sollte er? Er strahlt Zufriedenheit aus, mit jeder Bewegung, jedem Lächeln.

Dann sehe ich Jan an, der immer Künstler werden wollte. Auf jeder Seite seines Physikhefters tummelten sich Comicfiguren und Landschaften, sie flossen in die Zahlen und Gleichungen und Grundsätze hinein, bis man Physik und Kunst kaum noch voneinander unterscheiden konnte. Er erwidert meinen Blick, es liegt ein Lächeln in seinem, das nicht traurig ist, aber auch nicht glücklich.

»Ich betreibe eine kleine Galerie und arbeite nebenbei als Sicherheitsbeamter in einem Museum«, sagt er, als hätte ich ihn etwas gefragt. Anscheinend ist er selbst überrascht davon, einfach so etwas gesagt zu haben, mitten in das Klappern des Bestecks hinein, doch er hält meinem Blick stand. »Das ist zwar nicht aufregend, aber mir gefällt es.« Mehr gibt er nicht preis. Er widmet sich dem letzten Viertel seiner Portion, sagt nichts zu dem Haus in Südfrankreich, das er immer hatte haben wollen, voller Künstler sollte es sein, voller bunter Räume, ein Küchentisch mit Weinflaschen und leckerem Essen, dazwischen Ruhe und Lachen und lange Gespräche. Sagt nichts zu der Frau, die in seiner Fantasie vermutlich immer ein bisschen so war wie Mandy, zu den Kindern, den Hunden, den Katzen.

Der Kellner räumt die Teller ab, der Wein ist alle. Wir könnten noch eine Flasche bestellen, noch ein Dessert, Tiramisù, Schokoladentarte, doch niemand sagt etwas. Ohne nachzufragen, bringt der Kellner die Rechnung. Wir beugen uns darüber, klamüsern alles auseinander, legen jeder Münzsammlungen auf kleine Scheine. Insgesamt 15 Prozent Trinkgeld, es will ja niemand geizig wirken vor den anderen.

Steffis Handy klingelt schon wieder, sie schaltet es auf lautlos und wirft es verärgert in ihre Tasche.

»Wer ist denn da so hartnäckig, dein Liebhaber?«, fragt Lisa und versucht, diesen Ton in ihrer Stimme zu unterdrücken, aber ihr Lächeln verrutscht.

»Der Babysitter«, antwortet Steffi. Ich bin mir sicher, dass sie das gar nicht hatte sagen wollen, dass diese Antwort einfach so hinausgeschlittert ist.

»Du hast ein Kind?«, fragt Alex leise, und jetzt höre ich es auch, seine Stimme, wie früher klingt sie.

»Hm.«

»Wie alt ist es denn?«, fragt Mandy, während wir bereits unsere Sachen zusammensuchen, leichte Jäckchen gegen Sommerbrisen, Jacketts, Handtaschen.

»Sieben.« Eine Zahl, mehr nicht. Alle nicken. Alex ist der Einzige, der sich mit einem Mal langsamer bewegt. Er sieht erschrocken aus, und ich bin ehrlich überrascht, dass das noch geht, dass man auch in diesen Zeiten, in denen das Privatleben eine Frage der Datenschutzeinstellungen bei Facebook geworden ist, dass man auch in solchen Zeiten noch ein Geheimnis bewahren kann. Ich war mir immer sicher, Alex hätte es erfahren, er wüsste eigentlich, dass es da ein Kind gibt, ein siebenjähriges Mädchen namens Karla, deren Augen genauso blau sind wie seine und die Zähne ebenso gerade. Ich dachte immer, er würde nur den sicheren Weg wählen.

Die anderen sind bereits draußen, David, Mandy, Jan. Lisa blickt nervös in das Restaurant. Ich laufe ebenfalls hinaus, lächle. »Wie fahrt ihr denn?«, frage ich die anderen, sie sind alle mit dem Auto gekommen.

Alex und Steffi verlassen als Letzte das Lokal. Ich weiß nicht, ob da etwas Neues zwischen ihnen ist oder nur dasselbe, das schon immer da war, zu Schulzeiten, während dieser paar Tage vor acht Jahren, in denen Alex beruflich in Berlin war. Vielleicht ist es auch egal. Manche Entscheidungen sind zu alt, um sie noch einmal zu überdenken.

Wir sehen uns an, müde und traurig und glücklich und leer, wir sehen unsere Leben an, die, die wir geteilt haben. Denn da ist noch mehr, wir haben nur Bruchstücke preisgegeben, nur ein Destillat der letzten Jahre. Wir könnten noch viel mehr erzählen. Wir könnten noch viel mehr zuhören.

»Was haltet ihr davon, wenn wir uns noch mal treffen?«, fragt Mandy schließlich. »Wir könnten das sogar regelmäßig machen.«

Alle sind begeistert. Alle stimmen zu. Wir tauschen unsere Handynummern und E-Mail-Adressen aus, wir lachen dabei, wir umarmen uns zum Abschied, und dabei wissen wir doch, dass all das nie geschehen wird. Vielleicht wird einer den anderen schreiben. Vielleicht werden wir sogar einen Termin finden, einen, bei dem wir alle können oder zumindest die meisten von uns, vielleicht werden wir es sogar schaffen, einmal, zweimal, vielleicht wird Sandra dann kommen oder Sebi oder Dennis, vielleicht werden wir wieder Wein trinken und Pizza essen, vielleicht werden ein paar von uns regelmäßiger Kontakt miteinander haben, alte Freundschaften aufleben lassen oder neue knüpfen. Doch das werden nur Momente sein. Nur eine Phase. Und dann werden wir zurückrutschen in das, was wir die ganze Zeit schon gewesen sind. Ohne die anderen.

Denn so ist das, wenn man erwachsen wird. Man trennt sich voneinander. Und das, was man früher einmal geliebt hat, ist nicht mehr als eine Erinnerung.

Auf Olaf, den Ärmsten!

»Wo bleibt denn Olaf?«, fragte Margot schon gegen Viertel nach acht. Wahrscheinlich hatte sie sich, wie jedes Jahr, vorgenommen, so zu tun, als wäre es ihr egal, wo er blieb. Aber wie immer hatte sie das nicht länger als 75 Minuten durchgehalten. Immerhin ein neuer Rekord. Letztes Jahr hatte sie schon um fünf vor acht gefragt.

Margot glaubte tatsächlich, niemand wüsste, dass sie noch immer heimlich für Olaf schwärmte. So wie schon damals in der Mittelstufe. Dabei hatte er sich nicht die Bohne für sie interessiert. Er, der coole, lässige Bassist der Schulband, war für eine langweilige Streberin wie Margot einfach unerreichbar gewesen. Und daran hatte sich auch nichts geändert. Auch nicht beim zwanzigsten Klassentreffen, zu dem er - wie immer - viel zu spät kommen würde.

Wenn er überhaupt auftauchte.

Vielleicht hatte er ja irgendwo einen wichtigen Auftritt. Oder er versoff gerade die Gage von gestern. Oder er war spontan mit einem Groupie nach Paris gefahren. Oder ...

»Olaf ist doch nie pünktlich«, ergriff Andy das Wort. »Wisst ihr nicht mehr, wie oft er früher verpennt hat und zu spät zum Unterricht kam?«

Ja, Olaf war ein Hallodri gewesen, schon als Schüler. »Und Hausaufgaben hat er auch nie gemacht«, fuhr Andy fort. »Hätte er sie nicht noch rasch abgeschrieben, hätte es bei ihm in jedem Fach Sechsen gehagelt, und er wäre womöglich ohne Abschluss von der Schule geflogen.«

Er sprach es zwar nicht aus, aber sein Ton ließ keinen Zweifel daran, wer der heldenhafte Mitschüler gewesen war, der Olaf damals hatte abschreiben lassen.

Nicht zu fassen, dass Andy noch immer darauf herumritt. Als wüsste das nicht ohnehin jeder hier im Raum. Annemie nippte genervt an ihrer Roséschorle. Dass sie extra Theaterkarten umgetauscht hatte, um dieses Klassentreffen nicht zu verpassen, verstand sie auf einmal selbst nicht mehr. Dabei war *La Bohème* zweifellos interessanter als die immer gleichen Gespräche mit denselben trüben Tassen, die sie schon in der Schulzeit nicht besonders gemocht hatte. Warum sie sich das alle Jahre wieder antat, hätte sie nicht beantworten können. Aber irgendwie gehörte es einfach dazu.

»Hat sich Olaf denn überhaupt angemeldet?«, fragte Gerd, der sich im Lauf des vergangenen Jahres den Schnauzbart abrasiert hatte und ohne ganz nackt im Gesicht wirkte.

»Pah, als hätte sich Olaf jemals angemeldet«, schnaubte Petra, die Finanzbeamtin, die von den anderen *das Frettchen* genannt wurde - natürlich nur, wenn sie nicht in Hörweite war. »Der taucht einfach auf, wenn es ihm passt. Oder eben auch nicht. Typisch Künstler eben.« Das Wort Künstler spuckte sie mit so viel Verachtung aus, wie es ihr nur möglich war. Und in dieser Disziplin besaß sie außerordentliches Talent!

Margot sah mittlerweile aus wie ein begossener Pudel. Zwar hatte sie im Grunde schon immer so ausgesehen, aber nun war sie wirklich kurz davor, in Tränen auszubrechen und ihrem einstigen Spitznamen Heulsuse alle Ehre zu machen.

In diesem Moment flog die Tür auf, und Arne kam herein. Oder besser gesagt: Arne trat auf. In seiner Welt war das ganze

Leben eine Bühne – und etwas anderes als die Hauptrolle kam für ihn nicht infrage. Früher war Arne der Klassenclown gewesen, heute war er ein erfolgrei-

In seiner Welt war das ganze Leben eine Bühne.

cher Geschäftsmann und Selfmade-Millionär. Trotz eines prall gefüllten Kalenders hatte er noch nie ein Klassentreffen verpasst. Nie würde er auf die Gelegenheit verzichten, die Bewunderung und den Neid seiner ehemaligen Mitschüler in sich aufzusaugen wie lebenserhaltenden Sauerstoff. Aber natürlich wurde es bei ihm immer etwas später, was er auch nie anzukündigen versäumte. Immer eilte er aus einem ultrawichtigen Meeting, von einer unaufschiebbaren Telefonkonferenz oder einem dringenden Kundentermin herbei. Und schon stand er im Mittelpunkt!

Doch Arne war kein Idiot. Er spürte genau, dass es nicht an ihm lag, dass eben alle Köpfe herumgeflogen waren und ihn anstarrten. Die Neugier und die nachfolgende Überraschung, ja fast Enttäuschung, hatte er durchaus registriert.

»Was ist – habt ihr etwa jemand anderen erwartet?«, sagte er und lachte etwas zu laut.

»Wir haben bloß eben von Olaf gesprochen«, informierte ihn das Frettchen. Sofort verstummte Arnes meckerndes Gelächter, und er machte ein betroffenes Gesicht. »Ja, schlimm«, murmelte er, während er sich setzte.

»Schlimm? Ich bitte dich. Dieser Typ war doch schon immer die Unzuverlässig- keit in Person«, ereiferte sich Gerd.

Dieser Typ war doch schon immer die Unzuverlässigkeit in Person.

»Der braucht gar nicht zu glauben, dass wir auf ihn warten«, meldete sich Margot zu Wort. Die wiederum dem Irrglauben aufsaß, man würde ihr diese Coolness abnehmen. Natürlich wartete sie auf Olaf, und das mit wachsender Verzweiflung. Was, wenn er tatsächlich nicht auftauchte? Würde sie dann ein ganzes Jahr warten müssen, bis sie ihn wiedersah? Oder ergäbe sich wieder mal ein glückliches Zufallstreffen so wie damals, 2002, als sie einander am Bahnhof über den Weg gelaufen waren und einen Kaffee im Stehen miteinander getrunken hatten? Einer der schönsten Tage in Margots Leben!

»Sagt nur, ihr habt es nicht gelesen?«, fragte Arne ungläubig.

»Was gelesen?«

»Na, die Anzeige.« Kunstpause. Blick in die Runde. Arne genoss die Aufmerksamkeit sichtlich, aber er beherrschte sich. Ein allzu triumphierender Blick wäre der Situation unangemessen, das war ihm klar.

»Die Todesanzeige«, ergänzte er schließlich, als die Spannung nicht mehr zu steigern war.

»Olaf ... ist tot?«, fragte das Frettchen mit weit aufgerissenen Augen. Schnell legte sie die Hand vor den Mund, um ihrer Betroffenheit Ausdruck zu verleihen  **»Olaf ... ist tot?«, fragte das Frettchen mit weit aufgerissenen Augen.** und um davon abzulenken, dass sich das eben vielleicht ein klein wenig sensationslüstern angehört hatte.

»Plötzlich und unerwartet«, zitierte Arne ehrfürchtig die besagte Anzeige, »wurde Olaf Müller aus unserer Mitte gerissen. Wir sind untröstlich. Deine Eltern.« Er legte eine weitere

Kunstpause ein, dann sprach er mit normaler Stimme weiter: »Olaf war wohl nicht verheiratet, oder sollte ich da was verpasst haben?«

»Natürlich nicht!«, rief Margot mit tränenerstickter Stimme. Dann sprang sie auf und rannte hinaus.

Für eine Weile herrschte betretenes Schweigen.

»Mein Gott, ich kann es gar nicht fassen. Der gute alte Olaf«, murmelte Andy betroffen. »Ob er wohl krank war? Oder einen Unfall hatte?«

»Vielleicht hat ihn ja auch der Alkohol dahingerafft«, kommentierte der bartlose Gerd.

»Wie kannst du nur so etwas sagen!«, tadelte Annemie sofort. »Das ist eine makabere Unterstellung.«

»Wisst ihr noch, wie er mir auf der Klassenfahrt eine ganze Nacht lang die Kotzschüssel gehalten hat, nachdem ich zu viel von dem billigen Rotwein in mich reingekippt hatte?«, sinnierte Andy, als hätte es den Disput um die Todesursache eben gar nicht gegeben. Vermutlich hatte er gar nicht zugehört, sondern schon in Erinnerungen geschwelgt.

»Ja, das weiß ich noch sehr genau«, sagte das Frettchen, »schließlich existieren jede Menge Fotos davon.« Und dann, nach einer Pause: »Dass er damals, als mir bei der Lateinarbeit der Spickzettel heruntergefallen ist, gesagt hat, das wäre seiner und so an meiner Stelle den Tadel kassiert hat, werde ich ihm nie vergessen. Er hatte ein gutes Herz.«

Eine Weile verharrten alle in andächtigem Gedenken an dieses Herz, das unfassbarerweise aufgehört hatte zu schlagen.

Und noch eine Weile in nicht ganz so andächtigem Gedenken an den Preis, den das Frettchen seinerzeit für Olafs

Heldentat bezahlt hatte. Über die Details gab es nur Gerüchte, aber niemand zweifelte daran, dass es sich um eine nicht ganz jugendfreie Dienstleistung gehandelt hatte, und das Frettchen war gottfroh, dass es davon keine Fotos gab.

»Wir müssen herausfinden, wo sein Grab ist«, sagte Annemie. »Und dann sollten wir gemeinsam hingehen und ein Bukett niederlegen.«

»Da müsste ich mal schauen, ob ich dafür einen Termin freischaufeln kann«, meinte Arne und zückte wichtigtuerisch sein Smartphone.

Als Margot mit rot geschwollener Nase und verheulten Augen von der Toilette zurückkam, war bereits ein Datum gefunden. Margot notierte es in ihrem eselsohrigen Sparkassen-Kalender. Sie hatte an dem Tag noch nichts anderes vor. Natürlich nicht. Das Leben einer alleinstehenden Laborantin war nun mal nicht sonderlich aufregend. Fast hätte sie sich auf den Termin gefreut, doch dann fiel ihr ein, was ein Besuch an Olafs Grab bedeutete – nämlich, dass sie ihn nie wiedersehen würde. Weder beim nächsten Klassentreffen noch zufällig am Bahnhof oder sonst irgendwo. Diese Erkenntnis bestürzte sie zutiefst, und sie brach erneut in Tränen aus.

Die Idee, eine Runde Schnaps zu Olafs Ehren zu trinken, kam von Arne. Als Überbringer der schlechten Nachricht fühlte er sich irgendwie verantwortlich dafür, dass alle diesen Schock einigermaßen verdauten.

»Auf Olaf!«, sagte er. Alle hoben die Gläser mit dem Klaren und kippten ihn herunter. Darauf ertönte ein allgemeines »Aaah«, wie es Trinker von sich geben, um zu betonen, dass sie ein dermaßen starkes Gesöff einfach nicht gewohnt waren. Dann orderte Arne eine weitere Runde. Aaah.

»Auf Olaf, den Ärmsten«, sagte Annemie, die die dritte Runde bestellt hatte. »Bestimmt würde er lieber einen mittrinken, als in seinem kühlen Grab zu liegen.« Annemie war schon ein klein wenig angeschickert. *La Bohème* war vergessen. Sie klang vielmehr wie eine schlechte Poesiealbumspruchschreiberin. Ein Wort, das sie womöglich nicht mehr glatt über die Lippen gebracht hätte.

»Bestimmt würde er lieber einen mittrinken, als in seinem kühlen Grab zu liegen.«

Eine halbe Stunde später – jetzt war Gerd dran, eine Runde zu schmeißen – war aus dem geplanten Bukett schon ein Kranz geworden, dessen Finanzierung durch die Geldscheine, die sie auf der Tischmitte gesammelt hatten, bereits gesichert war. Inzwischen diskutierten die trauernden Schnapsdrosseln über den Text, der auf der Schleife stehen sollte. Man schwankte zwischen »Ruhe sanft, du alter Teufelskerl« und »Auf ewig unvergessen, im Gegensatz zu deinen Hausaufgaben« – Letzteres natürlich Andys Vorschlag. Margot schwebte eher ein »In inniger Liebe« vor, aber das wagte sie natürlich nicht vorzuschlagen.

Die Stimmung wurde ausgelassener, weitere Schnapsrunden folgten, und einmal nannte Arne das Frettchen um ein Haar bei diesem Spitznamen, doch er verbesserte rasch auf Petra, was die Angesprochene aufgrund ihres Rauschzustandes zum Glück nicht mitbekam.

Was sie jedoch durchaus mitbekam, war, dass eine weitere Person den Nebenraum des Wirtshauses betrat, in dem dieses denkwürdige Klassentreffen stattfand. Das Frettchen rieb sich die Augen, klappte den Unterkiefer nach unten und machte

»Wäää?«, was so viel heißen sollte wie: Das darf doch nicht wahr sein! Oder etwa doch?

Auch allen anderen am Tisch blieb der Mund offen stehen, als sie den Mann in der Lederkluft und Cowboyboots da stehen sahen. Seine Frisur war zerzaust, sein Gesicht unrasiert, sein Blick amüsiert, sein Lächeln ein bisschen schief und ziemlich unwiderstehlich.

»Was ist denn mit euch los?«, fragte er verblüfft. Dann sah er die leeren Schnapsgläser und grinste. »Ihr habt wohl schon ohne mich angefangen?«

»Aber ... aber ... aber ... du leeeebs'?«, machte Margot, die vor lauter Schreck aufgesprungen war, nur um gleich darauf auf den Boden zu sinken wie ein nasser Kartoffelsack.

Olaf runzelte die Stirn. »Was ist denn in Margot gefahren? Natürlich lebe ich.«

»Ja, aber da war doch so 'ne Anzeige neulich«, nuschelte Arne verwirrt. »So 'ne Todesanzeige. Wir dachten, du wärs' unner die Räder gerat'n.« Der Alkohol beeinträchtigte jetzt auch seine Sprechfähigkeit merklich.

»Ach die meint ihr!«, meinte Olaf und zuckte mit den Schultern. »Das war irgendein Unglücksrabe, der ein bisschen zu früh ins Gras gebissen hat und rein zufällig denselben Allerweltsnamen hatte wie ich. Sagt bloß, ihr habt hier auf mein Ableben gesoffen!«

Da entdeckte er die Geldscheine, die noch auf dem Tisch herumlagen. Gerd wollte sie gerade einstecken, aber Olaf war nüchterner und daher schneller.

»Habt wohl gesammelt. Darf ich raten? Für einen Blumenstrauß? Nein, halt – dafür ist es zu viel. Etwa ein Bukett? Oder gar einen Kranz?«

Die ehemalige Trauergemeinde schwieg betreten. Olaf dagegen prustete los. »Ernsthaft? Ihr wolltet mir einen Kranz aufs Grab legen? Und was sollte draufstehen? Vielleicht: Im Leben immer ein bisschen zu spät, im Tode leider viel zu früh?«

Lässig steckte er das Geld ein. »Wie auch immer, ich werd' davon mal schön essen gehen.«

»Essen gehen?«, murmelte Margot, die gerade wieder zur Besinnung kam und dabei war, sich hochzurappeln.

»Kommst du mit?«, wandte der höchst lebendige Olaf Müller sich an seine ehemalige Mitschülerin, so als wäre ihm in diesem Moment erst aufgefallen, dass sie überhaupt existierte.

»Wohin?«

»Na, in irgendeinen Sterneschuppen. Dafür müsste die Kohle locker reichen. Los, hoch mit dir!« Gut gelaunt half er Margot auf und hakte sie unter. Margot, die gar nicht wusste, wie ihr geschah, strahlte selig.

An der Tür wandte Olaf sich noch einmal um. »Bis nächstes Jahr«, verabschiedete er sich mit einer angedeuteten Verbeugung vor Andy, Gerd, Annemie, Arne und Petra, dem Frettchen. »Wenn ich dann noch lebe«, fügte er grinsend hinzu.

KAPITEL 4
Alte Liebe, leicht angerostet

Spaß mit Phrasen:
Wiedersehens-Bingo

Für den ersten Kommentar nach fünf, zehn, zwanzig oder gar fünfzig Jahren gibt es keine zweite Chance. Ist es ein Kompliment? Eine Beleidigung? Ein Angeberspruch? Ein verbaler Sprung ins Fettnäpfchen? Am besten, Sie halten sich erst einmal zurück und checken, was die anderen so sagen. Hören Sie einfach gut zu, kreuzen Sie die Phrasen auf dieser Übersicht an und brüllen Sie laut »Bingo!«, sobald eine Reihe vollständig ist. Sie dürfen sicher sein: Ab diesem Moment gehört die ungeteilte Aufmerksamkeit Ihnen ...

Weißt du noch, damals in Mathe ...?	Eigentlich ist mir das hier zu öde, aber ich war zufällig in der Stadt.	Wow, bist du braun - hast du auch eine Finca auf Mallorca?	Wo sind denn deine Haare geblieben?
Ach duuu bist Sabine*? Warst du nicht mal ganz schlank?	Weißt du noch, damals auf der Klassenfahrt ...?	Du hast dich ja überhaupt nicht verändert!	Ach duuu bist Peter**? Seit wann wächst dir denn ein Bart?
Naaa, kennt ihr mich noch?	Kann ich meinen Bentley vorm Haus parken?	Weißt du noch, damals bei der Stufen-Fete ...?	Boah, seid ihr alt geworden!
So jung kommen wir nie mehr zusammen.	Waaas, du wohnst immer noch hier in der Provinz?	Hilf mir mal auf die Sprünge ...	Weißt du noch, damals beim Abiball ...?

*oder Andrea, Michaela, Susanne, Birgit, Angelika ...

**oder Wolfgang, Andreas, Markus, Volker, Olaf ...

Zeiten ändern sich

»Planen, planen, planen, und dann passiert ja doch wieder nix! Da hab ich echt keine Lust drauf!«, nörgelte ich ins Telefon, nachdem Carmen mir erzählt hatte, dass sie mal wieder versuchen wollte, ein Klassentreffen zu organisieren.

Klassentreffen – pah! Seit mehr als zwanzig Jahren hatte ich meine ehemalige Schule nicht mehr von innen gesehen und bis auf wenige Ausnahmen auch keinen Kontakt mehr zu meinen alten Klassenkameraden gehabt. Brauchte ich auch nicht! Wen ich sehen wollte, sah ich – und der Rest war mir schlicht und einfach schnuppe.

»Wir können's doch einfach noch mal probieren. Ich ruf ein paar Leute an, Tanja und Anke auch – und du. Wir teilen uns das auf. Komm schon!«, versuchte Carmen, mich zu überreden. Die frischgebackene, hobbylose Mutter hatte scheinbar mehr Freizeit als der Tag Stunden.

»Oh Mann!«, stöhnte ich. Für Carmen ein eindeutiges Erkennungsmerkmal, dass ich mich geschlagen gab.

Meine Anstrengungen hielten sich allerdings in Grenzen. Das war doch eh alles vergebene Liebesmüh!

Also schrieb ich in der damals noch sehr angesagten Plattform *Wer kennt wen* eine Sammelmail an alle, mit denen ich aus Schulzeiten zumindest noch sporadischen Kontakt hatte: »Klassentreffen – Interesse?« Damit hatte ich meiner Ansicht nach meine Schuldigkeit getan und widmete mich wieder wichtigeren Dingen.

Es dauerte keine Stunde, da stand Carmen direkt vor meiner Haustür. Das gerade mal drei Monate alte Energiebündel Tarek mit von der Partie.

»Cappuccino?«, fragte ich höflicher- und unnötigerweise, denn Carmen hatte sich schon selbst in meiner Küche zu schaffen gemacht und plapperte dabei ununterbrochen. Sie hatte alles im Griff, sozusagen den Plan im Sack. Drei Örtlichkeiten zur Auswahl, außerdem mehrere Terminvorschläge. Ob ich vielleicht ein Anschreiben für unsere ehemaligen Mitschüler aufsetzen könnte, sie hätte da so eine Gestaltungsidee.

»Ich hab schon ein paar Leute übers Internet angeschrieben, wir müssen doch keine Riesenaktion daraus machen!«, ging ich direkt in Abwehrhaltung.

»Wie? So schnell? Du wolltest doch erst gar nicht! Wer weiß denn jetzt schon alles Bescheid? Es gibt doch noch gar keine Infos!«, überschlug sie sich.

Ich klärte sie also auf und bekam für meine halbherzige Vorgehensweise nicht gerade Beifallsbekundungen. Carmen zückte ihren Bleistift und notierte sich die wenigen Namen der Leute, die ich in Kenntnis gesetzt hatte. »Ich kann deine Terminvorschläge ja einfach hinterherschicken«, besänftigte ich die Cappuccino schlürfende, leicht entnervte Carmen.

Tarek meldete sich mit einem Kampfschrei zu Wort, und das Thema Klassentreffen war für den Rest des Tages erst mal beendet. Carmens Langeweile war verflogen und ich erleichtert.

Zwei Tage später ging es jedoch direkt in die zweite Runde. Dieses Mal standen Carmen (mit Anhang), Tanja und Anke vor meiner Tür. Sie hatten es geschafft, fast unsere komplette ehemalige Klasse ausfindig zu machen, die wenigen Vorabinformationen, meist telefonisch, weiterzugeben und bereits einen ziemlich zeitnahen Termin ausgehandelt. Nun sollte ich eine Tabelle zum Eintragen der Zu- oder Absagen erstellen.

»Wer kann wo, wann, wie und warum? So was in der Art?«, frotzelte ich. »Gegenvorschlag: Machen wir vier Kreuze und gehen nächste Woche zusammen was Leckeres essen, dann haben wir auch ein Klassentreffen!«

Doch die anderen ließen sich von der Idee, ein offizielles Klassentreffen zu organisieren, nicht abbringen. Ich erstellte also tatsächlich eine Liste, Carmen übernahm die Regie.

Meine Begeisterung hielt sich noch immer in Grenzen - bis Tanja zwei Tage später anrief: »Wir haben jetzt einen festen Termin. Am 5. Mai um 18 Uhr in der Krone bei euch im Ort. Und zwei Zusagen haben wir auch schon!«

»Ja klar, ob tatsächlich außer uns jemand kommt, wird sich dann zeigen!«

»Du alter Muffelkopf«, wurde ich geschimpft. »Zumindest wären wir dann schon zu sechst!«

»Wow, immerhin ein Fünftel unserer Klasse. Wer sind denn die beiden Opfer?«, lachte ich.

»Ralf und Steffen«, kam die knappe Antwort, die mich erst einmal sprachlos machte.

»Hallo?« Ach ja, da war ja noch Tanja am anderen Ende der Leitung ...

»Okay, ich hab grad keine Zeit mehr, wir können später noch mal telefonieren«, würgte ich sie ab.

Ralf würde kommen?

Ach du lieber Himmel.

Ich konnte es nicht fassen, meine Gedanken überschlugen sich, und ich schwelgte in Erinnerungen: Ralf - mein Schwarm - die unerwiderte Liebe meines Lebens, zumindest von der fünften bis zur zehnten Klasse.

Ralf! Ralf - er würde tatsächlich kommen!

Ich hatte ihn schon zwei Jahrzehnte lang nicht mehr gesehen, nicht gehört, und eigentlich hatte ich bis eben auch keinen Gedanken mehr an ihn verschwendet.

Oh Gott - ich bekam Herzklopfen.

Und auf einmal war alles wieder ganz präsent.

In der fünften Klasse hatte ich keine Gelegenheit ausgelassen, mich in seiner Nähe aufzuhalten. Ich fing an, Tagebücher zu schreiben. Ralf-Tagebücher, um genauer zu sein. Seitenweise füllte ich die Bücher mit Liebesbekundungen und Bildern, die ich damals regelrecht sammelte. Fotos von Schulausflügen, aber auch selbst gemachte, unbemerkte mit der Sofortbildkamera. Gemalt habe ich ihn auch, ihn und mich. Hunderte von Schriftzügen zierten die Umschläge der Tagebücher: »Ralf und Petra forever« oder »Petra Krauß« (Ralf Krauß ist sein voller Name), dazu Herzen über Herzen.

Ja, ich war wohl fanatisch gewesen, wenn ich heute so darüber nachdachte.

Bei Klassenfahrten war ich immer dort gewesen, wo auch Ralf war. Nur, dass er davon gar keine Notiz genommen hatte. Lehnte er zum Beispiel an einer Mauer, stellte auch ich mich an diese, um abends in mein Tagebuch schreiben zu können, dass ich mich an seinen Arm geschmiegt hätte. Fantasie ohne Grenzen. Waren wir wandern, lief ich, so oft ich es irgendwie ermöglichen konnte, neben ihm und versuchte, unauffällig seine Hand zu berühren. Gelang mir das, war ich für den Rest des Tages das glücklichste Mädchen der Welt. Und über einen solchen Sekundenmoment konnte ich dann Seite um Seite mein Tagebuch füllen. Verrückt!

Einige meiner damaligen Schulfreundinnen hatten von meiner Schwärmerei gewusst, jedoch nicht von der Intensität. Ralf hingegen hatte nie davon erfahren. Ich konnte Geheimnisse gut für mich bewahren – vor allem meine eigenen.

Ich schwelgte noch immer in Erinnerungen, als meine beiden Kinder unverhofft auf mich einstürmten und mich aus meinen Gedanken rissen. Streithahn 1 und Streithähnin 2 beschuldigten sich gegenseitig irgendwelcher Gemeinheiten, und ich hatte zu schlichten. Der ganz normale Wahnsinn eben.

Der Alltag mit Beruf, Haushalt, Mann, Kindern, Hase und Meerschweinchen ging weiter, aber seit dem Telefonat verging kein Tag, an dem ich nicht an die gute (?) alte (!) Schulzeit dachte und mich tatsächlich auf das bevorstehende Treffen freute. Wobei freuen leicht untertrieben erscheint. Ich war regelrecht aufgeregt, sehr sogar. Zur großen Freude von Carmen, Tanja und Anke. Die dachten wohl, sie hätten mich letztendlich bekehrt und doch noch von der Wichtigkeit eines Klassentreffens überzeugt.

Weit gefehlt, denn mir war nur einer wichtig: Ralf!

Der Tag der Zusammenkunft rückte immer näher. Zum ersten Mal in meinem Leben ging ich zu einer Kosmetikerin. Eine neue Frisur gönnte ich mir ebenfalls.

Und Hilfe, ich hatte nichts zum Anziehen! Natürlich musste ich dringend einkaufen! Ich shoppte um mein Leben und machte nebenbei noch eine Diät. Ein schlechtes Gewissen meinem Angetrauten gegenüber hatte ich nicht. Schließlich profitierte auch er davon, wenn ich wieder zur alten Form auflief, also zu der von vor zwei Schwangerschaften.

Und dann war es so weit. Carmen hatte versprochen, mich abzuholen, damit keiner von uns die Lokalität allein betreten musste. Vorab hatte ich mir zwei Gläser Sekt einverleibt, um mir selbst ein bisschen Mut zu machen. Ich war so aufgeregt!

»Holla, die Waldfee - was hast du denn heute noch vor?«, begrüßte mich Carmen.

War ich etwa zu aufgebrezelt? Ich druckste herum und hatte einen Puls von mindestens 190. Carmen war zu früheren Zeiten eine der wenigen Eingeweihten gewesen und schien jetzt Lunte zu riechen. »Ralf?«, fragte sie nur.

»Auch 'nen Sekt?«, kam meine Gegenfrage.

»Nicht dein Ernst! Du hast dich wegen Ralf so aufgestylt? Immer noch die alte Gefühlsduselei? Nee, oder?« Carmen konnte es kaum fassen.

»Sekt!«, befahl ich Carmen. Wir schwiegen uns eine Weile an, wobei ich von oben bis unten gemustert wurde.

»Das bist du nicht!«, verkündete Carmen plötzlich. So ganz unrecht hatte sie da wohl nicht, und richtig wohl fühlte ich mich, ehrlicherweise, in meinem Outfit auch nicht. Ich hatte mir einen engen Lederrock zugelegt, einen Hauch von Bluse dazu und Hackenschuhe.

Mitsamt dem Sekt nahm Carmen mich an der Hand, zog mich ins Schlafzimmer, öffnete den Kleiderschrank und kleidete mich neu ein.

In Jeans und T-Shirt fühlte ich mich wesentlich wohler und war zudem davon überzeugt, dass ein weiteres Gläschen Sekt mir guttäte. Carmen jedoch war anderer Meinung, hatte mich bereits ins Badezimmer geschleppt, mir die Haare verwuschelt, die roten Lippen abgeschminkt und war nun, im Gegensatz zu mir, sichtlich zufrieden mit ihrem Werk.

»Hast du 'ne Ahnung, wie lange ich für das Make-up gebraucht hab?«, motzte ich.

»Du hörst jetzt erst mal auf, Sekt zu trinken!«

»Du hörst jetzt erst mal auf, Sekt zu trinken!« Schwups, hatte sie mir das Glas abgenommen und in den Ausguss geleert. »Ich geh mal davon aus, dass du deinem Ralf nicht die Ohren volllallen willst, wenn du ihn nach so vielen Jahren zum ersten Mal wiedersiehst.«

Mein Ralf! Hach!

Und: Hilfe ...

»Ich hab irgendwie Angst. Guck mal, wie schrecklich ich jetzt wieder aussehe.«

»Du siehst genau richtig aus«, fand Carmen. »Normal eben - nicht wie 'ne Tussi. Jetzt komm mal wieder runter, du Nervenbündel. Es ist ein Klassentreffen, kein Date.«

Ein Tränchen wollte aus meinen Augen kullern.

Carmen sah mich fassungslos an. »Das gibt's doch nicht. Hör auf zu heulen. Sofort! Fast alle haben zugesagt, nicht nur Ralf. Wer weiß, ob der dich überhaupt noch erkennt oder umgekehrt.«

»Wie meinst du das denn jetzt?«, stutzte ich. »Ralf werde ich unter all den Pappnasen sofort erkennen. Er war schließlich der schönste Junge unserer Klasse.«

Jetzt lachte Carmen lauthals. »Du bist echt irre! Meinst du wirklich, die Zeit hat vor Ralf Halt gemacht? Und schön ist immer relativ. Für dich war oder ist er es, aber du warst schon immer ... irgendwie anders.«

»Wie bitte?« Ich war empört und wollte weiterdiskutieren, Carmen allerdings nicht.

»Auf jetzt!«, befahl sie mir, »wir wollen ja nicht die Letzten sein, oder?«

Ich brummelte den ganzen Weg bis zur Krone beleidigt vor mich hin. Carmen weigerte sich, meine Ansicht zu Ralf zu teilen, und ergoss sich stattdessen darüber, was wohl aus all den anderen geworden sein könnte. Aus dem schüchternen Andi zum Beispiel. Oder unseren Zwillingen Andrea und Claudia. Und ob Frank tatsächlich ein Tennisprofi geworden war?

Ich hatte mein Hirn ausgeschaltet. Das alles interessierte mich nicht die Bohne. Ich hatte nur eines im Kopf.

Vor der Krone bekam ich dann wieder etwas Panik. Ich wollte es mir im letzten Moment beinahe anders überlegen und nach Hause flüchten. Doch da kam die Nervensäge Miriam auf mich zugerannt und drückte mir fast die Luft ab. Oh nein – was hatte ich mir da nur angetan? Bereits zu Schulzeiten hatte sie diese besondere Begabung, andere Menschen zu Tode zu nerven.

Dann ging alles ganz schnell, und ich fand mich plötzlich inmitten meiner alten Klasse wieder. Zumindest ging ich davon aus, dass es sich bei der Menschmenge um meine ehemaligen Klassenkameraden und -kameradinnen handelte. Ich erkannte nämlich die wenigsten. Einige von ihnen schienen teilweise um deutlich mehr als nur um zwanzig Jahre gealtert zu sein. Krass!

Darauf musste ich einen trinken. Noch vor dem Essen hatte ich mir drei Weinschorlen einverleibt, nahm Gesprächsfetzen auf und spielte die stille Beobachterin.

Und – ich suchte Ralf.

Wo war der nur? Da hatte ich einen solchen Aufriss gemacht, und jetzt kam der Hundesohn

Alkoholbedingt wusste ich nicht, ob ich erleichtert sein sollte oder losheulen.

einfach nicht. Alkoholbedingt wusste ich nicht, ob ich erleichtert sein sollte oder losheulen.

Der Abend verging schneller als gedacht, und nach dem Essen verabschiedeten sich die meisten auch schon wieder. Zurück blieben Carmen, Anke, Tanja und ich.

So war das also.

Zwanzig Jahre, und man hat sich nichts mehr zu sagen. Nach gerade mal drei Stunden hatten die meisten das Lokal wieder verlassen, weil sie heim zu ihren Lieben mussten. Und wir vier saßen hier und guckten nicht gerade schlau aus der Wäsche. Keine von uns sagte etwas.

»Ich bestell mal noch was«, brach ich das Schweigen, während meine drei Mitstreiterinnen nun ihrerseits anscheinend in Erinnerungen schwelgten. Ich hob die Hand, um den Kellner herbeizuwinken, doch stattdessen kamen zwei Männer an den Tisch.

Zum ersten Mal an diesem Abend war ich es nun, der vor Staunen der Mund offen stehen blieb. Nicht, weil Steffen, der damals schlaksigste Junge der Klasse, zu einem kleinen, aber feinen Muskelmann mutiert war. Sondern weil Ralf ... na ja, nicht mehr Ralf zu sein schien.

Mein Traummann oder besser -junge von damals hatte nicht ein einziges Haar mehr auf dem Kopf. Sport beziehungsweise Bewegung schien nicht zu seinem Lebensinhalt zu gehören, dafür bestimmt jede Menge Fett und Kohlenhydrate. Was der für eine Plauze hatte! Schön war jedenfalls anders.

Carmen sah mich schräg von der Seite an, trat mir blaue Flecken ans Bein und grinste rechthaberisch in sich hinein.

Ralf setzte sich neben mich. Was hätte ich vor einigen Jahren dafür gegeben! Aber jetzt ...

Meine Kehle war ausgetrocknet. Ich brauchte Flüssigkeit. Dringend. Ralf und Steffen fingen an, von einem Unfall zu erzählen, der Grund für die starke Verspätung war. »Mädels, ich bin froh, dass wenigstens ihr noch da seid«, kam es von Ralf.

»Ich geh' mal runter und schicke jemanden hoch zum Bestellen!«, sagte ich, stand auf und verschwand erst einmal raus ins Freie. Frische Luft tut bekanntlich gut.

Leider nicht in meinem Zustand. Vielleicht hatte ich doch ein bisschen viel getrunken? Sei's drum. Ich ging wieder hinein, bestellte mir einen Kurzen für den Schock und bemerkte selbst, dass ich beim Treppensteigen etwas aus dem Gleichgewicht geriet.

Oben setzte ich mich wieder neben »meinen Ralf«. Er sah leider immer noch so aus wie fünf Minuten zuvor.

Und dann bekam ich verbalen Durchfall. Der Alkohol hatte meine Zunge gelöst. Ich war völlig fassungslos ob der Tatsache, wie sehr Ralf sich verändert hatte, und brachte dies nun auch zum Ausdruck.

Die Getränke flossen weiter an diesem späten Abend, und ich nahm (leider) kein Blatt mehr

Und dann bekam ich verbalen Durchfall.

vor den Mund. Innerhalb kürzester Zeit wussten alle Anwesenden, vor allem aber Ralf, was sich vor gut zwanzig Jahren in mir abgespielt hatte. Die Bedeutung der Worte »sein Innerstes nach außen kehren« nahm eine für mich ganz eigene Wendung. Ich erzählte wirklich alles, von den Träumereien bis hin zu den Tagebüchern.

Carmen schien der deutschen Sprache nicht mehr mächtig, ihre Tretversuche unter dem Tisch blieben erfolglos und konnten mich in meinem Redeschwall nicht zurückhalten.

Steffen, Anke und Tanja hörten leicht fremdschämend zu, und Ralf, ja, der war anscheinend ganz beeindruckt.

Nach meiner »Offenbarung« bestellte ich eine Runde Kirschwasser, doch die anderen wollten nicht mittrinken, also stieß ich allein mit Ralf an. Schöntrinken ist allerdings ein Lügenmärchen – es funktionierte nicht.

Schöntrinken ist allerdings ein Lügenmärchen – es funktionierte nicht.

Ralf seinerseits fragte sich immer wieder, warum er damals von meinen Gefühlen nichts mitbekommen hätte. Wenn ich doch nur eine winzig kleine Andeutung gemacht hätte, dann hätte ja vielleicht was aus uns werden können. (Na, Gott sei Dank war dem nicht so!)

Er bestellte noch eine Runde, die wiederum nur wir beide bestritten. Nun war Ralf an der Reihe, sein Herz auszuschütten. Er hätte damals auch ein Auge auf mich geworfen, behauptete er, doch ich glaubte ihm kein Wort. Schon gar nicht, dass er zu schüchtern gewesen wäre, mich anzusprechen, weil ich mich immer so abweisend gegenüber dem männlichen Geschlecht verhalten hätte. Lächerlich!

Auch heute wäre er mir gegenüber alles andere als abgeneigt, fügte er schließlich mit schwerer Zunge hinzu.

Auch das noch! Ich nuschelte »verheiratet, zwei Kinder«, doch das störte ihn wenig. »Na, ich hab auch 'ne Freundin. Das hat doch nichts zu sagen!«

Nicht? O doch! Mein damaliger Traummann war zum Albtraum mutiert und ahnte es noch nicht einmal.

Die Mädels und Steffen trieben zum Aufbruch. Mittlerweile war es Mitternacht, und da wir nun schon einmal alle Ausgang hatten, liefen wir zur gerade mal fünfhundert Meter entfernten Dorfdisko. Bei diesem nächtlichen Klassenausflug war es Ralf, der sich ständig in meiner Nähe aufhielt und Körperkontakt aufnehmen wollte. Ich fühlte mich wie Richard Kimble auf der Flucht.

Ich fühlte mich wie Richard Kimble auf der Flucht.

In der Disko mit dem passenden Namen »Zum Dorf« wurde es auch nicht besser. Ralf wich nicht von meiner Seite und nahm mich in den Arm, wann immer ihm sich die Gelegenheit bot. Irgendwann blieb mir nur noch ein Ausweg: Ich verkroch mich auf die Toilette, in der Hoffnung, dass eine meiner Freundinnen mich früher oder später dort suchen würde. Es dauerte eine Weile, bis ich endlich Carmen meinen Namen rufen hörte.

»Bin hier!«, flüsterte ich. Offenbar zu leise, denn sie hörte mich nicht. »Hier!«, schrie ich nun leicht verzweifelt. Da kam sie angelaufen, sah mich als Häufchen Elend, die Toilettenschüssel umarmend, und – fing an, lauthals zu lachen.

»Blöde Kuh! Bring mich hier raus!« Ich heulte fast.

Ich weiß nicht, wie, aber irgendwie schaffte es Carmen, mich hinauszuschleusen und nach Hause zu bringen. Jedenfalls fand ich mich am nächsten Morgen in meiner Wohnung wieder – neben meinem behaarten, muskulösen und wunderschönen Mann. Man muss eben Prioritäten setzen.

Im Nachhinein kann ich behaupten, dass es die richtige Entscheidung war, bei diesem Klassentreffen zu erscheinen. Sonst würden mir heute noch die Sicherungen allein bei der Erwähnung des Namens Ralf durchbrennen. Ganz bestimmt wird mir das in Zukunft nie wieder passieren.

Die Geister der Vergangenheit

In der Praxis von Dr. Moritz Baldhoff.

Der Psychotherapeut sitzt entspannt in einem Sessel. Auf seinem Schoß hat er einen Notizblock. Neben ihm auf der Couch lehnt die hübsche, schlanke Frau Nora Nöller und weint.

NORA (*schluchzend*): Nie im Leben hätte ich mich von Ihnen überreden lassen sollen, zu diesem Klassentreffen zu gehen!

DR. BALDHOFF (*mit ruhiger Stimme*): Sie selbst haben sich aus eigener Kraft dazu entschlossen, diesen Schritt zu tun.

NORA: Weil Sie sagten, ich wäre so weit!

DR. BALDHOFF: Denken Sie nicht, dass Sie so weit sind, sich den Ängsten Ihrer Jugend zu stellen? Zählen Sie mir bitte auf, worunter Sie als Teenager gelitten haben.

NORA (*nicht mehr weinend, nun emotionslos*): Mein Übergewicht, die starke Akne, diese dicke, scheußliche Brille, meine Schüchternheit, dass mich kein Junge jemals angesehen hat, dass ich in der Abschlussklasse die Einzige war, die noch nie einen Freund hatte, und dass der Klassenschönling, Markus Herrling, mich immer gehänselt und vor allen bloßgestellt hat.

DR. BALDHOFF (*schreibt nichts von alldem mit*): Gut, Frau Nöller. In den letzten zwanzig Jahren haben Sie intensiv daran gearbeitet, Ihr Leben zu ändern – die vergangenen zwei Jahre mit meiner Hilfe. (*Er reicht ihr eine Taschentuchbox.*) Vielleicht wollen Sie nun noch einmal rekapitulieren, was Sie alles erreicht haben?

NORA (*nimmt sich ein Taschentuch, wischt die Tränen weg und putzt die Nase*): Ich habe dreißig Kilo abgenommen, meine Augen lasern lassen, einen attraktiven und netten Mann geheiratet und einen großen Freundeskreis gewonnen. Es gibt niemanden mehr, der auf mich herabsieht.

DR. BALDHOFF: Sehen Sie! Und wir haben auch Ihre Schüchternheit so gut in den Griff bekommen, dass Sie in Ihrem Beruf stets ohne Probleme vor Menschen sprechen können. Das alles sollten Sie immer im Kopf behalten. Aus Ihnen ist eine starke Frau geworden, und Sie dürfen zu Recht stolz auf sich sein. Machen Sie sich keine Gedanken, falls Sie beim Klassentreffen ein wenig in Ihre alten Muster zurückgefallen sind. Das ist völlig normal. Nur weil Sie in der Umgebung der Leute von damals auch wieder in die Rolle des Mädchens, das Sie einmal waren, geschlüpft sind, bedeutet das nicht, dass alles, was Sie sich erarbeitet haben, verloren gegangen ist.

NORA (*seufzt ungeduldig*): Herr Doktor, ich bin keine Sekunde lang in irgendwelche alten Muster verfallen!

DR. BALDHOFF: Sehen Sie! Ich wusste ja, dass Sie so weit sind! Was bringt Sie dann aus der Fassung?

NORA: Mein Mann will sich von mir scheiden lassen! Schuld daran ist, dass ich auf diesem beschissenen Klassentreffen war!

DR. BALDHOFF (*Seine Augenbrauen schießen in die Höhe, er schlägt hastig seinen Notizblock auf, kritzelt etwas hinein und sagt dann mit weiterhin ruhiger Stimme*): Vielleicht wollen Sie der Reihe nach erzählen?

NORA: Ich habe alles so gemacht, wie Sie es mir geraten haben: Das Kleid, in dem ich mich selbst am liebsten mag, angezogen, ein Friseurbesuch und Entspannungsübungen. Ich hatte dann tatsächlich überhaupt kein Lampenfieber, weil ich wirklich umwerfend ausgesehen habe!

DR. BALDHOFF *schweigt.*

NORA: Na ja, auf jeden Fall habe ich mich richtig darauf gefreut. Den ganzen Tag lang hatte ich mir schon ausgemalt, dass ich dann vorgebe, mich nicht an ihre Namen zu erinnern, und so weiter.

DR. BALDHOFF: Und haben Sie das tatsächlich getan? Wie war das Zusammentreffen mit … (*er blättert in seinen Notizen*) diesem … Markus Herrling?

NORA (*lächelt maliziös*): Es war noch besser, als ich es mir vorgestellt hatte! Ihm ist die Kinnlade heruntergefallen, als er mein Namensschild gelesen hat. Und dann hat er sich darum bemüht, beim Galamenü in der Schulküche den Platz neben mir zu ergattern.

DR. BALDHOFF: Wie haben Sie sich dabei gefühlt?

NORA (*setzt sich nun aufrecht hin*): Überlegen, zufrieden, begehrenswert.

DR. BALDHOFF: Also genau das Gegenteil von dem, was Sie vor zwanzig Jahren empfunden haben?

NORA: Ja.

DR. BALDHOFF (*blättert wieder in seinen Notizen*): Was war mit Jürgen Schuster? Sie haben erzählt, dass Sie in der Abschlussklasse sehr in ihn verliebt waren, er Ihnen aber keine Beachtung schenkte. Haben Sie ihn ebenfalls wiedergesehen?

NORA: Und ob! Er saß mir beim Essen gegenüber. Er hat sein Bier umgekippt und die Hälfte der Pommes in seinen Schoß geleert, weil er nur Augen für mich hatte.

DR. BALDHOFF (*kratzt sich hinter dem Ohr*): Ich entnehme Ihrer Stimme, dass Sie auch das genossen haben?

NORA: Darauf können Sie Gift nehmen, Herr Doktor Baldhoff! Das Klassentreffen hat mir allerdings gezeigt, dass ich darüber hinweg bin ...

DR. BALDHOFF: Worüber hinweg?

NORA (*macht eine weitreichende Geste*): Na, über alles. Ich bin geheilt! Diese Leute, die mich damals so unglücklich gemacht haben, können mir nichts mehr anhaben.

DR. BALDHOFF: Wirklich gar nichts, Frau Nöller? Vor drei Minuten haben Sie schrecklich geweint. Und Sie sprachen davon, dass Sie Probleme mit Ihrem Mann haben, die in irgendeinem Zusammenhang mit jenem Abend stehen.

NORA (*zögerlich*): Das hat aber nichts damit zu tun, dass aus mir eine Frau geworden ist, die sich selbst mag, sondern damit, dass ich bei diesem Klassentreffen Wolfi Haberl geküsst habe.

DR. BALDHOFF (*schaut verblüfft, hat sich dann aber sofort wieder im Griff und durchsucht mit Pokerface seine Notizen*): Wolfi Haberl ...? Ich denke nicht, dass wir schon einmal über ihn gesprochen haben.

NORA: Das können wir gar nicht, denn ich kannte ihn zuvor nicht. Er ist Beate Kaisers Ehemann.

DR. BALDHOFF: Das Mädchen, das Ihnen die gesamte Schulzeit lang Streiche gespielt hat?

NORA (*verschränkt zufrieden die Arme vor der Brust*): Genau die.

DR. BALDHOFF: Erzählen Sie!

NORA: Beate hatte Ihren Mann dabei. So ein Banker mit leichtem Bauchansatz und schon deutlich sichtbarer Neigung zur Kahlköpfigkeit. Er hat sich nach dem Essen bei den Cocktails in der Aula sehr um mich bemüht.

DR. BALDHOFF: Was haben Sie in dem Moment gefühlt?

NORA: Sein Geflirte war mir egal. Er ist nicht mein Typ. Aber mir hat gefallen, dass Beate währenddessen immer nervöser geworden ist.

DR. BALDHOFF: Können Sie den Emotionen, die dabei in Ihnen hochkamen, einen Namen geben?

NORA: Rachelust.

DR. BALDHOFF: Das dachte ich mir schon. Sie wollten sich also bei Beate Kaiser für die in Ihrer Jugend erlittenen seelischen Qualen rächen, indem Sie deren Mann geküsst haben?

NORA: Wenn Sie es so ausdrücken wollen, ja. Wobei ich betonen muss, dass Wolfi Haberl darauf bestand, dass ich ihm unser ehemaliges Klassenzimmer zeige. Ich habe ihm vorgeschlagen, seine Frau darum zu bitten. Aber da meinte er nur, seine Frau hätte nicht so gute Erinnerungen an die Schulzeit und weigere sich deswegen.

DR. BALDHOFF: Interessant!

NORA: Sie hat ihn wohl angelogen.

DR. BALDHOFF: Oder sie hat ihre Jahre in der Schule anders empfunden, als Sie denken. Die Signale, die Sie empfangen haben, müssen sich nicht zwingend mit dem decken, was Frau ...

NORA: Sie heißt jetzt Haberl. Früher Kaiser.

DR. BALDHOFF: ... was Frau Haberl damals erlebt hat.

NORA (*ihre Miene verfinstert sich*): Sie hat mir vor den Abschlussprüfungen Senf auf den Stuhl geschmiert, sodass ich in einem Kleid, das aussah, als hätte ich ein schwerwiegendes Verdauungsproblem, vor die Prüfungskommission treten musste! Ich kann mir nicht vorstellen, dass ich dieses Signal damals falsch interpretiert habe.

DR. BALDHOFF (*räuspert sich*): Und deshalb haben Sie nun ihren Mann geküsst?

NORA: Er hat mich in unserem ehemaligen Klassenzimmer geküsst, und ich habe zurückgeküsst, um mich an Beate zu rächen, ja.

DR. BALDHOFF *legt den Finger an die Lippen und überlegt.*

NORA: Ich gebe aber zu, dass es eine nutzlose Aktion war, weil Beate es ja nicht einmal gesehen hat. Die Rache hat also nur für mich persönlich stattgefunden. Ich bin sicher, Beate und Wolfi sitzen in diesem Augenblick einträchtig beisammen und essen zu Abend.

DR. BALDHOFF: Und was denkt Ihr Mann darüber?

NORA (*zuckt mit den Schultern*): Das weiß ich nicht. Ich konnte mit ihm nicht darüber reden. Seit ich zum Klassentreffen aufgebrochen bin, hatten wir kein richtiges Gespräch mehr.

DR. BALDHOFF: Von wem hat er dann von dem Kuss erfahren?

NORA (*nimmt sich ein Sofakissen und zupft daran herum*): Ich habe noch nicht alles erzählt ... Als Wolfi Haberl mich geküsst hat, kam Markus Herrling herein.

DR. BALDHOFF (*blickt auf seine Notizen*): Der - wie Sie ihn nennen - »Klassenschönling«.

NORA: Der Klassenschönling, der mich jahrelang wegen meines Übergewichts gehänselt hat und der beim Essen in der Schulküche bei diesem zwanzigjährigen Jubiläum unbedingt neben mir sitzen wollte.

DR. BALDHOFF: Haben Sie sich geschämt?

NORA: Wegen meines Übergewichts? Ja, natürlich! Ich habe mich selbst gehasst deswegen.

DR. BALDHOFF: Nein, ich meinte, als er Sie dabei erwischt hat, wie Sie Herrn ... Haberl geküsst haben.

NORA: Nein. Markus geht es schließlich nichts an, wen ich küsse. Die Zeiten, in denen er den Ton angegeben hat, sind zwei Jahrzehnte vorbei (*lacht*).

DR. BALDHOFF: Was ist passiert?

NORA: Markus verkündete, Beate würde Wolfi schon überall suchen. Deshalb ist dieser wie ein aufgescheuchtes Huhn davongerannt. Daraufhin waren Markus und ich allein im ehemaligen Klassenzimmer.

DR. BALDHOFF *macht den Mund auf und will etwas sagen.*

NORA (*unterbricht ihn*): Falls Sie wissen wollen, was ich fühlte: Ich habe mich gefreut, dass er jetzt fett ist und ich schlank.

DR. BALDHOFF: Mir scheint, Rache ist ein immer wiederkehrendes Motiv bei Ihren Erlebnissen während dieses Klassentreffens.

NORA (*verzieht das Gesicht*): Rache würde voraussetzen, dass mir die anderen unglaublich wichtig erscheinen. Sind sie aber nicht. Nicht mehr. Von Bedeutung ist doch nur, dass ich meine Minderwertigkeitskomplexe überwunden habe und dies an jenem Abend so wunderbar spüren konnte. Es war ein

Gefühl des Triumphes. Und es kann sein, dass ich mich von dieser Emotion ein wenig habe mitreißen lassen. Das hätte ich nicht tun sollen. Aber verstehen Sie doch! Wir befanden uns in jenem Raum, in dem mir damals so oft übel mitgespielt wurde und in dem ich mich immer und immer wieder niedergeschlagen gefühlt habe. Da hat sich mein Verstand ausgeschaltet, als Markus mir sagte, dass er mich für die begehrenswerteste Frau des ganzen Jahrgangs hält.

DR. BALDHOFF: Ich kann mir gut vorstellen, dass Ihnen das gutgetan hat. Und wofür halten Sie ihn?

NORA (*runzelt die Stirn*): Darüber habe ich nicht groß nachgedacht. Ich war einfach davon überzeugt, ich sei es dem verzweifelten Mädchen von damals schuldig, mir vom Klassenschönling das Kleid ausziehen zu lassen.

DR. BALDHOFF (*seine Mimik spiegelt erneut einen Moment wider, wie überrascht er ist, dennoch fragt er völlig gefasst*): Was hätte das Mädchen, das Sie damals waren, denn davon gehalten?

NORA: Sie hätte mich gefragt, ob ich nicht ganz bei Trost sei, mir von so einem Ekelpaket an die Wäsche gehen zu lassen!

DR. BALDHOFF: Aha ...?

NORA: Mir ist das dann auch noch rechtzeitig klar geworden. Die Sache ist ja nur wegen des Kusses von Wolfi Haberl passiert. Offensichtlich hat Markus Herrling aufgrund dessen, dass er den Kuss gesehen hat, angenommen, ich wäre leichte Beute.

DR. BALDHOFF: Und Sie haben klargestellt, dass dem nicht so ist?

NORA: Hätte ich. Aber dazu kam ich nicht, weil Jürgen Schuster hereinkam.

DR. BALDHOFF (*wirkt ein wenig verzweifelt*): Der sich die Pommes in den Schoß geleert hat?

NORA: Ja, der. In den ich quasi meine ganze Teenagerzeit über verliebt war und der mich aber nie richtig wahrgenommen hat, weil ich fett, picklig und schüchtern war.

DR. BALDHOFF: Und jetzt hat er Sie wahrgenommen.

NORA: Und wie. Er war auf der Suche nach Markus, darum platzte er herein. Ich hatte nur meine Unterwäsche an.

DR. BALDHOFF: War das ein Problem für Sie?

NORA: Ja, deswegen habe ich Markus auch umgehend aufgefordert, zu gehen.

DR. BALDHOFF (*sieht verwirrt auf seine Notizen*): Markus Schuster?

NORA: Markus Herrling.

DR. BALDHOFF: Ähm ... Und der andere?

NORA: Jürgen Schuster?

DR. BALDHOFF: Der Pommes-Mann?

NORA (*lächelt ob der Erinnerung*): Der blieb.

DR. BALDHOFF: Warum? Was war mit seiner Frau? (*blättert wieder verwirrt in seinen Notizen*).

NORA: Jürgen ist nicht verheiratet.

DR. BALDHOFF: Okay. Wollen Sie erzählen, was dann passiert ist? Vielleicht lassen Sie vorerst alle Namen weg.

NORA *sieht den Therapeuten misstrauisch an*.

DR. BALDHOFF: Ist zwischen diesem Mann mit den Pommes und Ihnen etwas vorgefallen?

NORA: Wir haben miteinander geschlafen. Auf der Schulbank, die damals meine gewesen ist. Wie viele Stunden saß ich dort vor zwanzig Jahren und träumte von Jürgen! Und direkt beim Höhepunkt hat die Pausenglocke geschrillt. Haben Sie gewusst, dass es in Schulen auch nachts läutet?

DR. BALDHOFF (*holt tief Luft*): Wie geht es Ihnen jetzt damit, das getan zu haben?

NORA: Wenn Sie fragen wollen, ob ich es bereue: Ich bereue, dass ich zu diesem Klassentreffen gegangen bin. Und dass ich mich von Wolfi Haberl habe küssen lassen. Und dass ich nicht widersprochen habe, als Markus Herrling, der Fettwanst, mir das Kleid auszog. Aber dass ich mit Jürgen Schuster Sex hatte, kann ich schwerlich bereuen.

DR. BALDHOFF: Und Ihr Mann? Wie ging die Geschichte weiter?

NORA: Ich hatte mit meinem Mann vereinbart, dass er mich um Mitternacht von der Schule abholen sollte. Denn ich wollte, dass alle sehen, mit was für einem tollen Kerl ich verheiratet bin. Als er mich nicht fand, hat er rein zufällig Markus nach mir gefragt.

DR. BALDHOFF: Der ihn dann zu Ihnen ins Klassenzimmer geführt hat?

NORA: Ja, und nun will er sich von mir scheiden lassen – weil Markus mich verpetzt hat. Er hat ihm von dem Kuss mit Wolfi Haberl erzählt. (*Sie verzieht weinerlich das Gesicht.*)

DR. BALDHOFF: Können Sie ihn verstehen?

NORA (*entrüstet*): Ich finde das kindisch! Er hat sich in den zwanzig Jahren null weiterentwickelt. Damals hat er mich wegen meines Übergewichts gehänselt und nun denunziert er mich bei meinem Mann wegen irgendwelcher Küsse! Er hat sicher den kleinsten Penis des Universums, wenn er so etwas nötig hat! Schade, dass Jürgen uns unterbrochen hat, bevor Markus' Hose fiel, sonst wüsste ich das jetzt mit Sicherheit!

DR. BALDHOFF: Ich meinte: Verstehen Sie Ihren Mann? Ihm wurde erzählt, dass Sie andere küssen, und dann hat er Sie auch noch zusammen mit dem Pommes-Mann gesehen, oder? Können Sie sich vorstellen, was in ihm vorgeht?

NORA: Der kam doch erst dazu, als alles vorüber war. Jürgen und ich hatten bereits wieder unsere Kleider an.

DR. BALDHOFF: Wieso suchen Sie nicht das Gespräch mit Ihrem Mann?

NORA (*zuckt mit den Schultern*): Er hat mir eine SMS geschrieben, in der er sagt, ich hätte mich verändert, seit ich diese Therapie bei Ihnen mache, und dass ich davor niemals einen Wolfi Haberl geküsst hätte.

DR. BALDHOFF: Es kann sein, dass Sie manches, was wir hier erarbeitet haben, falsch umsetzen ...

NORA (*unterbricht ihn ärgerlich*): Haben Sie gesagt, dass ich zu diesem Klassentreffen gehen soll, oder haben Sie es nicht gesagt?

DR. BALDHOFF: Doch schon ... aber ...

NORA (*unterbricht ihn erneut resolut*): Und haben Sie gesagt, ich soll mich einer Auseinandersetzung mit den Geistern der Vergangenheit stellen, weil ich es meinem jüngeren Ich schuldig wäre, oder haben Sie das nicht gesagt?

DR. BALDHOFF: Ja ... aber ...

NORA: Sie waren derjenige, der mir geraten hat, mich einfach nur auf mich selbst zu konzentrieren!

DR. BALDHOFF (*legt die Stirn in seine Handfläche und schließt die Augen*): Ich meinte damit, dass Sie sich auf sich selbst in der Gegenwart konzentrieren und der Vergangenheit nicht so viel Bedeutung beimessen sollen!

NORA (*springt auf, nimmt ihre Tasche und kreischt*): Also, da arbeitet man jahrelang hart an sich, durchbricht seine Muster, und dann heißt es, man hätte alles falsch gemacht! Wissen Sie was, Herr Doktor? Gehen Sie einmal auf Ihr eigenes Klassentreffen! Und wenn Sie es geschafft haben, dort nichts zu tun, was Ihnen danach seltsam vorkommt, melden Sie sich wieder bei mir.

NORA *verlässt die Praxis.*

Unter freiem Himmel

Es war einer dieser Sommerabende, an denen man noch die Hitze des Tages roch. Der Nachhall der hohen Temperaturen lag in der Luft und versprach eine laue Nacht, die man unter den Sternen verbringen konnte.

Ich ließ die Autotür zufallen und schloss den Wagen ab. Das kurze Aufflackern der Lichter erhellte die Straße für einen kurzen Augenblick, dann wurde es wieder dunkel.

Die hohen Absätze meiner sündhaft teuren Pumps klackerten unangenehm laut auf dem unebenen Asphalt, als ich über den Hafenparkplatz eilte, meine Handtasche dabei fest unter den Arm geklemmt. Ein warmer Sommerwind wehte mir über Gesicht und Schultern, die von dem schwarzen Cocktailkleid, das ich trug, nicht verdeckt wurden.

Die Gegend rund um den Fluss war abgelegen. So abgelegen, dass ich beim Nachsehen der Uhrzeit auf meinem Handy bemerkte, dass es hier keinen Empfang gab.

Einige Laternen am Rande der Straße leuchteten mir den Weg am Hafen entlang, bis ich die Yacht, zu der ich wollte, schließlich entdeckte. Sie strahlte hell aus dem dunklen Gewässer hervor und schaukelte kaum merklich in den sich sanft wiegenden Wellen. Sie fiel zwischen all den anderen Booten auf und wirkte ein wenig protzig. Ich hörte Gelächter und laute Stimmen vom Deck.

Was für eine bescheuerte Idee von mir, überhaupt herzukommen, dachte ich und zog es tatsächlich für einen

Was für eine bescheuerte Idee von mir, überhaupt herzukommen.

Moment in Erwägung, einfach auf der Stelle kehrtzumachen und unbemerkt zu meinem Auto zurückzulaufen. Ich war müde und erschöpft von dem Umzug, den ich in den letzten Tagen gestemmt hatte, weil ich einen neuen Job angenommen hatte. Noch würde es niemand bemerken, wenn ich klammheimlich verschwand und nach Hause fuhr.

»Die Idee ist doch gut«, hatte Moni, eine alte Schulfreundin, gesagt und mich gedrängt zu kommen. »So ein Klassentreffen hat schließlich was. Alte Erinnerungen und Affären aufwärmen, mal sehen, was aus allen geworden ist; wer aufgestiegen und wer gefallen ist ...«

Zehn Jahre waren seit unserem Abschluss vergangen, und wenn ich an meine Schulzeit zurückdachte, waren es meistens weniger schöne Dinge, die mich einholten. Meine unerwiderte Liebe zu David, der einst eine vielversprechende Karriere als Athlet vor sich gehabt hatte, und meine Dauerfehde mit den drei Wasserstoffblondinen Melissa, Carina und Kerstin, die sich damals gern über meine Figur und meine fehlende Coolness ausgelassen hatten. Sie hatten mir so viele Streiche gespielt, dass ich sie irgendwann nicht mehr zählen konnte, und mich noch öfter vor der Klasse verhöhnt und ausgelacht. Melissa war besonders fies gewesen. Sie hatte in meinem Namen Liebesbriefe an sämtliche Klassenkameraden geschrieben, hatte meine Hausaufgaben geklaut und mir die obligatorischen Zettel auf den Rücken geklebt. Ihre Eltern waren damals Mitglied im Förderverein der Schule gewesen.

Sie hatte in meinem Namen Liebesbriefe an sämtliche Klassenkameraden geschrieben.

Folglich hatte sie sich nie wirklich für irgendetwas verantworten müssen.

Obwohl inzwischen all die Jahre vergangen waren, fühlte ich mich jetzt, da ich sie alle gleich wiedersehen würde, zurück-katapultiert in die Vergangenheit. Mein Herz raste, und ich spürte, wie mir das Blut in die Wangen schoss.

Das alles ist längst vorbei, schalt ich mich streng. Wir sind alle erwachsen geworden.

Dann straffte ich die Schultern und betrat die Yacht. Als ich den Blick über die Anwesenden gleiten ließ, war ich überrascht, nicht mehr als 15 meiner ehemaligen Klassenkameraden zu zählen. Offenbar hatten die meisten ebenso unschöne Erinne-rungen an unsere gemeinsame Zeit wie ich. Einige erkannte ich auf den ersten Blick nicht einmal wieder.

Dann löste sich Moni aus einer angeregt plaudernden Gruppe - es handelte sich um die Computergang rund um Nils - und stürzte auf mich zu. Ich bemerkte ihre geröteten Wangen und ihren nach Sekt riechenden Atem. Die Party schien bereits in vollem Gange zu sein.

»Du bist aber spät dran«, kicherte sie mir ins Ohr und zog mich am Arm weiter. »Wir wären schon fast ohne dich losgeschippert!«

Verwirrung zeichnete sich auf meinem Gesicht ab. »Wie meinst du das? Losgeschipp...«

Laute Motorgeräusche verkündeten, dass sich die Yacht in Bewegung setzte und langsam vom Ufer entfernte. Darauf war ich nicht vorbereitet gewesen. Ich hatte gedacht, wir würden sie nur als Location nutzen und nicht tatsächlich damit fahren. Ich blickte mich suchend um, um herauszufinden, wer überhaupt am Steuer saß.

»David hat sich überreden lassen, uns ein wenig zu chauffieren«, flötete Melissa und deutete mit ihrem Glas Sekt auf den Mann, der vorn am Steuer saß. Dann sah sie mir ins Gesicht.

»Oh, Jenna, bist du das?« Sie riss die Augen auf. »Ich hätte dich ja gar nicht erkannt! Du siehst so ... anders aus.« Ich bemerkte, dass sie einen Augenblick irritiert war und noch etwas sagen wollte, aber dann schwieg sie.

Ich musterte Melissa mit einer Mischung aus gut versteckter Antipathie, welche in den letzten zehn Jahren nicht nachgelassen hatte, und Neugier. Rein optisch hatte sie sich kein bisschen verändert: Ihre Haare waren aschblond, ihr Körper perfekt trainiert und die Miene, mit der sie die anderen beobachtete, geringschätzig.

»Danke«, erwiderte ich knapp, obwohl ich mir sicher war, dass das kein Kompliment gewesen sein sollte.

Mein Blick wanderte weiter zu David. Er hielt ein Bier in der Hand und saß entspannt auf dem Ledersitz des Steuers. Ich hoffte inständig, dass es sein erstes war, und schnappte mir selbst ein Glas Sekt, das ich in einem Zug leerte. Dann nahm ich David, betont unauffällig natürlich, in Augenschein. Er sah immer noch gut aus, hatte aber nicht mehr die athletische Statur von früher. Ob aus seiner Sportlerkarriere etwas geworden war? Nachdem ich weggezogen war, hatte ich das Schicksal der meisten aus den Augen verloren oder es hatte schlichtweg das Interesse daran gefehlt.

Während Moni damit beschäftigt war, Melissa, Carina und Kerstin nach Lebenslauf und nennenswerten Vorkommnissen der letzten Jahre auszuhorchen, schob ich mich unauffällig an ihnen vorbei, um David in ein Gespräch zu verwickeln.

Doch noch während ich auf ihn zusteuerte, erstarben die Motorgeräusche, und das laute Dröhnen der Triebwerke verklang allmählich in der Dunkelheit. Die Yacht verlor an Geschwindigkeit und trieb bald gemächlich über die Wasseroberfläche.

Einen Augenblick war es still an Deck. Dann brach Chaos aus. Alle plapperten wild drauflos, wollten sich einander in Lautstärke und Ton überbieten, bis David schließlich kleinlaut zugab, dass niemand nachgesehen hatte, ob ausreichend Treibstoff im Tank war.

»Ganz toll, David, echt!« Melissa warf ihre blonde, sorgsam geglättete Haarpracht nach hinten. Sie wirkte nervös. »Wie kommen wir denn jetzt wieder ans Ufer zurück, he?«

»Ich schätze, gar nicht«, warf ich ein und und seufzte hörbar.

Melissa warf mir einen pikierten Blick zu. »Jemand könnte ins Wasser springen, zurückschwimmen und Hilfe holen«, erklärte sie giftig.

»Wir könnten auch Ballast abwerfen«, erwiderte ich und zog vielsagend die Augenbraue hoch.

»Wir könnten auch Ballast abwerfen«, erwiderte ich und zog vielsagend die Augenbraue hoch.

Moni hob beschwichtigend die Hände. »Leute!«, rief sie energisch. »Wir sind doch keine Kinder mehr. Jetzt reißt euch gefälligst mal zusammen!«

Wir schwiegen und checkten nacheinander unsere Telefone, aber hier draußen war der Empfang immer noch gleich null.

Mit der Stimmung sah es ähnlich aus.

Vier Stunden später war Stille an Deck eingekehrt.

Der Sekt und das Bier waren aus, und die Smartphones hatten kaum noch Akkuleistung übrig.

Die Yacht schaukelte nicht mehr als zwanzig Meter vom Ufer entfernt auf den leichten Wellen und trieb auf der Stelle, aber noch war die Not nicht groß genug, als dass es jemand ernsthaft in Erwägung zog, ins dunkle Wasser zu springen und an Land zu schwimmen.

Ich saß vorn neben dem Steuer auf dem Boden und starrte auf die Lichter der Stadt, die sich wie winzige Glühwürmchen in die Luft erhoben. Meine Schuhe lagen auf den Dielen.

Als sich von hinten Schritte näherten, hob ich den Blick. David stand vor mir und deutete neben mich.

»Darf ich?« Er zeigte dieses Lächeln, das ich vor zehn Jahren noch unwiderstehlich gefunden hatte. Heute kam es mir verbraucht vor. Abgenutzt.

»Klar«, antwortete ich. »Tu dir keinen Zwang an.«

Er ließ sich etwas schwerfällig neben mich fallen. Seine frühere Leichtigkeit war verschwunden.

»Ein anderer Yachtbesitzer hat gesehen, dass wir hier hilflos im Wasser treiben«, sagte er. »Es wird bald Hilfe kommen.«

»Sehr gut«, murmelte ich und atmete insgeheim erleichtert auf.

Als David nichts erwiderte, warf ich ihm einen Seitenblick zu. »Und? Wie ist es dir in den Jahren so ergangen?«, fragte ich, um die Zeit und das unangenehme Schweigen irgendwie zu überbrücken.

Einen Moment starrte er mich ungläubig an, dann brach er in Gelächter aus. »Hast du nie in die Zeitung geschaut?«, wollte er wissen.

Ich zuckte unbehaglich die Schultern. »Ähm ... Wieso? Ist mir irgendetwas Wichtiges entgangen?«

Wenn ich seinen Gesichtsausdruck richtig deutete, war mir einiges entgangen.

David holte tief Luft. »Na, ich habe vor fünf Jahren an den Olympischen Spielen teilgenommen.«

»Na, ich habe vor fünf Jahren an den Olympischen Spielen teilgenommen.«

»Oh!«, rief ich aus. »Wahnsinn. Welchen Platz hast du denn gemacht?«

Kurz dachte ich daran zurück, wie er immer geprahlt hatte, in die Sportgeschichte einzugehen. Als leuchtender Held und Vorbild für alle nachfolgenden Generationen der Leichtathletik. Ich konnte mich so haargenau daran erinnern, dass ich ein Kichern zurückhalten musste, als er eine unverständliche Antwort nuschelte.

»... und danach habe ich meine Karriere als aktiver Sportler beendet«, schloss er. Ich spürte, dass nun der Augenblick gekommen war, in dem er von mir erwartete, so tief beeindruckt zu sein, dass ich kaum mehr sprechen konnte. So ganz wollte mir das allerdings nicht gelingen.

»Man soll ja bekanntlich aufhören, wenn es am schönsten ist«, schob er nach und kniff die Augen zusammen.

»So ist es«, gab ich leichthin zurück. »Und was machst du jetzt so?«

»Ich arbeite gerade daran, eine Schule aufzubauen, um Kids zu trainieren. Aber die Branche ist hart«, murmelte er ausweichend. »Daneben arbeite ich als Personal Trainer, wenn die Zeit es erlaubt.«

Mit anderen Worten: Er hatte die große Karriere nicht gepackt und schlitterte nun am Existenzminimum vorbei.

Hektisch trippelnde Schritte verkündeten, dass Melissa im Anmarsch war. Ihre Wangen waren gerötet, und aus ihrer perfekt sitzenden Frisur lösten sich einige Strähnen.

»Was macht ihr denn hier?«, fragte sie herrisch.

Wonach sieht's denn aus, Herzchen?, dachte ich und atmete tief durch. Melissa und David waren früher eine Weile ein Paar gewesen, und Melissa hatte keine Gelegenheit gescheut, mir das unter die Nase zu reiben. Ich beobachtete die beiden nun verstohlen. Sie beachteten einander kaum. Ihre kurze Liebe schien seit Langem erloschen zu sein.

»Wir unterhalten uns über unsere glänzende Vergangenheit«, antwortete ich betont freundlich. »Dafür ist so ein Klassentreffen ja irgendwie da, oder?« Ich deutete provokativ auf den Platz mir gegenüber. »Was ist denn aus deinem Traum geworden, Melissa? Du wolltest doch immer Karrierefrau werden. Hat das denn geklappt? Du bist sicher wahnsinnig erfolgreich, oder? Ich kann mir dich richtig vorstellen, in so einem riesigen Einzelbüro mit eigenen Sekretärinnen, die dir Kaffee kochen, und du fährst gewiss so ein schickes Auto, nicht wahr?« Das Klassentreffen schien nun noch interessant zu werden.

Melissa musterte mich säuerlich, und ich zwang mich schnell zu einem unschuldigen Lächeln.

»Ich arbeite als ... Assistentin der Geschäftsleitung in einem großen Unternehmen.«

»Oh, das klingt gut. In welchem Unternehmen denn?«

Melissa verschränkte die Arme vor der Brust. »Na, in so einer großen Firma eben. In Köln. Automobilindustrie.«

Ich nickte. »Aha, und da bist du also die rechte Hand der Geschäftsleitung?«

»So kann man es sagen«, murmelte sie ausweichend. »Ich kann dazu nicht viel sagen. Du kennst das ja, Geschäftsgeheimnisse und so. Gerade die Automobilbranche ist da sehr, sehr sensibel. Oder warte, das kannst du gar nicht kennen.« Melissa grinste gehässig. »Du hast noch gar nichts von deinem Werdegang erzählt, meine Liebe. Ich bin mir gar nicht mehr sicher, was du genau werden wolltest. Lass mich nachdenken ...« Sie legte ihren Zeigefinger mit einer übertriebenen Geste an das Kinn. »Oh, warte! Du wolltest Erzieherin werden, richtig? Oder war es Hundesitter? Ich bringe immer durcheinander, worauf genau du aufpassen wolltest.« Sie lachte glockenhell.

Aus der Ferne strahlte ein helles Licht zu uns herüber. Ein größeres Schiff kam auf uns zu. Ein lautes Hupen hallte durch die Dunkelheit. Meine übrigen Ex-Klassenkameraden drängten an die Balustrade und schienen erleichtert, dass unser unfreiwilliger Ausflug bald ein Ende hatte.

Bevor Melissa und David sich von mir abwenden konnten, neigte ich den Kopf und lächelte.

»Du hast recht, ich wollte Erzieherin werden. Ich dachte mir, es wäre eine sinnvolle Sache, Kinder zu guten Menschen zu erziehen. Aber dann dachte ich mir: Warum versuche ich nicht, Karriere zu machen? Mir war natürlich klar, dass ich nie so erfolgreich sein würde wie du, Melissa. Trotzdem habe ich einige Jahre Maschinenbau studiert, was als Frau schon eine ziemliche Herausforderung ist, und schließlich meinen Master absolviert. Drei Jahre habe ich dann in München gearbeitet. Ja, und nun fange ich nächste Woche eine neue Stelle an. Als Geschäftsleitung. In Köln. Automobilbranche.«

Melissa starrte mich ungläubig an. Es hatte ihr tatsächlich die Sprache verschlagen. Da ich sie so noch nie erlebt hatte, bereitete die Situation mir ein gewisses Vergnügen.

»Mich wundert ein wenig, dass du mich nicht erkannt hast, als ich letzte Woche ein Vorstellungsgespräch beim Vorstand hatte«, fuhr ich fort. »Aber ich nehme an, du warst davon abgelenkt, Kaffee für uns alle zu kochen, während ich mich mit der Assistentin der Geschäftsleitung unterhalten habe.«

Ich holte tief Luft.

»Meine Liebe«, sagte ich langsam und streckte ihr meine Hand entgegen. Sie ergriff sie verdutzt.

»Ab nächste Woche bin ich deine Chefin. Ich freue mich außerordentlich auf unsere Zusammenarbeit.«

Aus der Ferne ganz nah ...

Mit ungutem Gefühl zog ich die Schublade auf und starrte auf den Brief. Ich hatte ihn heute Morgen auf dem Weg zur Arbeit aus meinem Briefkasten geklaubt und direkt in meine Handtasche verfrachtet. Nun ruhte er in meinem Büroschreibtisch. Ungeöffnet.

Er stammte von meiner ehemaligen Mitschülerin Silke Schmitt, und ich konnte mir schon denken, was sich darin befand: die Einladung zum fünfjährigen Klassentreffen unseres Abiturjahrgangs. Seufzend fischte ich den cremefarbenen Umschlag aus der Schublade. Es half nichts. Irgendwann musste ich ihn öffnen. Wie schlimm konnte es schon werden?

 **Wie schlimm konnte es schon werden?**

Beherzt griff ich nach einem schmalen Kugelschreiber und ritzte den Umschlag auf. Tatsächlich, ein Klassentreffen. Mein Blick überflog die wenigen Zeilen und strandete an der handgeschriebenen Ergänzung am Rand: Maximilian wird auch da sein. :)

Maximilian ... Ich schluckte. Allein sein Name beförderte meinen Magen zu den Kniekehlen.

Es ließ sich nicht zählen, wie oft ich in den letzten fünf Jahren an ihn gedacht hatte. Maximilian Hochbauer. Der Traummann an unserer Schule. Groß, braun gebrannt, verboten attraktiv und unerreichbar für normale Mädchen wie mich – bis auf ... Nicht daran denken!

Ich fühlte mich sofort in die Schulzeit zurückversetzt, als ich meinen linken Tischnachbarn jeden Tag aus nächster Nähe angehimmelt hatte. Wie peinlich, wenn ich das heute, aus sicherer Entfernung, Revue passieren ließ. Und wie megapeinlich, wenn ich mir zudem diese andere Sache ins Gedächtnis rief. Nicht daran denken!

Natürlich hatte Maximilian gewusst, dass sein größter Fan direkt neben ihm saß. Wie hätte er es auch anders einordnen sollen, dass ich ständig zu ihm rübersah, ihm in allen schulischen Fragen zur Seite stand und überhaupt alles tat, um seine Aufmerksamkeit zu erregen? Supermegapeinlich. Und trotzdem war ich jedes Mal aufs Neue dahingeschmolzen, sobald er sein Zehntausend-Watt-Lächeln hatte aufblitzen lassen.

»Hallohoo! Erde an Jana!«

»Mmh?« Erschrocken zuckte ich zusammen und rempelte dabei mit dem Ellbogen die Digitalkamera neben mir an. Ich blinzelte meine Kollegin Lisa-Marie an. »Hast du etwas gesagt?«

Sie nickte. »Ich habe gefragt, ob du Zeit hast, mit mir in den Coffeeshop zu laufen, bevor unsere Mittagspause vorbei ist.«

»Klar, warum nicht? Ein Kaffee hilft bei einem Zwölf-Stunden-Tag immer.« Ich warf den Brief in die Schublade zurück, schnappte mir meine Handtasche und folgte Lisa-Marie zum Aufzug.

»Was war denn das für ein Schreiben?«, fragte sie, während der Stahlwürfel uns vom 18. Stock auf die Erde zurückbeförderte.

»Die Einladung zum Klassentreffen meines Gymnasiums.«

»Aha. Dreht sich bei solchen Treffen nicht alles um: mein Haus, mein Auto, mein Hund ...?«

»Bei den meisten schon, fürchte ich.«

»Wirst du trotzdem hingehen?«

»Ja, natürlich.« Seltsamerweise zweifelte ich ungeachtet der peinlichen Erinnerungen keine Sekunde daran. Die Versuchung, Maximilian nach all den Jahren leibhaftig wiederzusehen, war einfach zu groß. Ich konnte ihr beim besten Willen nicht widerstehen. Trotz allem.

»Wird Lukas auch kommen?«, fragte meine Kollegin.

»Ja. Er hat mich gestern schon im Netz vorgewarnt, dass das Klassentreffen stattfindet. Im Gegensatz zu mir hat er mit einigen Ehemaligen Kontakt gehalten und die Einladung direkt per Mail erhalten.«

»Schade, dass ich mich dort nicht hineinschmuggeln kann. Ich würde Lukas Schneider gern mal kennenlernen.« Lisa-Marie zwinkerte mir zu. »Nach dem, was du bisher von ihm erzählt hast, scheint er das männliche Gegenstück zu dir zu sein.«

Ich musste lachen. »Darüber habe ich bisher noch nie nachgedacht. Gibt es so etwas überhaupt?«, scherzte ich und öffnete die Tür zum Coffeeshop.

»An deiner Stelle hätte ich ihn längst in Norwegen besucht. Allein schon, um zu sehen, was er dort als Umweltingenieur so treibt. Nur miteinander zu chatten, ist etwas völlig anderes, als sich persönlich zu treffen. Warum fliegst du nicht endlich für eine Woche zu ihm? Du schiebst so viel alten Urlaub vor dir her. Den solltest du nehmen, bevor er verfällt.«

Mit einem tiefen Atemzug reihte ich mich neben ihr in die Warteschlange ein. »Du weißt doch, dass ich durch das neue Projekt so gut wie keine Freizeit habe. Vielleicht nächstes Jahr.«

»Schade. Ich dachte, sobald ihr einige Tage zu zweit ver-bringen würdet ...« Sie beschrieb mit dem Zeigefinger ein Herz.

»Was? Nein.« Lachend blies ich mir eine Haarsträhne aus dem Gesicht. Meine Kollegin, die unverbesserliche Romantike-rin. »Lukas und ich verstehen uns super, aber irgendwie hat es zwischen uns nie gefunkt. Wir sind einfach gute Freunde, mehr nicht.«

»Trotzdem finde ich es schön, dass ihr euch in ein paar Tagen seht – auch wenn es nur zu einem doofen Klassentreffen ist.«

»Wenigstens ein Lichtblick an diesem Tag – von Maximi-lian abgesehen«, seufzte ich, worauf meine Kollegin feixend die Augen verdrehte.

Als ich am späten Abend zu Hause eintraf, spukte mir das Klas-sentreffen unverändert im Kopf herum. Nachdem ich mir eine Tasse Pfefferminztee aufgebrüht hatte, schaltete ich den Laptop ein und öffnete das Social Network. Es waren mehrere Nach-richten eingegangen – auch eine von Lukas. Schmunzelnd las ich seine als Erstes.

L.S.: *Und, Einladung erhalten?*

Neben seinem Namen prangte ein grüner Punkt. Er war also gerade online. Gut. Rasch klickte ich auf »Antworten«.

J. KASTNER: *Ja. Silke konnte sich die Anmerkung, dass Max auch da sein wird, nicht verkneifen ...*

L.S.: *Immer cool bleiben, wenn du auf ihn triffst. Er muss ja nicht merken, dass du immer noch an damals zu knabbern hast. ;)*

»Das merkt er leider sofort«, murmelte ich und zog eine Schnute.

J. KASTNER: *Leicht gesagt. Wahrscheinlich bekomme ich in seiner Gegenwart kein Wort über die Lippen. Wenn er erfährt, dass ich immer noch Single bin, lacht er mich aus. :(*

L.S.: *Glaubst du wirklich, dass er DAS fragen wird?*

Über eine Antwort brauchte ich nicht lange nachzudenken.

J. KASTNER: *Todsicher! Er war schon immer extrem neugierig. Wie soll ich diese Klippe bloß umschiffen?*

L.S.: *Würde ich gar nicht. Denk dir einfach einen Freund aus.*

Überrascht rührte ich einige Momente lang in meinem Tee. Auf diese Idee war ich noch gar nicht gekommen. Ob das funktionieren würde? Oder besser gesagt: Ob ich das glaubhaft verkaufen konnte? Bis auf einige belanglose Kurzbeziehungen hatte ich in den letzten fünf Jahren nichts zustande gebracht. Der Löwenanteil meines Lebens konzentrierte sich auf meinen Job als Mediendesignerin, da blieb nicht viel Zeit für Privates. Aber das war nicht der einzige Grund. Wäre es nicht so beschämend gewesen, hätte ich zugeben müssen, dass ich bei Männern ziemlich zurückhaltend war. Das Piepsen einer neuen Nachricht lotste meine Aufmerksamkeit auf den Bildschirm zurück.

L.S.: *Nicht jetzt ausdenken ... Ich meinte, bis zum Klassentreffen.*

Schmunzelnd stellte ich die Tasse ab und lehnte mich, den Laptop auf den Beinen, im Sofa zurück.

J. KASTNER: *Schon klar, Herr Schneider ... Warum übernimmst du diese Rolle nicht einfach? Schließlich kennst du mich besser als jeder andere.*

Verblüfft las ich, was ich gerade getippt hatte. War das wirklich mein Ernst? Immerhin hatte ich Lukas schon ewig nicht mehr gesehen. Andererseits ... Wir schrieben uns häufig und diskutierten über alle möglichen Themen. Eigentlich fand ich die Idee gar nicht schlecht. Gespannt wartete ich auf seine Antwort. Lange dauerte es nicht:

L.S.: *Abgemacht. Verdammt, ich muss los. Hab gerade erfahren, dass eines der Windräder eine Störung meldet. Lass uns die schmutzigen Details morgen ausfeilen. :)*

J. KASTNER: *Danke! Viel Erfolg bei der Fehlerbehebung!*

Zufrieden klappte ich den Laptop zu. Das Klassentreffen versprach um einiges aufregender zu werden als gedacht ...

Das Klassentreffen versprach um einiges aufregender zu werden als gedacht ...

Während ich den Rock meines gelben Sommerkleides zurechtzupfte, klingelte es an der Tür. Das musste Lukas sein. In den letzten Tagen hatten wir uns einen Spaß daraus gemacht, eine fingierte Beziehung aufzubauen. Dabei waren wir irgendwann zu der Entscheidung gelangt, dass es logistisch am sinnvollsten war, wenn Lukas bei mir übernachtete.

Obwohl ich durch sein Profilbild wusste, wie er heute aussah, und unzählige Male mit ihm gechattet hatte, war ich doch ziemlich gespannt, als ich ihm die Tür öffnete.

»Hi, Jana. Schön, dass wir uns endlich mal wieder treffen«, begrüßte er mich mit einem sonnigen Lächeln.

»Hallo, Lukas.« Ohne lange zu zögern, umarmte ich ihn. Mir schoss durch den Kopf, dass ihm das Profilbild nicht gerecht

wurde. Er wirkte größer, maskuliner, einfach erwachsener ...
Obwohl nur fünf Jahre vergangen waren, suchte ich den schlak-
sigen jungen Mann von damals vergeblich.

Seine Lippen streiften flüchtig meine Schläfe, bevor er mich
losließ. »Du bist bildhübsch, wie immer. Das Gelb passt gut zu
deiner schwarzen Mähne.«

»Danke. Du hast dich total verändert«, platzte es aus mir
heraus, während ich ihn in die Wohnung führte.

»Findest du?« Er kratzte sich verlegen den blonden Schopf,
was seine Frisur noch mehr zerzauste. »Durch die viele Arbeit
im Freien vielleicht. Außerdem habe ich ein bisschen zugelegt.«

»Das hattest du auch bitter nötig. Nach dem Abi warst du
ein wandelndes Gerippe«, ulkte ich und kniff ihn spielerisch in
die Seite. Statt wie früher Haut und Knochen spürte ich erstaunlich viele Muskeln.

»Na, danke auch. Das klingt echt sexy.« Lukas rieb sich
übertrieben die Seite.

Bei seiner jammervollen Miene musste ich schmunzeln.
»Komm, du Ärmster. Ich zeig dir, wo du heute Nacht schlafen
wirst.«

Eine halbe Stunde später betraten wir Seite an Seite den Partyraum im Untergeschoss der Stadthalle. Fast die ganze ehemalige Abiturklasse hatte sich versammelt. Dementsprechend
hoch war bereits der Lärmpegel. Silke löste sich aus einer
Traube neben dem Eingang und kam auf uns zu.

»Jana, Lukas. Super, dass ihr da seid.« Ihr Blick glitt erst über
Lukas, dann über mich und blieb schließlich an unseren verschränkten Händen haften. »Nein, das glaub ich jetzt nicht!« Sie

begann zu kichern. Offenbar hatte die Bar bereits seit einer Weile geöffnet. »Wann habt ihr es geschafft, ein Paar zu werden?«

»Ihr seid ein Paar?«, echote eine dunkelhaarige Frau hinter ihr. Ich erkannte sie als Andrea Bechler. Im letzten Schuljahr hatte sie in der Reihe hinter Lukas und mir gesessen. Sie hatte schon immer eine Schwäche für ihn gehabt – allerdings waren ihre Gefühle, soweit ich wusste, eine Einbahnstraße gewesen.

»Hallo Andrea. Ja, sind wir. Seit zwei Jahren«, antwortete Lukas mit einer Gelassenheit, für die ich ihm um ein Haar Beifall geklatscht hätte. »Wir überlegen gerade, ob wir unsere Wohnung in Deutschland aufgeben und ganz nach Norwegen ziehen. Jana möchte das noch mit ihrem Arbeitgeber klären.«

Stumm nickte ich und musste gar nichts ergänzen, nur lächeln. Lukas hielt sich genau an unsere Absprache. Hätte ich nicht gewusst, dass alles erfunden war, wäre ich ihm bei jedem Wort auf den Leim gegangen. Keine Frage, in ihm steckte ein erstklassiger Schauspieler.

»Ich habe auch schon daran gedacht auszuwandern«, griff Silke den Faden auf und berichtete von ihrem Auslandsaufenthalt. Nach und nach  **Hätte ich nicht gewusst, dass alles erfunden war, wäre ich ihm bei jedem Wort auf den Leim gegangen.**

beteiligten sich die Umstehenden an dem Gespräch. Unauffällig blickte ich in die Runde. Die erste Hürde war genommen. Offenbar zweifelte keiner der Anwesenden an unserer erfundenen Beziehung. Irgendwann zerstreute sich die Gruppe, und Lukas und ich peilten die Bar an.

»Klappt doch bisher problemlos«, flüsterte er mir ins Ohr, als er mir einen Screwdriver reichte.

»Finde ich auch. Es macht richtig Spaß.« Grinsend nippte ich an meinem Cocktail.

Er lächelte kurz, bevor er sich von mir abwandte, weil er angesprochen worden war. Ich beteiligte mich ebenfalls an einem der Gespräche um uns herum, und bald standen wir in verschiedenen Gruppen. Als ich gerade mein leeres Glas an der Bar abgegeben hatte, entdeckte ich Maximilian. Er sah mich nahezu gleichzeitig und steuerte schnurgerade auf mich zu. Mit weichen Knien ging ich ihm entgegen. Bei jedem Schritt beschleunigte sich mein Herzschlag. Das durfte nicht wahr sein! Ich war 24, keine vier. Trotzdem übermannte mich die alte Befangenheit wieder, sobald ich in sein attraktives Gesicht blickte.

»Jana Kastner, lang ist's her.« Er blieb knapp vor mir stehen. Obwohl er ungefähr so groß war wie Lukas, fühlte ich mich neben ihm winzig klein. Seine Augen hatten dasselbe Braun wie meine. Allerdings wirkte die dunkle Iris bei ihm geheimnisvoll statt einfach nur langweilig und fade wie bei mir. Als er mich gewohnt intensiv musterte, wünschte ich, ich hätte das leere Glas nicht weggebracht. Wie gern hätte ich mich an etwas festgehalten. Automatisch fahndete mein Blick nach meinem Begleiter, doch Lukas stand einige Meter entfernt und schien nicht bemerkt zu haben, dass ich in Maximilians Dunstkreis geraten war.

»Max«, erwiderte ich seine Begrüßung nicht gerade wortgewandt und schluckte. Wenn ich daran dachte, dass ich ihn auf der Abiturfeier ganze zwanzig Sekunden lang geküsst hatte, wäre ich am liebsten unters Parkett gekrochen. Die Betonung lag dabei auf *ich ihn!* Zwar konnte ich es mit dem Gras entschuldigen, das ich zuvor geraucht hatte. Aber besser wurde die Sache dadurch nicht. Vor allem, weil ich mich hatte übergeben müssen, nachdem er begonnen hatte, mich auszuziehen – o Gott. Was war aus meinem Vorsatz geworden, jedwede Erinnerung in diese Richtung zu verdrängen?

Maximilian schien mir an der Nasenspitze abzulesen, was mir gerade durch den Kopf schwirrte, denn er ließ sein berühmtes Lächeln sehen. Seltsamerweise jagte es mir diesmal keinen Stromschlag durch Magen. Immerhin ein Fortschritt.

»Ist hier fast wie auf der Abiturfeier damals, findest du nicht?«, hakte er exakt bei diesem Thema ein.

»Von dem Gras und den Folgen abgesehen, ja«, murmelte ich unbedacht, worauf sein Grinsen

Was tat ich hier eigentlich? Mein eigenes Grab schaufeln?

eine süffisante Note bekam. Mist. Nur zu gern hätte ich mir auf die Zunge gebissen. Was tat ich hier eigentlich? Mein eigenes Grab schaufeln?

Maximilian hob eine dunkle Augenbraue. »Angekifft warst du echt süß, aber trotzdem viel zu brav für meinen Geschmack. Löst die Aussicht auf Sex bei dir eigentlich immer noch solche Reaktionen aus?«

Ich spürte, wie mir die Röte ins Gesicht stieg. »Also ... ich ...«

»Da bist du ja, Schatz«, drang Lukas' Stimme von rechts an mein Ohr. Seine Finger schlossen sich um mein Kinn und drehten es von Maximilian weg. Einen Moment später blickte ich aus nächster Nähe in waldgrüne Augen. Lächelnd neigte er den Kopf.

Ohne zu zögern, reckte ich mich ihm entgegen. Welch genialer Schachzug, mich ausgerechnet jetzt zu küssen. Damit hatte Maximilian sicher nicht gerechn... Himmel! Sämtliche Gedanken verloren sich, wurden ausgeknipst, als Lukas meinen Mund eroberte. Er zog mich näher und vertiefte den Kuss. Fast sofort schickte er eine berauschende Mischung aus Hitze und Erregung durch meine Blutbahnen. Maximilian ... wer? Von einem Herzschlag zum nächsten verblasste jede andere Person im Raum. Nur Lukas und ich existierten. Als dirigierte er einen speziellen Kompass in mir, polten sich all meine Sinne auf ihn. Auf seinen Geschmack, den Duft seiner Haut, die Struktur seiner Muskeln. So nah fühlte er sich atemberaubend an. Ohne bewusste Absicht wanderten meine Hände an seinem Rücken abwärts, stoppten am Bogen oberhalb seines Gesäßes.

Es kam mir wie Stunden vor, bis Lukas den Kuss unterbrach. Tatsächlich konnten es nur Sekunden gewesen sein, denn Maximilian stand noch an derselben Stelle wie zuvor, einen leicht überraschten Zug um die Lippen.

»Sorry, Max.« Lukas zwinkerte unserem Gegenüber zu. »Ich wollte euch nicht unterbrechen. Eigentlich hatte ich Jana nur fragen wollen, ob sie noch etwas trinken möchte.« Er klang völlig entspannt, aber als sein Blick auf meinen traf, loderte eine Glut darin, die mein Innerstes in Brand steckte. Grundgütiger ... Mein ganzer Körper wollte zu ihm driften, und mein Magen kribbelte, als hätte ich eine Horde Schmetterlinge verschluckt.

»Einen Daiquiri, bitte«, hörte ich mich sagen und wunderte mich, dass meine Stimme funktionierte.

»Kommt sofort.« Lukas streichelte in einer vertraut wirkenden Geste meinen Nacken und marschierte davon. Ich musste mich beherrschen, ihn nicht an der Hand zurückzuziehen. Was war nur mit mir los? Er war mein bester Freund, mein engster Vertrauter, seit Jahren schon. Trotzdem kreiste mein gesamtes Denken nun um die Frage, ob sich ein zweiter Kuss von ihm genauso fantastisch anfühlen würde wie der erste. Noch ehe ich mir über mein Vorhaben richtig im Klaren war, setzten sich meine Füße schon in Bewegung.

»Sorry, Max«, wiederholte ich Lukas' Worte und ließ meinen langjährigen Schwarm einfach stehen.

Ich kämpfte mich durch die Menge, bis ich Lukas kurz vor der Bar erreichte. Als er mich hinter sich spürte, drehte er sich um. Was immer er hatte sagen wollen, ging nach einem Blick in mein Gesicht unter. Stattdessen packte er meinen Arm und zog mich in Richtung der Toiletten. Besonders viel Kraft aufwenden musste er dabei nicht, denn ich folgte ihm freiwillig. Sobald wir uns außerhalb des Sichtfelds der anderen befanden, schob er mich rückwärts gegen die Wand und küsste mich erneut. Dieses Mal ließ er mich seine ungefilterte Leidenschaft spüren, erregte mich in einem Ausmaß, das ich nie für möglich gehalten hätte. Seine Hände glitten unter mein Kleid, berührten mich aber lange nicht so intim, wie er es zweifelsohne wollte – und ich ebenfalls. Meine Aussage Lisa-Marie gegenüber, es funkte nicht zwischen uns, war die Untertreibung des Jahrhunderts gewesen. Wir funkten gewaltig. Es kam einem Wunder gleich, dass der Blitz nicht zwischen uns einschlug, so sehr elektrifizierte sich die Atmosphäre. Bis wir es schafften, ein weiteres Mal voneinander zu lassen, raste mein Puls, als wäre ich stundenlang gerannt. Auch Lukas atmete schneller. Ich presste eine Hand auf mein pochendes Herz. Wieso, verflixt noch mal, hatte ich auf der Abiturfeier nicht ihn geküsst? Er hatte das letzte Schuljahr am Tisch rechts neben mir gesessen – und ich hatte die ganze Zeit in die falsche Richtung gesehen! Wie hatte ich all die Jahre nur so blind sein können?

»Wollen wir gehen?« Seine Stimme klang rau.

»Ja. Wollen wir. Sofort.«

Meine Finger schlossen sich um seine, bevor wir gemeinsam in den Partyraum zurückliefen. Vermutlich fragte sich die Mehrzahl der Anwesenden, warum wir uns derart schnell schon wieder verabschiedeten, aber das war mir egal. Ich wollte nur noch nach Hause, damit Lukas und ich fortsetzen konnten, was wir im Gang vor den Toiletten losgetreten hatten. Wir fuhren mit der Bahn direkt zu meiner Wohnung. Nur der Gegenwart anderer Fahrgäste war es zu verdanken, dass wir uns keine Anzeige wegen unsittlichen Verhaltens einhandelten. Sobald die Haustür hinter uns ins Schloss fiel, klebten wir zusammen wie zwei gegenpolige Magneten – und in diesem Zustand verbrachten wir den Rest der Nacht.

Als ich Lukas am nächsten Morgen zur Haustür begleitete, kämpfte ich mit den Tränen. Nach den unglaublichen Erlebnissen der letzten Stunden fühlte es sich an, als würde er ein Stück aus mir herausreißen, wenn er gleich zum Flughafen aufbrach. Mein Gehirn konnte kaum verarbeiten, was dieses Klassentreffen zwischen uns ausgelöst hatte, mein Herz dagegen schaffte das erstaunlich leicht. Blind war ich jedenfalls nicht mehr ...

Lukas umrahmte mein Gesicht zum Abschied mit beiden Händen, wie er es in der vergangenen Nacht oft getan hatte. »Wirst du mich jetzt endlich in Norwegen besuchen?«

Meine Finger fanden den Weg unter sein Shirt. »Auf jeden Fall! Wann hast du Zeit?«

Er grinste. »Für dich? Immer.« Seine Daumen liebkosten meine Wangen. »Schaffst du es bis zu den Herbstferien oder vielleicht schon nächsten Monat? Je früher, desto besser.«

Ich dachte an meinen Job, an die aufgeschobenen Urlaubstage, an Maximilian, der innerhalb eines Wimpernschlags seinen Zauber verloren hatte, und plötz-  **Und plötzlich begriff ich, dass es Wichtigeres gab, als rund um die Uhr zu arbeiten.** lich begriff ich, dass es Wichtigeres gab, als rund um die Uhr zu arbeiten oder alten Träumen nachzuhängen. Jemand Wichtigeres ...

Ich stellte mich auf die Zehenspitzen, worauf sich Lukas sofort zu mir herabbeugte und sämtliche Schmetterlinge in meinem Bauch erneut zum Fliegen brachte.

Es dauerte einige Minuten, bis ich wieder sprechen konnte. Aber dann tat ich es mit einem Lächeln, das locker meine Ohren erreichte. »Ich komme nächste Woche.«

KAPITEL 5
Vergeben und vergessen?

Fast 100 Gründe, nicht auf ein Klassentreffen zu gehen!

1. Weil Sie die Erinnerungen an Ihre Schulzeit gerade erfolgreich verdrängt hatten.
2. Weil Sie aus diesem Grund auch gar nicht wissen, was ein Klassentreffen sein soll. Klasse, Schule? Hä?
3. Weil Ihr Psychotherapeut gesagt hat, Sie sollen Situationen meiden, die Ihnen Angst machen.
4. Weil Ihr Psychotherapeut ehrlicherweise genau das Gegenteil geraten hat, Sie ihm aber sowieso nicht trauen.
5. Weil Ihr Psychotherapeut nicht mitkommt.
6. Weil Sie zu einem Elternabend müssen (siehe hierzu NICHT: 100 Gründe, nicht zu einem Elternabend zu gehen).
7. Weil Sie dafür GEWÖHNLICHE! Menschen treffen müssten. Bah.
8. Die Ihnen vor Augen führen würden, was aus Ihnen geworden wäre, wenn Sie sich nicht diesen reichen Reeder geschnappt hätten.
9. Weil Sie sich keinen reichen Reeder geschnappt haben.
10. Weil _____ da sein wird.
11. Und _____ ebenfalls.
12. Weil Sie es nicht ertragen können festzustellen, wie wenig die anderen aus ihrem Leben gemacht haben.

13. Weil Sie die anderen nicht demoralisieren wollen mit dem, was Sie aus Ihrem Leben gemacht haben.

14. Weil Sie nichts aus Ihrem Leben gemacht haben.

15. Weil Sie sich die ganzen Namen früher schon nicht merken konnten.

16. Weil Sie immer noch den Klassenkassenbeitrag aus dem neunten Schuljahr schulden. (Und da das Bußgeld fünf Mark pro Jahr betrug, summiert sich die Gebühr inzwischen auf ... lassen wir das, Sie waren nie gut in Mathe.)

17. Weil Sie damals eine Petze waren.

18. Weil Sie damals ein Streber waren.

19. Weil Sie damals uncool waren.

20. Weil Sie damals ein Weichei waren.

21. Weil Sie damals ein Loser waren.

22. Weil Sie all das immer noch sind.

23. Weil Sie damals eine Frau waren und jetzt ein Mann sind.

24. Weil Sie damals ein Mann waren und jetzt eine Frau sind.

25. Weil Sie sind, wie Sie sind.

26. Weil an dem Abend ein Champions-League-Spiel stattfindet.

27. Weil an dem Abend *Germanys Next Topmodel* läuft.

28. Weil Sie ein Spießer geworden sind.

29. Weil alle anderen Spießer geworden sind.

30. Weil Sie keine Haare mehr haben.

31. Weil Sie genauso alt aussehen wie die anderen, auch wenn Sie sich 15 Jahre jünger fühlen.

32. Weil Sie sehen würden, was aus Ihrem großen Schwarm geworden ist, und sich schon bei der Vorstellung gruseln, dass Sie tatsächlich zusammen sein könnten.

33. Weil Sie nie haben abschreiben lassen.

34. Weil Sie sich immer durchgeschleimt haben.

35. Weil in der Zeitung über Ihre Insolvenz berichtet wurde.

36. Weil Sie, seit Sie bei den Hells Angels sind, solcher Kinderkram nicht mehr interessiert.

37. Weil Sie von Kartoffelsalat und Würstchen Sodbrennen bekommen.

38. Weil Sie erst noch zehn Kilo abnehmen wollen.

39. Weil Sie früher das einzige Mädchen in der Klasse waren, das keinen Busen hatte.

40. Weil Sie jetzt Doppel-D haben.

41. Weil Sie genug davon haben, auf Ihr Äußeres reduziert zu werden.

42. Weil Sie keine Auskunftei für Beauty-OPs sind.

43. Weil der Termin für Ihre Botox-Behandlung erst in der Woche drauf stattfindet.

44. Weil Sie im Bus auf Klassenfahrt ständig kotzen mussten.

45. Weil Sie immer diejenige mit Heimweh waren.

46. Weil Sie im Landschulheim mal betrunken rumgefummelt haben und nicht mehr wissen, mit wem.

47. Sie würden ja gern, wenn es im Winter stattfände.

48. Sie würden ja gern, wenn es im Sommer stattfände.

49. Weil 20 Uhr eine ganz schlechte Zeit ist, 19 Uhr ginge, 18 Uhr auch, aber ausgerechnet 20 Uhr? Ausgeschlossen.

50. Weil Ihr Chauffeur dienstfrei hat.

51. Weil es in Ihrem Job als Chauffeur der einzige dienstfreie Abend ist.

52. Weil nur Bratkartoffeln durch wiederholtes Aufwärmen besser werden.

53. Weil es Sie langweilt, immerzu von Ihrer Karriere erzählen zu müssen.

54. Weil Sie keine Autogrammkarten mehr haben.

55. Weil Pfuschen in der Abiturprüfung nicht verjährt – man will ja keine schlafenden Hunde wecken.

56. Weil Sie in der Klasse nie in einer Clique waren.

57. Weil die Lehrer Sie mochten.

58. Sie lesen an diesem Abend aus Ihrem neuen Buch.

59. Sie lesen ein neues Buch.

60. Sie geben ein wichtiges Fernsehinterview.

61. Sie schauen ein wichtiges Fernsehinterview.

62. Weil Sie Ihren Fitnessstudio-Gutschein endlich einlösen müssen, nach fünf Jahren verliert er sonst an exakt diesem Tag seine Gültigkeit.

63. Weil Sie genauso gut die Zeit nutzen können, um mal wieder staubzusaugen. Gründlich. Auch unter dem Sofa. Und in den Ecken an der Decke. Und ... in den Küchen-schubladen. Genau.

64. Weil Sie Unterbrechungen Ihrer täglichen Routine hassen.

65. Weil es Ihnen egal ist, was aus Ihren Schulkameraden geworden ist: Arschlöcher bleiben Arschlöcher.

66. Weil es Ihnen nicht egal ist, was aus ihnen geworden ist: Nirgendwo Prinzessinnen, Schauspielerinnen, Porsche-fahrer oder Herzchirurgen. Verdammt traurig.

67. Weil Sie auf den Satzanfang »Weißt du noch« allergisch reagieren.

68. Weil sich die Einladung anfühlt wie eine Vorladung.

69. Weil Elefanten NIE vergessen ...

70. Weil Sie im Moment ZIEMLICH LEICHT R E I Z B A R SIND!!!

71. Weil _____ noch den Zettel besitzt, auf dem Sie ihm bestätigen, dass Sie mit ihm gehen wollen.

72. Weil Sie noch den Zettel haben, auf dem _____ Ihnen bestätigt, dass er NICHT mit Ihnen gehen will.

73. Weil LEHRER kommen werden.

74. Weil Sie eine Kreidestauballergie haben.

75. Ja, auch in Gaststätten, Sie müssen nur an eine Tafel denken, da bekommen Sie schon Gänsehaut.

76. Besonders bei der Vorstellung, wie der Lehrer mit dem Fingernagel ... Sie wissen schon!

77. Weil Sie gerade erfolgreich 55 geworden sind, na, sagen wir 38, und trotzdem kein Bedürfnis verspüren, sich einen Abend wie ein Teenager zu fühlen.

78. Weil immer alle wissen wollen, wie es so war, im Gefängnis.

79. Also, wenn man so ein Klassentreffen von der Steuer absetzen könnte, dann ja, aber so ...

80. Weil Ihr Chef auch eingeladen ist. Der Arsch

81. Arsch bleibt Arsch, aber ich glaube, den Punkt hatten wir schon.

82. Weil Sie vom Fremdschämen Verdauungsprobleme bekommen.

83. Als Veganer kann ich einfach auf keine Veranstaltung mehr gehen, bei der es Wurstsalat gibt.

84. Klassentreffen? Du, ganz schlechtes Karma.

85. Null Spirit.

86. Total negative Energie.

87. Weil, weißt du, ich hab denen damals schon gesagt, sie sollen auf mich hören. Jetzt haben sie die Bescherung.

88. Ich kann mich nicht um alles kümmern, die müssen endlich lernen, selbst klarzukommen.
89. Werdet erwachsen, Leute, also echt! Klassentreffen!? Lächerlich.
90. Weil Sie jetzt schon eine ganze Weile keinen psychotischen Schub mehr hatten.
91. Weil ich meine Zeit gern so verschwende, wie ich es für richtig halte.
92. I'm sittin' on the dock of a bay. Waistin' time, so ungefähr.
93. Ganz einfach: Weil ich nicht will.
94. Ich will nicht! Basta. Ende.
95. Ich WILL einfach nicht.
96. Willnichtwillnichtwillnicht!!!
97. ICH.
98. WILL.
99. NICHT!!!

Kennst du Kuno?

»Mensch, Sibylle. Wie schön, dich wiederzusehen.«

Eine etwas rundliche Dunkelhaarige mit halblangen Locken stürmte auf dem Parkplatz des Naturfreundehauses auf mich zu. Etwas verdattert ließ ich ihre stürmische Umarmung über mich ergehen. Anscheinend kannten wir uns – nur dass ich keinen Schimmer hatte, wer sie war. Vielleicht Martina, die eine Ehrenrunde gedreht hatte und erst in der Zehnten zu uns in die Klasse gekommen war? Oder etwa die Streberin Teresa, die in Mathe fast immer eine Eins geschrieben hatte?

»Unglaublich, dass unser Realschulabschluss schon 25 Jahre her ist, oder? Hast dich echt gut gehalten, Sibylle«, plapperte sie munter auf mich ein.

»Du aber auch«, log ich mit einem Seitenblick auf ihr Doppelkinn. Beim ersten Wiedersehen nach so vielen Jahren wollte ich nicht gleich unhöflich sein. Sie hakte sich bei mir unter

»Du aber auch«, log ich mit einem Seitenblick auf ihr Doppelkinn.

und lotste mich zielstrebig in das Gebäude, in dem die Naturfreunde ihr Vereinsheim betrieben. Mir war aber immer noch nicht klar, wer sich da so freundschaftlich an mich klammerte.

»Na ja«, kicherte sie und strich sich über die wohlgenährten Hüften. »Ich gebe mir Mühe, mal mehr, mal weniger.«

Wir betraten den Hof hinter dem Haus, der mit einer langen Reihe von Bierbänken und einer großen Grillstelle ausgestattet war. Hier fand das allererste Klassentreffen meines Lebens statt.

Nach dem Realschulabschluss hatte ich eine Ausbildung zur Zahnarzthelferin absolviert und ein paar Jahre später den Sohn meines Chefs geheiratet, der inzwischen die Praxis übernommen hatte. Dort arbeitete ich immer noch und leitete inzwischen das Praxisteam. Unsere Söhne waren schon fast erwachsen.

Buntes Stimmengewirr und Gelächter hallte uns entgegen, als wir den Hof betraten. Etwa 35 Leute standen in Grüppchen um eine Grillstelle und unterhielten sich. Einige kamen mir bekannt vor, spontan fielen mir sogar ein paar Namen ein. Andere hatten sich im Laufe der Jahre so verändert, dass sie mir völlig fremd erschienen.

Ich steuerte zusammen mit Martina (oder Teresa?) auf die Gruppe zu, die uns am nächsten stand. Eine langhaarige Blondine kam uns freudestrahlend entgegen.

Damals hatte immer eine Traube Jungs an ihr geklebt wie Wespen auf einem Marmeladenbrot.

Ach ja, Nadja, unsere ewige Klassensprecherin und Organisatorin dieses Treffens. Ich betrachtete sie neugierig. Sie sah immer noch blendend aus und hatte dieselbe Modellfigur wie schon zu Schulzeiten. Damals hatte immer eine Traube Jungs an ihr geklebt wie Wespen auf einem Marmeladenbrot. Manche Menschen alterten eben nie. Leider gehörte ich nicht zu dieser Spezies.

»Sibylle, Martina! Das ist aber schön, dass ihr kommen konntet«, rief Nadja uns entgegen.

Damit war jetzt auch geklärt, wer da wie ein Klammeraffe an meinem Arm hing. Wir begrüßten uns mit Küsschen links, Küsschen rechts.

Auf dem Grill brutzelten Steaks und Bratwürste, und ich stellte meinen mitgebrachten Kartoffelsalat zu den anderen Leckereien ans Buffet. Michael, unser Klassenclown, fuchtelte mit einer Grillzange durch die lauwarme Sommerluft und erzählte einen Witz nach dem anderen. Schallendes Gelächter umschwirrte ihn wie ein Mückenschwarm. Er war der Typ Sonnyboy, der die ewige Jugend gepachtet zu haben schien. Wenn man sich ein paar Fältchen um die Augen und die grauen Schläfen wegdachte, könnte er glatt noch als 17-Jähriger durchgehen. Die Szene am Grill erinnerte mich an so manche große Pause auf dem Schulhof.

Eine halbe Stunde später saß ich auf einer Bierbank und ließ mir ein Steak mit Salat schmecken. Mein Teller war gerade halb leer, als ein Nachzügler den Hof des Naturfreundehauses betrat. Der hochgewachsene, schlaksige Mann kam breit grinsend an unseren Tisch. Sein kariertes Hemd hing seitlich aus der verwaschenen Jeans, die an den Schenkeln ein paar Flecken aufwies. Seine Haare waren dunkel mit grauen Strähnen und etwas fettig. Unter seinen blassgrünen Augen lagen tiefe Ringe - vermutlich war er starker Raucher. Auch seine gräuliche Hautfarbe ließ darauf schließen.

»Hallo«, begrüßte er uns knapp, zog sich einen Stuhl heran und setzte sich ans Kopfende des langen Tisches. Ohne auf Antwort zu warten, zog er eine Zigarettenschachtel aus der Hosentasche und steckte sich eine an. Genüsslich blies er den Rauch in die Luft.

»Stört euch doch nicht, oder?«, fragte er lächelnd. Einige an unserem Tisch tuschelten und überlegten wohl, wer das sein könnte. Auch Martina und ich sahen uns fragend an.

»Ach, da ist ja noch ein verspäteter Gast«, rief Michael, immer noch mit der Grillzange bewaffnet. »Wer bist du denn? Dich kenne ich gar nicht.«

»Na, dann streng deinen Grips mal an, mein Lieber«, sagte der Mann und tat beleidigt. »Schließlich haben wir zusammen in der Schulmannschaft Fußball gespielt. Du hast mich immer gefoult, wenn ich mich recht erinnere.«

»Äh? Schulmannschaft? Ich?« Michael kratzte sich am Kopf. »Eigentlich bin ich ziemlich unsportlich. In einer Schulmannschaft war ich jedenfalls nie. Hatten wir überhaupt eine?«

»Okay, dann war das vielleicht ein anderer, der mich gefoult hat«, beeilte sich der Mann zu sagen. »Egal, ist ja schließlich eine ganze Ecke her, nicht?«

»Eigentlich dachte ich, dass wir bereits vollzählig wären«, murmelte Nadja, nachdem sie noch einmal durchgezählt hatte, und kramte eine Liste mit Namen und Adressen aus ihrer Handtasche. »Nur drei Leute haben abgesagt: Sabine Tillmann, Teresa Schäfer und …«

»Kuno Peters«, ergänzte Mr Unbekannt hastig. »Ich hatte zuerst abgesagt, konnte aber doch noch kommen.«

Nadja räusperte sich. »Aber du hast mir doch gemailt, dass du heute geschäftlich in den USA sein wirst.«

»Konnte ich verschieben.« Kuno grinste breit. »Das Treffen mit euch war mir wichtiger. Das lasse ich mir doch nicht entgehen.«

Nadja nickte und stopfte die Blätter zurück in ihre Handtasche. »Klasse, Kuno. Na dann, herzlich willkommen bei unserem Klassentreffen. Schön, dich wiederzusehen nach so langer Zeit, obwohl ich mich so gar nicht an dich erinnern kann. Aber lass es dir trotzdem schmecken.«

Das ließ sich Kuno nicht zweimal sagen. Ich zermarterte mir inzwischen mein Gehirn nach einer Erinnerung an diesen Klassenkameraden. Das verschwommene Bild, das mein Gedächtnis von Kuno Peters abgespeichert hatte, entsprach diesem Mann allerdings überhaupt nicht. »Unser« Kuno war eher klein gewesen und hatte eine dicke Brille getragen. Und eine Sportskanone war er auch nicht, eher der Typ, der bei der Mannschaftsauswahl in der Turnhalle immer übrig blieb.

»Mal ehrlich, Kuno«, sprach ich ihn an. »An eine Schulmannschaft kann ich mich auch nicht erinnern. Fußball, sagst du? Wann soll das denn gewesen sein?«

Kuno kaute und kaute. Mein Kartoffelsalat schien ihm zu schmecken, er hatte sich schon die zweite Portion auf den Teller gehäuft.

»Weiß ich nicht mehr so genau«, nuschelte er zwischen zwei Bissen. »Kann sein, dass die Fußballmannschaft auf einer anderen Schule war. Wir sind ein paarmal umgezogen, und ich habe eine Zeit lang die Schulen gewechselt wie andere Leute ihre Socken.«

»So, so!« Martina rückte näher an Kuno heran und strahlte ihm ins Gesicht wie die aufgehende Sonne. Was war denn mit der los? »Was machst du denn beruflich? Ich meine ... New York und so. Das klingt total spannend.«

»Ist es auch.« Kuno genehmigte sich einen großen Schluck Bier aus der Flasche. »Ich bin professioneller Tester.«

Martinas Stimme bekam plötzlich einen honigsüßen Unterton. »Und was testest du so? Sicher irgendwas total Spannendes«, hauchte sie verzückt.

»Tierfutter.«

»Äh ...? Was?« Der Abstand zwischen den beiden vergrößerte sich abrupt. Ich unterdrückte ein Kichern.

Martina verzog das Gesicht. »Tierfutter? Klingt ja eklig.«

»Ist es aber gar nicht«, gab Kuno ungerührt zurück, immer noch kauend. Sein zweites Steak hatte er schon fast verputzt.

»Alles eine Frage des Geldes«, fuhr er fort. »Unsere Kunden sind megareiche Amis, die für ihre Wauwauchen und Miauchen alles tun, wenn es nur eine Stange Geld kostet. Für den Liebling nur das Allerbeste, lautet unser Motto. Aber es muss von Menschen getestet werden, damit es den Tierchen auch wirklich schmeckt. Darauf legen unsere Kunden großen Wert.« Kuno grinste breit.

»Krass!«, stieß Martina begeistert hervor. Ihre Augen leuchteten. »Und dabei verdient man gut?«

Kuno nickte und stopfte sich ein Stück Knoblauchbaguette zwischen die Zahnreihen, die mehrere Lücken aufwiesen. Und so einen Typen ließ ein amerikanischer Futtermittelhersteller für seine reiche Kundschaft Happi-Happi testen? Da sahen die Gebisse der Hunde, Katzen oder Pferde wahrscheinlich gepflegter aus.

»Martina muss es ja nötig haben«, flüsterte mir Nadja von der anderen Seite ins Ohr und riss mich aus meinen Gedanken. »Eigent- **Eigentlich hatte ich zu einem Klassentreffen eingeladen und nicht zum Speed-Dating.** lich hatte ich zu einem Klassentreffen eingeladen und nicht zum Speed-Dating mit Kuno.«

»Kein Wunder!« Nadjas Blick glitt über Martinas pralle Hüften. »Sieht aus, als hätte sie schon mehrere Sahne-Diäten hinter sich.«

Ich stupste ihr meinen Ellbogen in die Seite. »Sei doch nicht so gemein.«

Nadja grinste. »Aber unser Kuno Peters kommt mir irgendwie seltsam vor. Kannst du dich an den erinnern? Sah der nicht total anders aus?«

Ich musterte Kuno verstohlen von der Seite. »Also, ich finde, der sieht sich überhaupt nicht ähnlich. Jedenfalls nicht dem Kuno, der in unserer Klasse war.«

Nadja nickte. »Ich habe das dumpfe Gefühl, wir haben hier einen falschen Fünfziger im Portemonnaie.«

»Aber wer außer uns wusste denn von dem Klassentreffen? Stand ja schließlich nicht in der Zeitung.«

Nadja zuckte mit den Schultern.

Da kam mir ein Gedanke. »Wie wäre es mit einem Klassenquiz?«, schlug ich vor. »Mit Fragen zu unserer Schulzeit, die nur echte Mitschüler beantworten können.«

»Tolle Idee, Sibylle.« Nadjas Augen glänzten vor Begeisterung. »So könnten wir den falschen Kuno entlarven.«

Einige Minuten später hatten Michael, Nadja und ich ein paar Fragen zusammengestellt.

»Dann wollen wir unserem Happi-Happi-Tester mal auf den Stoßzahn fühlen«, witzelte Michael und reichte mir Zettel und Stifte, die ich an alle verteilte.

Nadja übernahm die Quizleitung und legte auch gleich mit der ersten Frage los: »Ihr erinnert euch sicher alle an Dr. Hartmann, unseren kauzigen Mathe- und Physiklehrer. Wie lautete sein Spitzname?«

Natürlich wussten wir sofort, dass Dr. Hartmann hinter vorgehaltener Hand nur Piepsi genannt worden war, weil er eine regelrechte Piepsstimme gehabt hatte. Nur Kuno schien das nicht zu wissen und schaute hilflos in die Runde.

»Nicht abschreiben«, ermahnte ich ihn und stellte mich zwischen ihn und Martina.

Auch bei der zweiten und dritten Frage hatte er keine Ahnung. Nadja und ich wollten ihn gerade zur Rede stellen, da betrat ein weiterer Gast den Hof. Anfang fünfzig, dunkle Haare, eine dicke Hornbrille auf der Nase und etwas breiter um die Hüften. Das Allererste, was mir bei seinem Anblick durch den Kopf schoss, war sein Name.

»Guten Abend. Ich bin Kuno Peters«, begrüßte der Neuankömmling uns mit freundlichem Lächeln und steuerte direkt auf Nadja zu. »Tut mir leid, dass ich so spät komme, Nadja. Aber ich hatte noch einen Termin. Eigentlich hatte ich ja gemailt, dass ich gar nicht kommen kann, aber mein New Yorker Kunde hat kurzfristig abgesagt.«

Die Blicke aller Anwesenden wanderten zu dem falschen Kuno. Der echte Kuno war verwirrt. »Habe ich was falsch gemacht?«

»Nein, nein, ganz und gar nicht, lieber Kuno.« Ich ging auf ihn zu und schüttelte ihm die Hand. »Freut mich sehr, dass du noch kommen konntest. Genau zum richtigen Zeitpunkt.«

Kuno verstand kein Wort, und ich überließ es Nadja, ihm zu erklären, was los war.

»Und nun mal zu Ihnen«, sagte Michael und baute seine knapp zwei Meter vor dem falschen Kuno auf. »Raus mit der Sprache: Wer sind Sie und was wollen Sie bei unserem Klassentreffen?«

Der Unbekannte war blass um die Nase geworden. Mit seiner Enttarnung hatte er wohl nicht gerechnet.

»Nun ja«, stammelte er. »Ich habe durch Zufall von dem Klassentreffen erfahren und dachte, ich schaue einfach mal vorbei.«

»Einfach so?«, rief ich, wütend über so viel Dreistigkeit. »Und woher wussten Sie überhaupt davon?«

»Moment mal«, mischte sich Kuno Peters jetzt ein und schaute dem Mann streng ins Gesicht. »Sie kommen mir bekannt vor. Sind Sie nicht vor Kurzem bei uns gewesen, um den Garten auf Vordermann zu bringen? Wenn ich mich recht erinnere, hat meine Frau Sie für zwei Tage zum Rasenmähen und Beete-Umgraben engagiert. Hatten Sie nicht an der Tür geklingelt und nach Arbeit gefragt?«

»Ja ... schon ... ich ...« Betreten schaute er zu Boden. »Ich heiße eigentlich Friedhelm Makowski und war noch nie auf einem Klassentreffen. Da habe ich mir gedacht, ich gehe da mal hin und feiere ein bisschen mit.«

»Und bei der Gelegenheit können Sie sich mal so richtig satt essen, oder?«, rief ich.

»Na ja, in meinem Kühlschrank herrscht gerade ziemlich Ebbe«, gab er zu. »Ich bin mal wieder auf Jobsuche.«

»Lasst ihn schon in Ruhe«, meldete Martina sich zu Wort und stellte sich hinter diesen Friedhelm Makowski oder wie er nun wirklich hieß. Ich konnte es nicht fassen. Hielt sie etwa immer noch zu dem Betrüger, der sich unter falschem Namen bei uns eingeschlichen hatte?

»Hat meine Frau Ihnen von dem Klassentreffen erzählt?«, hakte Kuno jetzt nach.

»Ja, Christa erzählte mir von Ihrem Job als Futtermitteltester und dass Sie wegen eines amerikanischen Kunden das Klassentreffen verpassen würden. Da habe ich mir gedacht, ich könnte Sie einfach hier vertreten.«

»Christa? Der ist mit Kunos Frau per Du?«, staunte Michael. »Wer weiß, was da bei Familie Peters zu Hause abgegangen ist, ich meine außer Rasenmähen und Heckenschneiden.«

Allgemeines Gemurmel und unterdrücktes Gelächter waren die Reaktion.

Kuno Peters griff zu seinem Smartphone und diskutierte bald darauf mit hochrotem Kopf mit jemandem am anderen Ende der Leitung, höchstwahrscheinlich mit seiner Frau. Friedhelm Makowski stand auf und wollte sich wohl ohne weitere Erklärung verdrücken.

»Hiergeblieben!«, rief Martina und packte ihn am Ärmel. »Erst gibst du dich als jemand aus, der du nicht bist, und jetzt willst du dich einfach aus dem Staub machen?«

»Genau!« Kuno Peters hatte das Telefonat mit seiner Frau beendet und kam zurück zum Tisch. »So einfach kommen Sie mir nicht davon. Christa hat mir gerade bestätigt, dass sie Ihnen von meinem Job und vom heutigen Klassentreffen erzählt hat.«

»Verpass ihm einen Denkzettel, Kuno«, rief jemand von hinten. Applaus brandete durch die Reihen der Schulkameraden.

»Das habe ich auch vor.« Kuno grinste breit und griff in seine Aktentasche. »Ich habe euch nämlich etwas mitgebracht.«

Er holte eine Dose Katzenfutter heraus. »Das ist eines unserer beliebtesten Produkte. Die Amerikaner sind ganz verrückt danach – die amerikanischen Katzen meine ich natürlich.«

»Und der falsche Kuno darf jetzt mal Katzenfutter für uns testen«, rief ich und wieder klatschten einige in die Hände. »Prima Idee, Kuno.«

»Das hat der Kerl nicht besser verdient«, meinte Nadja und verzog das Gesicht. »Katzenfutter, igitt.«

Feierlich wurde der Platz freigeräumt, ein frischer Teller hingestellt, Besteck und Serviette danebengelegt. Nadja schenkte ein Glas Wasser ein, während Kuno die Dose langsam öffnete. Friedhelm Makowski blieb nichts anderes übrig, als sich auf den Stuhl zu setzen und die undefinierbare braune Masse, die mit Fleisch- und Gemüsestückchen durchsetzt war, in Augenschein zu nehmen.

»Guten Appetit«, sagte ich.

»Los, machen Sie schon«, schallte es von hinten.

Friedhelm Makowski griff nach der Gabel. Es wurde still, kein Ton war zu hören. Alle starrten auf das Stück Fleisch, das sich langsam zwischen seine Lippen schob. Ihm folgten zwei weitere Stücke.

Martina hatte sich die Augen zugehalten. Sie konnte es wohl nicht mit ansehen. Endlich schaute sie wieder hin.

»Er lebt ja noch.«

»Was dachtest du denn? Wir produzieren nur Spitzenqualität.« Kuno nickte zufrieden.

Friedhelm Makowski schluckte und trank ein wenig Wasser.

»Nicht schlecht.« Er lächelte und wischte sich mit der Serviette die Mundwinkel sauber. »Hätte ich gar nicht für möglich gehalten. Habt ihr vielleicht noch eine Stelle frei?«

Herr Bramstedt

Das ist die Geschichte von Herrn Bramstedt, Hans-Jürgen.

Lehrer. Mathe, Physik. Einer von der alten Schule.

Herr Bramstedt hält sich für einen exzellenten Pädagogen. Er unterrichtet von der Sexta bis zur Unterprima. Früher existierte noch die Oberprima, was Herr Bramstedt absolut befürwortet (ein geschulter Geist muss langsam reifen!), doch da auf seine Meinung, trotz jahrzehntelanger Erfahrung, kein gesteigerter Wert gelegt wurde, hat sein Gymnasium sich für den achtjährigen Zug entschieden. Kein Mensch kann jedoch verlangen, dass Herr Bramstedt sich mit dem Stoffpensum nun holterdiepolter nach dieser neuen Marotte richtet. Von oben verordnete

Wille, Konzentration und Durchhaltevermögen, das ist seine Devise.

Beschränkungen seines Bildungsauftrags hält er für schlichtweg inakzeptabel. Herr Bramstedt findet überhaupt das ganze kuschelpädagogische Geschwafel über Schulstress und Überforderung einfach nur erbärmlich. Wille, Konzentration und Durchhaltevermögen, das ist seine Devise.

Selbst wenn Herr Bramstedt einzelne Schüler nicht mehr in seinem Unterricht hat, ist er dennoch stets über ihre Gesamtleistungen informiert. Sein Benotungssystem ist undurchschaubar, es basiert auf komplexen mathematischen Berechnungen und ja, einer Art begründbarer Willkür. Seine Durchfallquote ist höher als die der Kollegen, was Herrn Bramstedt mit einer gewissen Genugtuung erfüllt.

Herr Bramstedt hat, entgegen der schulinternen Meinung, kein Problem damit, auf einem gemischtgeschlechtlichen Gymnasium zu unterrichten – Mädchen sind, wer hätte das gedacht, oft sogar die besseren Schüler, wenn auch nicht in seinen Stammfächern, dafür sorgt Herr Bramstedt mit inquisitorischer Bestimmtheit. Nein, ich bitte Sie, nur um das klarzustellen, er hat natürlich kein Problem mit Frauen. Ihre Fähigkeit, nichtlineare Kausalzusammenhänge und stochastisch unmögliche Korrelationen zwischen völlig unbekannten Größen herstellen zu können, überfordert ihn nur einfach. Außerdem haben sie Brüste, kleine hübsche Tittchen, was sich auf ein Wort mit Fl... reimt, aber das wollen wir gar nicht vertiefen.

Herr Bramstedt ist wie schon gesagt ein sehr präsenter Lehrer. Ein Korinthenkacker, um dieses altertümliche Wort einmal zu mobilisieren. Aber privat, könnte man sagen, ein Schatten. Es liegt in der Natur der Dinge, dass Herr Bramstedt ein einsamer Mensch ist. Er hat zwei Katzen, deren Namen Tertia und Sekunda lauten, obwohl sie nicht darauf hören. Möglicherweise aus Langeweile also besucht Herr Bramstedt regelmäßig die Ehemaligentreffen des Sankt-Johannes-Stifts, ob er eingeladen ist oder nicht. Der Lehrer erscheint jedes Mal für eine halbe Stunde wie ein Geist und wo er die Informationen darüber immer herhat, bleibt ein Rätsel.

Den meisten Schülern mangelt es nicht an traumatischen Erinnerungen an ihre Schulzeit bei Lehrer Bramstedt, deswegen geben seine Stippvisiten stets Anlass zu heftigen Diskussionen und modifizieren das, was als unbeschwertes Treffen alter Schulkameraden anfing, manchmal zu einer tränenreichen und hassgeschwängerten Selbsthilfe-Veranstaltung mit

Offenbarungspotential (Hallo, ich heiße Achim und habe eine IT-Firma mit 26 Angestellten, aber seit der Bramstedt mich in der Siebten mal abgehört hat, hab ich regelmäßig diese Albträume ... und so weiter). Doch ohne dass Lehrer Bramstedt es ahnt, leistet er mit seinem Erscheinen tatsächlich eine Art therapeutischen Bewältigungsbeitrag.

Ein knappes »Vergiss den Wichser« reicht den meisten Männern. Den Frauen allerdings nicht, aber darauf kommen wir noch.

Sollten Sie damit beginnen, Herrn Bramstedt eine gespaltene Persönlichkeit zu diagnostizieren, wenn Sie erfahren, welch heroischer Mission er sich trotz seiner offenkundigen Charakterschwäche dennoch seit Jahren verschrieben hat, so steht Ihnen das natürlich frei. Einigen wir uns auf einen kleinen Nenner und betrachten wir diese Mission unter dem Aspekt der Affektabfuhr. Gefühlsentladung meinethalben.

Denn überraschenderweise, oder auch nicht, beinhaltet dieser Auftrag nichts Geringeres als den Kampf gegen das Rotlichtgewerbe. Hurerei, wie Herr Bramstedt es nennt, nicht Prostitution, das klinge doch wohl bitte schön lediglich nach einer harmlosen, behandlungsfähigen Erkrankung. Nein, Herr Bramstedt strebt nach Höherem. Seine Bestimmung ist die Ächtung. Ein Bannfluch soll es sein, ausgeübt von ihm selbst und den Millionen Freiern auf diesem Planeten. Herr Bramstedt ist in dieser Beziehung ganz bei Kant und seinem kategorischen Imperativ. Für seine Vision einer Gesellschaft, in der der Mann für eine sexuelle Dienstleistung nicht zur Kasse gebeten ..., nein, für die Vision, in der die Frau für eine sexuelle Dienstleistung kein Geld verlangen ... wieder nein, auch das geht in die falsche

Richtung. Wir sehen, es ist für Herrn Bramstedt manchmal nicht leicht, sein konfuses Gedankengut strukturiert darzustellen und richtig von falsch zu unterscheiden. Dennoch voller Eifer, tippt er sich regelmäßig auf einer alten IBM-Kugelkopfschreibmaschine in missionarischen Wahn. An einer meterhohen Deutschland-karte, entwendet aus dem Materialraum für Erd- und Gemein-schaftskunde, markieren bunte Stecknadeln seine geheimen Einsatzorte. Öffentlich will Lehrer Bramstedt seinen Kampf auf keinen Fall machen. Edle Motive gedeihen im Verborgenen, so will er sich verstanden wissen.

Jedes zweite Wochenende befördert ihn die Deutsche Bundesbahn zu einem mithilfe komplexer mathematisch-statistischer Berechnungen qua mehrschichtigem Zufallsaus-wahlverfahren ermittelten Bekehrungsort. Dort belästigt Herr Bramstedt so lange die Besucher eines oder mehrerer der ansässigen Etablissements, bis sich sein Erregungspegel auf ein rationales Maß zurückreguliert hat. Er hinterlässt allerlei moralapostolisches Gedankengut an Scheibenwischern und in Briefkästen und macht sich dann auf den Weg zum zweiten Teil seiner Missionsreise. Die in der Regel damit endet, dass er mit runtergelassener Hose wimmernd zu Füßen einer maskier-ten Domina kauert und Gesetze der Quantenphysik referiert, während diese ihm bei jeder falschen Antwort das Gesäß ver-sohlt und die Absätze ihrer Latexstiefel in den Rücken bohrt. Manchmal, wenn er ein ganz besonders böser, dummer Junge ist, lässt sie ihn auch die Sohlen ablecken. Da die Domina zum Abfragen zwar das extra von Herrn Bramstedt für seine »Prü-fung« mitgebrachte Formelbuch verwendet, aber aufgrund der fehlenden Übereinstimmung mit dem beruflichen Hintergrund ihres Kunden nur schwer oder gar nicht einschätzen kann, wann Herr Bramstedt einen (fachlichen) Hänger hat, bestraft sie ihn in einem intermittierenden Rhythmus, den der Lehrer nicht zu entschlüsseln vermag und der ihn aus diesem Grund zum Schwitzen, Wimmern und selbstverständlich an den Rand der Ekstase bringt. Nach der Sitzung entschuldigt sich Herr Bramstedt artig für die Inanspruchnahme der Dienstleistung und bettelt um Absolution, die er nach Durchführung einer abartigen und perversen Ablasshandlung, auf deren präzise Schilderung hier verzichtet wird, in der Regel auch erhält. Denn, so geht Herrn Bramstedts Moralverständnis, was kann es Anständigeres geben, als eine Sünde im sofortigen Augenblick des Vollzugs zu büßen?

Nur das Lehrbuch will die Meisterin dieses Mal einbehalten, und der Versuch, es zurückzubekommen, bringt ihm einen blutigen Acrylnagelkratzer auf dem Handrücken ein.

Doch wie das Leben so spielt und weil Frauen nicht vergessen und noch viel weniger verzeihen, wenn es darum geht, eine Demütigung aufgrund ihres Geschlechts erfahren zu haben, brauen sich über Herrn Bramstedt und seinem bigotten Weltbild dunkle Wolken zusammen, als er sich nach seiner »Behandlung« zum dritten Termin an diesem Tag aufmacht.

Versorgt mit einem Pflaster über der Kampfverletzung betritt Herr Bramstedt den Gastraum des Goldenen Hirschs mit angemessener Verspätung, die ehemaligen Klassenkameraden seiner vor 15 Jahren unterrichteten Obersekunda haben sich da schon in eine gelöste Stimmung getrunken.

Er ordert am Tresen einen Kamillentee, was den Wirt wie üblich in Schwierigkeiten bringt, bis er auf die Idee kommt, beim

Frühstückszubehör der Übernachtungsgäste fündig zu werden. Mit der dampfenden Tasse tritt der Lehrer, vollgepumpt mit Gutmenschentum und geläutert nach seiner Buße und der empfangenen Begnadigung, an den Stammtisch.

Dass der Geruch von Kamillentee bei manchen Schülern zu lebenslanger Geschmacksaversion geführt hat, kann er nicht ahnen. Als zumal die flapsigen Gespräche verstummen, interpretiert er dies als Respektsbezeugung, nicht als Ausdruck eines gewissen Entsetzens über sein Auftauchen. Den Groll darüber, dass die Schüler zur Begrüßung nicht aufstehen, verpackt er in jenen neckischen Begrüßungssatz, wie er auch jetzt zur Anwendung kommt. »Erheben Sie sich, meine Herren«, lautet er. Das unmittelbar einsetzende genervte Aufstöhnen seiner Schüler weiß Herr Bramstedt zu schätzen. Dass er auch nach 15 Jahren die Frauen nicht erwähnt, nicht mal in seinem kumpelhaften Begrüßungsbefehl, hat normalerweise keine Folgen, außer dass einige Damen gleichzeitig den Drang verspüren, gemeinsam die Waschräume aufzusuchen.

Doch diesmal geschieht nichts dergleichen, denn die dunkle Wolke ist Herrn Bramstedt gefolgt und ist mit ihm beim Stammtisch angekommen. Herr Bramstedt hat sie, um im Bild zu bleiben, zu ihrem Entladungsort geleitet.

Der Wolkenbruch vollzieht sich in Gestalt von Tamara Weißhaupt, die noch heute Morgen nicht ahnte, wie nah sie der ersehnten Rache für ihr ganz persönliches Mathemartyrium bei Lehrer Bramstedt heute kommen wird. Wobei er sich verletzt habe, möchte Tamara wissen, noch bevor ihre Kameradinnen die Chance haben, sich auf die Toilette zu flüchten. Sie spricht laut und bestimmt, ohne einen Anflug von Angst in der Stimme, und zieht dann ein zerlesenes Lehrbuch aus ihrer Handtasche. Durch den Schwung schlägt sich eine beliebige Seite auf und Herr Bramstedt keucht überrascht auf, die Tasse zittert in seiner Hand.

Der Lehrer braucht, wie üblich, wenn es um die Kommunikation mit Frauen geht, eine Weile, bis er die Situation einordnen kann. Er ordnet falsch, was möglicherweise dem mulmigen Gefühl in seiner Magengrube geschuldet ist, das sich rasch über seinen gesamten Körper ausbreitet.

Wie es ihr gehe, fragt er seine Schülerin, statt zu antworten, wobei er wie üblich duzt, auch nach 15 Jahren noch. Daraufhin sieht sich Tamara gezwungen, die Daumenschrauben etwas anzuziehen, erhebt sich und steigt tatsächlich auf ihren Stuhl, wobei sie provozierend ein Bein auf den Tisch stellt. Lasziv und in einer fließenden Bewegung schiebt sie sodann den Stoff des weiten Hosen-

Ihre künstlichen Nägel gleiten wie die Krallen eines gereizten Tigers über den Latex ihrer Berufsbekleidung.

beins bis zum Oberschenkel hoch und fixiert ihn im Bund. Ihre künstlichen Nägel gleiten wie die Krallen eines gereizten Tigers über den Latex ihrer Berufsbekleidung, während im Gastraum gespenstische Stille herrscht, wenngleich der Gläser polierende Wirt unbeeindruckt seinem Werk nachgeht. Tamara fixiert Herrn Bramstedt mit Augen, die ihm plötzlich seltsam bekannt vorkommen (starrten sie ihm vor einer Stunde nicht noch aus einer schwarzen Maske entgegen?), befeuchtet einen Finger mit der Zunge und fährt damit langsam an ihrem schwarzen Domina-Stiefel entlang. Es gehe ihr gut, erwidert sie, als sie nun ganz auf den Tisch steigt, solange sie böse Buben verhauen dürfe. Herr Bramstedt, verzweifelt, aber erfolglos versuchend, seinen Blick von dem Stiefel und seinem Buch zu wenden, bekommt feuchte Hände, sodass ihm die Tasse entgleitet und auf den Steinfliesen zerbirst. Aus zwei beliebigen Personen in einem Gasthaus sind urplötzlich Duellanten geworden, ihre Waffen sind gezogen, ganz so sieht es aus, und jeder der Anwesenden ahnt, dass Herrn Bramstedts Kamillentee keine Chance gegen Tamaras Physikbuch haben wird.

Diesen Augenblick der Ablenkung nutzt Tamara, um Herrn Bramstedt ihre Stiefelspitze in die Schulter zu bohren und ihn unmissverständlich zu Boden zu drücken. Als reagiere er auf ein geheimes Codewort, empfängt Herr Bramstedt sodann auf Knien jede Aufgabe, die Tamara aus dem Buch rezitierend auf ihn abfeuert, und quittiert sie mit einem gehorsamen Nicken. Andere Ehemalige nutzen das Schauspiel und schließen sich an, viele wissen die Fragen im Schlaf, mit denen der Lehrer sie damals vor der Klasse bloßgestellt hat. Herr Bramstedt ist nicht in der Lage, adäquat zu antworten, das versteht sich von selbst. Ob er sich nicht einfach entschuldigen wolle, das sei das Einfachste, wird er vom Klassensprecher nach quälend langen Minuten aufgefordert und erwidert auch diese Aufforderung mit einem demütigen Nicken.

Tamara, die wieder Platz nimmt, hat in diesem Moment ihre Dämonen besiegt, zwei auf einen Streich, sie wird sich vor ihren Klassenkameraden für nichts mehr schämen müssen. Als Zeichen des Sieges wirft sie Herrn Bramstedt das Physikbuch vor die Füße und bricht damit den Bann, der sich über den Gastraum gelegt hat.

Bleiben wir realistisch und bezeichnen es nicht gleich effekthascherisch als Exorzismus, dennoch fühlen die Beteiligten eine seltsame Leichtigkeit, die sich ihrer nach diesem Akt der inneren Reinigung ermächtigt. Deshalb fühlen sich hilfreiche Hände jetzt in der Lage, Herrn Bramstedt auf die Beine zu zerren, Scherbenreste und Teeflecken von seinem Jackett zu entfernen. Er sei bloß ein alter Mann und solle besser nach Hause gehen, wird ihm nahegelegt, man übernehme die Rechnung für sein Getränk.

Seitdem, so hört man, verzichtet Herr Bramstedt aus unerfindlichen Gründen auf den Besuch von Ehemaligentreffen des Sankt-Johannes-Stifts.

Gezwungenermaßen, versteht sich.

Gruppenkotzen

Ich stand dem Klassentreffen eigentlich vom ersten Tag an skeptisch gegenüber. Schon als ich die aufwendig gestaltete Einladung mit unserem Gruppenbild in der Hand hielt. Mir war natürlich sofort klar, wer dafür die Verantwortung trug, da ich die geschwungene Handschrift von »Maike – ich bin die Beste« sofort erkannte.

Maike und ihre Busenfreundin Sigrid hatten mir das Leben in der Realschule nicht unbedingt leicht gemacht. Denn ich war eines der Mädchen gewesen, die nicht in ihr Weltbild gepasst hatten. Und die Vielzahl an kleinen Attacken auf mich hatte dazu geführt, dass ich bis heute unter einer ausgeprägten Aversion gegenüber dem Frauentyp »Karriereweib mit Ich-Syndrom« litt.

Früher, wenn Maike der Lebensstil eines anderen nicht gefallen hatte, konnte sie ziemlich unangenehm werden. Dann hieß es für diejenigen, die sie auf dem Kieker hatte: in Deckung, Kanonen hoch und Gott steh uns bei!

Welcher Teufel mich geritten hat, als ich dennoch zusagte, wusste ich eigentlich noch immer nicht. Fest stand nur, dass es keiner dieser entspannten Nachmittage bei Sonnenschein werden würde, bei dem alle einen Schwank aus der Jugend erzählten und sich lieb hatten. Ganz bestimmt nicht.

Es begann schon auf dem Parkplatz, als der Oberhipster Mark dem auch damals schon aufbrausenden Sven den Parkplatz stahl. Zumindest war Sven von dieser Dreistigkeit mehr als überzeugt. Er bremste seinen anthrazitfarbenen Audi A3 auf dem Schotterplatz heftig ab und stieg wütend aus.

Ich wurde in eine Staubwolke gehüllt und fühlte mich augenblicklich in meine Jugend zurückversetzt, während ich dem Schlagabtausch der beiden Männer lauschte. Im nächsten Moment rannte ich hustend in jemanden hinein, der sich als Björn, Romeo Nummer eins, herausstellte. Volltreffer. Er hatte keine Haare mehr auf dem Kopf, dafür aber beachtlich viele zwischen den Augenbrauen und außerdem einen Bauchansatz, der mich abprallen ließ wie einen Gummiball.

»Holla, die Waldfee«, begrüßte er mich mit seinem mitreißenden Lächeln, das einem Zähnefletschen gleichkam, und musterte mich von oben bis unten. »Agnes?«, fragte er ungläubig und runzelte die Stirn. »Die Grufti-Agnes? Bist du das?« Ein süffisantes Grinsen verzerrte sein nicht mehr halb so schönes Gesicht. Plötzlich war mir schleierhaft, warum ich damals so verknallt in ihn gewesen war.

»Wo sind die schwarzen Haare und die von Kajal verschmierten Augen?« Er grinste noch eine Spur breiter, wenn das möglich war, und ich lächelte unsicher mit.

»Ja, das war einmal. Die Zeiten ändern sich. Jetzt bin ich nur noch Agnes.«

Er bot mir seinen Arm, was einer gewissen Galanterie nicht entbehrte. »Das ist ja schön, dass auch du dem Ruf von Maike gefolgt bist.« Ich strich die Falten meines Sommerkleides glatt, blies mir eine meiner dunkelblonden Locken aus der Stirn und war mir nicht so sicher, ob das wirklich schön war.

»Toll siehst du aus«, sagte er und sah mir dabei etwas zu lang auf die Brüste.

»Danke«, antwortete ich und sah mich nach den beiden Kampfhähnen um, die aufholten. Ob sie sich gleich eine reinhauen würden, so wie früher? Ich schnalzte mit der Zunge, und Romeo grüßte. Wieso sollten Leute, die sich als Teenager schon angekotzt haben, heute mögen?

»Hey, Alter! Romeo«, rief der schreckliche Sven, der den Streit mit dem smart gekleideten Mark anscheinend vertagt hatte. Zwei Handschläge der Männer später sah ich ihm an, dass er meinen Namen nicht wusste. Ich seufzte innerlich. Manche Dinge änderten sich halt nie. Wir verließen den staubigen Parkplatz, gingen um die Ecke eines alten Gebäudes und kamen direkt auf einen malerischen See zu. Die Wolkendecke riss auf und ließ die Sonne eine Wiese erhellen, auf der vier weiße Pavillons aufgebaut waren.

»Oha, da hat sich aber jemand Mühe gegeben«, sprach Sven meine Gedanken und stieß einen anerkennenden Pfiff aus. Dann sah er mich wieder grüblerisch von der Seite an. Ich beschloss, es ihm leichter zu machen.

»Ich bin es, Agnes«, half ich ihm auf die Sprünge.

Er lächelte sein strahlendes Lächeln mit viel zu weißen Zähnen. »Weiß ich doch, die kleine Aggie. Andere Frisur?«, fragte er und nickte meinem Dekolleté zu.

»Ja, stimmt«, antwortete ich. »Zwei Kinder können die Frisur ungemein beeinflussen.«

»Da kann man so mancher Frau ja nur zum Kinderkriegen raten«, erklärte er anerkennend.

Seit der Geburt meiner Tochter hatte sich mein Körbchen von einem mickrigen A auf ein üppiges C gesteigert. Ich verzog mein Gesicht. »Unbedingt.«

»Nicht schmollen, Aggie«, sagte er versöhnlich und ließ seine Muskeln unter dem engen T-Shirt spielen.

Ich rollte innerlich mit den Augen.

Plötzlich rannte jemand auf mich zu und umarmte mich stürmisch. Christinas Getränk schwappte dabei auf meine Schulter.

»Oh, ich hatte so gehofft, dass du auch kommst«, juchzte sie, und endlich löste sich der Knoten in meinem Bauch ein wenig.

Ich freute mich wirklich, meine alte Sitzbanknachbarin zu sehen. Sie sah fast so aus wie damals, nur die Zahnspange fehlte, die mir bei ihrem breiten Grinsen so oft entgegengestrahlt hatte.

»Komm, wir besorgen dir erst mal was zu trinken«, schlug sie vor und hakte mich wie in der Schule unter. Wir schlenderten zum ersten Pavillon, bei dem auch andere Mädels standen, die ich auf Anhieb wiedererkannte. Die raue Hanne und die witzige Diana, die den gleichen burschikosen Haarschnitt trug wie im Abschlussjahr. Wir begrüßten uns freudig, und bald hatte auch ich ein Glas mit alkoholischem Inhalt in der Hand. Die nächsten Stunden vergingen wie im Fluge.

»Schaut sie euch an«, zischte Christina nach einer Weile und deutete auffällig unauffällig auf Eva, die in einem Pulk von ehemaligen Klassenkameraden männlichen Geschlechts stand.

»Ob sie immer noch so garstig zum weiblichen Teil der Klasse ist?«, lachte Hanne.

»Viel interessanter ist doch die Frage: Ist sie immer noch so eine Schlampe?«, wollte Diana wissen und setzte ihr Alster an die Lippen, um ihr Grinsen zu verstecken. Bissig wie eh und je.

»Sag so was nicht. Das ist so mieses Wort«, tadelte ich und beobachtete, wie Eva sich gerade an Mark schmiegte.

»Wie soll ich das denn sonst nennen, wenn sie alles pimpert, was ihr über den Weg läuft?«, fragte Diana und rümpfte die Nase.

»Wie wäre es mit öffentlichem Verkehrsmittel?«, schlug ich nachdenklich vor, und Christina grunzte vor Lachen.

»Das ist gut.«

Ich räusperte mich verlegen, weil ich mich ein wenig schämte.

»Wir lästern«, gab ich zu bedenken.

Hanne schürzte die Lippen. »Du hast recht. Das sollten wir nicht.«

»Genau.«

Jetzt sah Eva kurz zu uns herüber, als wüsste sie, dass wir tratschten, und hatte nichts Besseres zu tun, als sich mit ihrem kurzen Rock so ungeschickt zu setzen, dass man ihr bis ins Paradies gucken konnte. Hanne wandte sich eilig ab.

»Das ist zu viel für meine Nerven«, flüsterte sie und ließ ihren braunen Bob wie einen Schleier vor ihre Augen fallen.

»Hat jemand schon mit Maike oder Sigrid gesprochen?«, wollte ich wissen.

»Ja, sie hat uns in Empfang genommen. Maike war nett«, erzählte Christina. »Sie lässt einen immer noch nicht zu Wort kommen, aber sonst war sie wirklich – nett.«

Ich runzelte die Stirn. Nett war doch die kleine Schwester von scheiße, oder?

Weiter entfernt entdeckte ich Sigrid, die einige Mädels herumkommandierte, während diese die Tische fürs Buffet aufbauten.

»Ist schon komisch«, sagte Hanne. »Es ist alles beim Alten. Wir hier, sie dort. Und die Jungs haben immer noch kein Interesse, mit uns zu reden.«

Da kam Maike, die Initiatorin dieses sommerlichen Zusammentreffens mit Picknickatmosphäre, honigsüß lächelnd auf uns zu. Ich kämpfte den Impuls, in Deckung zu gehen, nieder und klammerte mich an mein Glas.

»Agnes, wie schön. Du bist auch da«, trällerte sie, und ihr Lächeln wirkte festgeschraubt. »Fühlt ihr euch wohl?«, wollte sie von den anderen wissen.

»Ja, natürlich. Die Location ist wirklich gut gewählt«, antwortete Christina, traute sich allerdings wie schon damals nicht, Maike dabei in die Augen zu sehen.

»Das sollte man auch meinen. Immerhin hatte Maike schon immer ein Talent, Feten zu organisieren«, kommentierte ich, wobei ich allerdings nicht erwähnte, dass wir damals nie eingeladen gewesen waren.

»Jeder hat seine Talente, nicht wahr?« Sie legte ihren Kopf schief, und ich wartete auf die Frage, ob ich meine denn endlich entdeckt hatte. Doch sie schwieg. »Mischt euch doch unter die anderen Gruppen«, schlug sie plötzlich vor.

»Ja, ja, natürlich«, reagierte Hanne zuerst. »Das hatten wir gerade vor.«

Christina hob ihre dunklen Augenbrauen.

Maike schob sich ihre modische Brille höher auf die Nasenwurzel und klatschte plötzlich freudig in die viel beringten Hände. »Das Catering ist da«, zwitscherte sie. »Wir können also gleich nach Herzenslust schlemmen, Mädels.« Sie beugte sich verschwörerisch zu mir herüber, und ich roch ihren Duft nach

Vanille und Rosen. »Und dann plaudern wir beide ein bisschen. Ich bin so gespannt, wie es dir in den letzten Jahren ergangen ist.« Sie wirbelte herum, ihr Zopf flog dabei um ihr schmales Gesicht, und stolzierte davon.

»Na, dann mal los, Mädels«, forderte ich die anderen, die etwas verdattert dreinblickten, auf. »Mischen wir uns unter das Hipstervolk!«

Gesagt, getan. Eva wirkte immer noch wie der Eis-  berg, an dem die Titanic zerschellte,

Eva wirkte immer noch wie der Eisberg, an dem die Titanic zerschellte.

wenn wir in ihre Nähe kamen. Und die Männer waren vertieft in Gespräche über Bundesliga und Chefetagen. Also fielen wir wie hungrige Raben über das Buffet her. Und das war ziemlich lecker. Maike hatte an alles gedacht. Viele kleine Köstlichkeiten, die darauf warteten, verzehrt zu werden.

Einige Stunden und ein paar überraschend nette Unterhaltungen mit Klassenkameraden später saßen Christina und ich gemütlich auf einer Wolldecke und sahen auf den See hinaus.

Plötzlich lief Hanne, seltsam grün im Gesicht, an uns vorbei, hin zu dem Vereinsheim, in dem sich die Toiletten befanden.

»Nanu? Was hat sie denn?«, fragte Christina, und ich beschloss, besser einmal nachzusehen. Auf dem Gang zu den Toiletten vernahm ich heftige Würgegeräusche. Komisch war nur, dass die sowohl aus dem Damen-WC als auch aus dem Herren-WC zu mir drangen. Zögerlich trat ich zu den Damen, wo jetzt plötzlich Stille herrschte.

»Hanne, alles okay?«, fragte ich vorsichtig. Der Geruch nach Erbrochenem sorgte dafür, dass auch mir augenblicklich schlecht wurde.

»Nichts ist in Ordnung«, brachte Hanne heraus, bevor sie lautstark weiterkotzte. Bedauerlicherweise stellte sich heraus, dass sie recht behielt – spätestens als Eva hereinplatzte und sich ins nächste Waschbecken erbrach. Irgendetwas war hier in der Tat ganz und gar nicht in Ordnung. Aus Solidarität übergab ich mich kurz darauf selbst herzhaft in den nahen Mülleimer.

Aus Solidarität übergab ich mich kurz darauf selbst herzhaft in den nahen Mülleimer.

»Die Eier«, presste Eva hervor und versuchte, ihr Malheur fortzuspülen.

»Ach du Scheiße!«, zischte ich, und wie zur Antwort gab mein Darm ein seltsames Knurren und Glucksen von sich.

»Hanne, hast du von den Eiern ...« Weiter kam ich vorerst nicht.

»Das hat Maike mit Absicht gemacht. Ganz bestimmt«, fiel mir Hanne ins Wort.

Eva kühlte ihre Stirn mit feuchten Tüchern und stöhnte. »Könnt ihr mal aufhören, euch immer als Opfer zu sehen?«

Ich schnappte empört nach Luft. Immer? Als was???

Eva ließ sich an der Wand herabgleiten.

»Wie meinst du das?«, hakte ich nach.

»Ihr tut immer so, als hätten wir es auf euch abgesehen.«

Hanne würgte erneut, und ich schluckte gegen meinen Mageninhalt an.

»Ich kann mir schon vorstellen, dass es ein Anschlag war«, hörte ich von Hanne.

»Du bist paranoid«, schimpfte Eva. »Wenn das jemand glauben könnte, dann ich. Ich hab Maike schließlich in der Neunten den Typen ausgespannt.«

Ich hob die Augenbrauen bis zum Haaransatz. Diese Info war mir neu.

»Da hast du es«, zischte Hanne und würgte erneut. Ich hielt meinen Eimer fest umklammert.

»Ich glaube, Eva hat recht«, wurde mir klar, als Sigrid in der Tür stand, die Hand vor den Mund gepresst. Sie wirbelte herum, als sie merkte, dass alle Kotzstellen besetzt waren, und flüchtete zu den Herren.

Alles in allem erwischte das Gruppenkotzen die halbe Klasse. Maike heulte, weil sie das Gefühl hatte, sie wäre verantwortlich für dieses Desaster. Schließlich hatte sie das Catering bestellt. Sie tat mir richtig leid. Zumindest in den Momenten, in denen ich mir nicht selbst leidtat. Irgendwann erreichte sie jedoch einen Punkt, da reagierte sie auf das Drama. Zuerst kam sie ins Bad und half Hanne nach draußen.

Wenig später kam sie zurück zu mir. Sie strich mir mit kühlen Fingern über mein heißes Gesicht und wischte mir Kotze aus dem Haar. Überrascht ließ ich zu, dass sie mir half.

»Ich habe alles organisiert. Ein Krankenwagen wird euch holen. Es handelt sich sicher um eine Lebensmittelvergiftung.«

Beim letzten Wort spuckte ich erneut.

»Es tut mir so leid«, flüsterte Maike und strich mir tröstend über den Rücken. Zum ersten Mal nach 15 Jahren sah ich ihr fest in die Augen. Es lag so viel Aufrichtigkeit in ihrem Blick, dass ich mich fragte, ob ich sie manchmal falsch eingeschätzt hatte.

Maike, das Organisationstalent, organisierte. Sie benachrichtigte alle Familien der Betroffenen. Tatsächlich sorgte sie sogar für die Betreuung meiner Kinder. Manchmal hat es eben auch etwas Gutes, wenn jemand das Zepter an sich reißt und tut, was getan werden muss. Ich weiß nicht, ob ich an ihrer Stelle so schnell einen klaren Kopf bekommen und an alles gedacht hätte.

Tage später besuchte Maike mich zu Hause. Ich war ziemlich perplex. Erst recht, weil sie Kamillentee und selbst gekochte Hühnersuppe für mich dabeihatte. Also setzten wir heißes Wasser auf und plauderten. Verdammt lange sogar. Und dabei erwärmten mich nicht nur das heiße Getränk und die Suppe von innen, sondern auch Maikes Tapferkeit, mit der sie aus Solidarität eine Tasse verhassten Tee nach der anderen mit mir trank.

Das erstaunliche Resümee des Gruppenkotzens war für mich: Menschen verändern sich. Man muss genau hinschauen und auch mal über seinen eigenen Schatten springen, um zu erkennen, dass sich Eigenschaften aus der Jugend auswachsen können. Das gilt für einen selbst natürlich auch. Und man kann nie wissen, was für Chancen auf eine neue Freundschaft sich dabei eröffnen.

Ein Schwein, aber dalli!

Berger war einer von den Arschloch-Lehrern. Einer, der uns immer in die Pfanne hauen wollte. Dem es Spaß machte, die Fünfen auf den Tisch zu knallen, um sicherzustellen, dass auch jeder in der Klasse wusste, wer versagt hatte.

Es gab damals ein oder zwei in der Klasse, die mussten keine Angst haben. Seine Lieblinge. Aber der Rest, der hütete sich besser. Er nahm es natürlich nicht mit uns allen gleichzeitig auf. In der Hinsicht war er ein wenig wie ein Raubtier. Er umschlich die Herde, beobachtete uns, ganz geduldig. Und irgendwann separierte er dann eines der schwachen Tiere und stürzte sich darauf.

Ich weiß nicht, ob es in der Sekundarstufe II noch einen anderen Lehrer gab, aus dessen Klasse die Leute regelmäßig heulend flüchteten.

Mir war damals schon klar, dass es nicht unbedingt eine angenehme Aufgabe war, junge Menschen in unserem Alter zu unterrichten. Wir besaßen die Aufsässigkeit von Teenagern und den sich langsam schärfenden Geist von jungen Erwachsenen, den manche von uns wie eine Waffe gebrauchten.

Es gab auch schwache Lehrer, denen wir das Leben nicht gerade leicht machten. Vielleicht sah sich Berger als den Bringer der kosmischen Gerechtigkeit. Einer göttlichen Strafe, die uns alle heimsuchen

Vielleicht sah sich Berger als den Bringer der kosmischen Gerechtigkeit.

sollte, für das, was wir in anderen Unterrichtsstunden verbrochen hatten.

Jetzt befand sich Berger in unserem Kofferraum. Liesinger steuerte den Wagen über eine holprige Piste im Osten Brandenburgs, auf dem Weg zur Jagdhütte von Gregors Onkel. Sascha saß vorne auf dem Beifahrersitz, das Fenster heruntergekurbelt, den Arm mit der Zigarette draußen. Ich hockte mit Gregor hinten, in der Hand Bierflaschen.

Wir waren heute Morgen bei Sonnenaufgang aufgebrochen, knappe zwei Stunden Fahrt vor uns. Berger hatten Liesinger und Gregor schon gestern Abend eingesammelt und hinten ins Auto gepackt. Seitdem lag er dort eingesperrt wie ein Hund. Zusätzlich zu der aufsteigenden Sonne, dem lauen Wind und dem Bier war vermutlich vor allem diese Tatsache für unsere gute Laune verantwortlich.

Das Ganze war Liesingers Idee gewesen, als wir uns über ein mögliches Klassentreffen zum zehnten Jahrestag unserer Abifeier unterhalten hatten. Darüber, wen wir gern noch einmal wiedersehen würden und wen lieber nicht. Wer sich von einem kompletten Loser zu einem Überflieger entwickelt hatte, wer von den anstrengenden Leuten heute vielleicht von der Stütze lebte.

Mir war klar, dass es dabei um eine Art Schwanzvergleich gehen würde. Mein Haus, mein Auto, meine Frau.

Im Grunde genommen interessierten mich

Mir war klar, dass es dabei um eine Art Schwanzvergleich gehen würde.

die anderen aus der Klasse nicht. Ich wollte nicht wissen, ob aus Roland wirklich Wirtschaftswissenschaftler geworden war, ob Michaela immer noch so riesige Möpse besaß oder der kleine Arion Psychologie studiert hatte, wie wir alle immer vermutet hatten. Das lag hinter mir, mit dem Kapitel hatte ich abgeschlossen. Nur Petra hätte ich gern noch einmal wiedergesehen. Petra, in die ich mich in der elften Klasse unsterblich verliebt und die ich bis zum Abi aus der Ferne angebetet hatte, weil sie bereits einen älteren Freund mit Auto hatte. Aber statt den Petras, Arions und Rolands wiederzubegegnen, hatte ich mich für eine andere Art des Wiedersehens entschieden.

Als Gregor den Berger erwähnt hatte, war mir wieder die Galle hochgekommen. Eine kurze Internetrecherche hatte ergeben, dass der Mistkerl leider nicht längst an Beulenpest oder Syphilis gestorben war. So war unser Plan entstanden.

Jetzt kurbelte Liesinger am Lenkrad und brachte den Wagen vor der tief im Wald liegenden Hütte zum Stehen. Ich war noch nie hier gewesen, aber Gregor hatte uns schon öfter Bilder gezeigt: Meine Hütte.

Liesinger stellte den Motor ab und drehte sich zu uns um. »Wir sind da, Ladys. Jetzt beginnt der angenehme Teil unseres Ausflugs.«

Ich musste warten, bis Liesinger ausgestiegen und den Sitz umgelegt hatte, weil die amerikanische Limousine hinten keine Türen besaß.

Mit einem Stöhnen streckte ich mich. Die anderen standen längst um den Kofferraum herum.

»Aufmachen«, befahl Liesinger.

Gregor kam der Aufforderung nach. Als der Deckel aufschwang, stieg uns der beißende Geruch von Urin entgegen.

»Gott, wie widerlich«, sagte Sascha und verzog das Gesicht. Mit der Hand versuchte er, den Gestank wegzuwedeln.

»Kann der nichts für, der liegt seit fast zwölf Stunden da drin.« Liesinger zuckte mit den Schultern.

Wir starrten alle vier auf den Haufen Elend in dem Pontiac. Sie hatten Berger mit Klebeband an den Händen und Füßen gefesselt und ihm mit einem SM-Ballgag das Maul gestopft. Der kleine pinkfarbene Ball, der normalerweise einen sexy Touch geben sollte, sah in seinem Mund bizarr aus.

Berger trug die gleiche langweilige Art von Anzug, die ich noch aus Schulzeiten in Erinnerung hatte. Zum Beispiel auch, als er süffisant angedroht hatte, mir in Englisch die zweite Fünf zu verpassen und mich damit durchs Abi segeln zu lassen. Ich war damals schon darüber weg, zu verhandeln, zu betteln oder zu fluchen. Ich ließ seinen Sermon einfach über mich ergehen und hatte mich bereits damit abgefunden, das Jahr wiederholen zu müssen, als ich überraschend doch eine Vier in Englisch herausholte. Der Berger war damals bestimmt unglücklich gewesen, dass er die mündlichen Prüfungen nicht allein durchführen durfte. Dann hätte es mich sicher erwischt.

Seine dünne Brille war im Gesicht verrutscht, und zusammen mit den wild abstehenden Haaren machte er einen bemitleidenswerten Eindruck. Mit aufgerissenen Augen starrte er zu uns hoch.

»Was machen wir mit ihm?«

»Hinter dem Haus ist die Sickergrube. Wir könnten ihn einfach in die Jauche schmeißen und verrecken lassen«, sagte Gregor emotionslos.

»Ihn in der Scheiße ersaufen lassen, das wäre doch was«, stimmte Sascha zu. »Dann fällt der Pissegestank auch nicht mehr so auf.«

Berger zuckte zusammen und fing an zu wimmern.

»Gibt es einen Brunnen? Oder einen Bach?«, fragte Liesinger.

»Dort drüben ist der Brunnen. Ich habe doch gesagt, dass es kein fließendes Wasser gibt«, erklärte Gregor. »Wenn wir welches brauchen, müssen wir pumpen.«

»Da stecken wir ihn rein«, entschied Liesinger. »Da kann er ein wenig über alles nachdenken, und wir sind den üblen Geruch los.«

Ich wollte einwenden, dass wir uns mit dem Stück Scheiße das eigene Wasser verunreinigten, hielt aber den Mund. Ein Grund, warum Berger dort hinten in dem riesigen Kofferraum derart verkrampft gelegen hatte, war, dass wir jede Menge Bier in Dosen geladen hatten. Wir waren also nicht gezwungen, aus dem Brunnen zu trinken. Außerdem gefiel mir die Vorstellung, den Penner dort unten einzusperren. »Ich weiß gar nicht, was Sie wollen, Herr Derius, jetzt ist das Kind ohnehin schon in den Brunnen gefallen«, hatte er damals zu mir gesagt. Das Kind im Brunnen war eine seiner Lieblingsmetaphern gewesen.

»Dann los«, sagte ich und packte unsanft seine Fußgelenke und begann, daran zu zerren. Berger grunzte auf, ob vor Angst oder Schmerz, konnte ich nicht sagen.

»Hilf ihm«, befahl Liesinger, und Sascha übernahm den Oberkörper. Wir wuchteten Berger aus dem Kofferraum und trugen ihn in Richtung des Brunnens. Gregor ging voraus.

Als wir in Sicht des gemauerten Schachtes kamen, fing Berger an zu zappeln, um sich zu befreien. Sascha ließ ihn auf den

Boden fallen, sodass er sich den Kopf anschlug, und trat ihm mehrmals in die Rippen. Als er sich zum Schutz zusammenkrümmte, kniete sich Sascha auf seinen Oberkörper und schlug ihn mehrmals mit der flachen Hand. Tränen und Rotz vermischten sich auf Bergers Gesicht.

»Halt still, du Fotze, sonst machen wir dich gleich hier und jetzt fertig.« Danach hielt Berger still.

Am Brunnen banden wir ihm den Abschleppgurt, den Liesinger mitgebracht hatte, um die Brust und ließen ihn in den dunklen Schacht hinunter. Auf halbem Weg begann er wieder, wild zu zucken und dumpf durch den Knebel zu schreien. Sascha und Gregor ließen ihn einfach fallen. Ich hörte ein Platschen und einen dumpfen Schlag. Stellte mir kurz vor, wie sich Berger möglicherweise den Schädel am Stein angeschlagen hatte und jetzt dort unten bewusstlos im Wasser lag. Wir verschlossen den Schacht wieder mit der Metallplatte, klickten das Vorhängeschloss zu und gingen, um unsere Sachen aus dem Auto in die Hütte zu räumen.

Wenig später saßen wir im Wohnzimmer vor dem brennenden Kamin. Trotz der Wärme draußen war es in der Hütte dunkel und kühl, und Gregor hatte darauf bestanden, ein Feuer zu entzünden. Als die Scheite munter aufflackerten, hatte Sascha ein Feuereisen in die Glut gesteckt. Auf unsere fragenden Blicke hatte er bloß gemurmelt: »Vielleicht ist dem Berger nachher ein bisschen kalt.«

Ich lehnte mich in dem Ohrensessel zurück und nahm einen Schluck von meinem lauwarmen Bier. Sascha und Liesinger hatten vermutlich den meisten Grund, Berger zu hassen. Sascha hatte er mehrfach geschlagen. Immer mit der offenen Hand, wie Backpfeifen, aber mit einer Wucht, die einen fast von den Füßen holte. Natürlich hatte sich Sascha beschwert, aber es war nie was passiert. Entweder glaubten ihm seine Eltern nicht oder sie waren froh, dass es jemanden gab, der versuchte, ihrem Sohn Einhalt zu gebieten. Sascha machte das mit den Leuten: Er provozierte sie und trieb sie zur Weißglut, bis sie die Beherrschung verloren. Der Berger hatte einmal sogar einen Schlüsselbund, so ein richtig fettes Teil mit allen Schulschlüsseln, nach ihm geworfen, ihn aber knapp verfehlt. Und all die Dienstaufsichtsbeschwerden, die über die Jahre von Eltern und Schülern initiiert worden waren, hatte Berger abgeschüttelt wie eine Teflonpfanne das Bratenfett. Einen verbeamteten Lehrer seiner Gehaltsstufe loszuwerden, war nicht so einfach.

 Einen verbeamteten Lehrer seiner Gehaltsstufe loszuwerden, war nicht so einfach.

Wenn ich die anderen jetzt so betrachtete, dann fragte ich mich, warum wir damals nichts gemacht hatten. Warum wir dem Berger nicht hinter dem Mädchenklo aufgelauert und ihn richtig verdroschen hatten. Vielleicht wären wir dann von der Schule geflogen, aber das wäre besser gewesen als das, was wir all die Jahre erdulden mussten. Wahrscheinlich hätten wir nicht einmal zu viert sein müssen. Berger war kein großer Mann, einer von uns hätte schon ausgereicht. Aber irgendwie hatten wir uns damals nicht getraut, hatten noch an die Autorität geglaubt, die den Lehrern durch ihr Amt verliehen wurde. Wie Tiger im Zirkus, die keine Ahnung haben, dass sie dem verhassten Dompteur bloß den Kopf abzubeißen brauchten.

»Hat der dumme Schwanz wirklich geglaubt, er wird als Ehrengast zum Klassentreffen eingeladen?« Gregor lachte und wischte sich den Bierschaum von der Lippe.

Liesinger nickte. »Ich habe die gepackte Tasche im Flur gesehen. Wahrscheinlich hat er überall rumerzählt, dass seine Schüler ihm nach all den Jahren danken wollen.«

»Das wollen wir doch auch«, grinste Sascha.

Ich starrte an die mit Holz abgehängte Decke, betrachtete die Skelettschädel von Rehböcken und Hirschen an den Wänden. Die anderen würden bald nach und nach auf dem Landgasthof eintrudeln. Sich begrüßen, Erinnerungen austauschen. Ihre Handys zücken, um Bilder von Gartendatschen, Eigenheimen, Angetrauten und Nachwuchs herumzuzeigen. Wir verzichteten darauf, wir hatten uns entschieden, uns dem wichtigsten Part unserer späten Schulzeit zu widmen. Dem Part, der jetzt im Brunnen hockte und zitterte.

»Ich hoffe, das Schwein verreckt da unten heute Nacht«, sagte Gregor grimmig.

»Auf keinen Fall, ich will ihm beim Sterben zuschauen. So richtig klischeemäßig zusehen, wie das letzte Fünkchen Seele aus seinem brechenden Blick verschwindet.« Sascha musste über sich selbst lachen.

»Wir holen ihn heute Abend wieder hoch. Wenn wir ihn über Nacht da unten lassen, ist er uns morgen krepiert.« Keiner widersprach Liesingers Entscheidung. Anders als Sascha hatte Liesinger nie körperlich unter Berger zu leiden gehabt.

Dafür hatte der Lehrer vermutlich zu viel Angst vor ihm gehabt. Liesinger kam aus einer sogenannten dysfunktionalen Familie. Viele Geschwister, kein Vater und eine Mutter, die trank. Bei ihm war es ein Wunder gewesen, dass er sich bis zum Abi durchgebissen hatte. Aber Berger hatte ihn bei keinem Schritt auf seinem Weg vergessen lassen, wo er herkam. Witze über seine kaputte Familiensituation oder die Erkrankung der Mutter waren an der Tagesordnung gewesen, wenn Berger im Unterricht das Wort an Liesinger gerichtet hatte. Als ihm die ausgegangen waren, hatte er sich an Deine-Mutter-Witzen versucht. Die Klasse hatte es nicht lange geschafft, den Lachern zu widerstehen, während Liesinger es einfach stoisch ertragen hatte.

»Und dann?«

Liesinger zuckte mit den Schultern. »Dann sitzen wir über ihn zu Gericht.«

Sascha hob die Dose. »Und lassen dem Arsch seine gerechte Strafe zukommen.« Wir anderen schlossen uns dem Toast an.

Die Sonne hatte angefangen, sich über den Baumwipfeln abzusenken, als wir Berger aus dem Brunnen holten. Vollkommen durchnässt und am ganzen Körper zitternd lag er vor uns.

»Zieht ihn aus, der holt sich sonst den Tod. Und bringt ihn in die Hütte.«

Wenig später kauerte Berger, von seinen Kleidern und den Fesseln befreit, aber immer noch mit Ballgag, vor uns auf dem glatt polierten Dielenboden im Wohnzimmer. Wir saßen wieder in unseren Sesseln, mit mehr Bier. Ich fühlte bereits die ersten Anzeichen von Trunkenheit. Das konnte bloß helfen bei dem, was vor uns lag.

»Sieht er nicht niedlich aus?«, rief Liesinger. Berger kniete direkt vor seinem Sessel. »Kennt jemand von euch den Film *Alice im Wunderland*?« Er hob die Füße und legte sie auf Bergers Rücken ab. »Ein Schwein, aber dalli. Ein warmer Schweinebauch wirkt Wunder bei schmerzenden Füßen.« Er lachte, Gregor stimmte mit ein. »Sagt die rote Königin nicht auch: Ab mit seinem Kopf?«

Sascha, der Berger brütend angesehen hatte, beugte sich vor und nahm ihm den Knebel aus dem Mund. Bei der ersten Berührung zuckte der Lehrer zusammen und rollte sich auf die Seite.

»Entspann dich, wir haben doch noch gar nicht angefangen«, beruhigte ihn Sascha. Die pinke Kugel zog fette Speichelfäden, als Sascha sie entfernte.

Berger schluckte, setzte zu sprechen an, hustete. Versuchte es erneut. »Was wollen Sie von mir?«

Liesinger breitete die Arme aus. »Wir haben uns hier zu einem beschaulichen Klassentreffen versammelt. Was wir wollen? Sie wiedersehen natürlich.« Er grinste wie ein Hai, der im Atlantik einen Surfer begrüßt.

Er grinste wie ein Hai, der im Atlantik einen Surfer begrüßt.

»Man wird mich suchen«, stammelte Berger. »Ich habe allen erzählt, dass ich auf das Klassentreffen fahre. Bestimmt vermisst man mich schon.«

Liesinger nickte. »Natürlich.« Er zog etwas aus der Hosentasche. »Meinen Sie diese Einladung hier? Die Sie vor ein paar Wochen bekommen haben und in der Sie als Ehrengast eingeladen werden?« Er faltete ein Blatt Papier auseinander. Berger starrte wie gebannt darauf.

»Sascha ist Grafiker. Er hat die Einladung für das Treffen gestaltet. Also auch die richtige, die, auf der Sie nicht erwähnt werden. Die an alle anderen gegangen ist. Und dann hat er noch eine zweite Version gemacht, die wir Ihnen geschickt haben, diese hier.« Er klopfte gegen das Papier. »Quasi für Ihre ganz private Veranstaltung, nur mit uns.« Er musterte Berger, das Lächeln war aus seinem Gesicht verschwunden. »Sie haben keine Familie, jedenfalls nicht in Berlin. Ihre Nachbarn schauen Sie nicht mal mit dem Arsch an, die werden Sie nicht vermissen. Und auch sonst gibt es keine Sau, die sich einen Dreck um Sie schert. In der Schule sind sie vermutlich froh, wenn Sie sich eine Weile nicht mehr blicken lassen.« Er beugte sich vor, seine Stimme nahm eine dunklere Färbung an. »Oder wenn Sie da einfach nie wieder auftauchen würden.«

Berger wich ängstlich zurück. Sah über die Schulter auf Gregor, dann auf mich. »Herr Keitlich, Herr Derius, nehmen Sie doch Vernunft an. Sie müssen doch ...« Er versuchte es anders. »Wenn Sie mich jetzt gehen lassen, werde ich niemandem etwas sagen. Wir vergessen die ganze Sache einfach, tun so, als wäre das ein Schulstreich, zehn Jahre zu spät.« Er lachte hohl und künstlich. Aber das Geräusch versickerte zwischen den Bohlen. Keiner von uns reagierte darauf.

Liesinger schüttelte den Kopf, nahm einen Schluck aus der Dose. »Ich glaube nicht, Hans-Jörg.« Er knüllte die Dose zusammen und warf damit nach Berger. Der wurde am Kopf getroffen und duckte sich wimmernd nach unten. Sascha stieß ihm mit der Fußspitze gegen die Genitalien, die zwischen seinen Oberschenkeln herausgedrückt wurden. Berger kreischte auf, fuhr herum und versuchte, sich zu schützen. Aber wir saßen zu viert im Kreis um ihn herum. Irgendwer erreichte immer eine ungeschützte Stelle. Wir schubsten, kniffen, stießen und schlugen ihn. Immer mit der flachen Hand, mehr ein Patschen, für die Fäuste war es noch zu früh.

Irgendwann ließ ihn seine Blase im Stich, und wir zogen ruckartig unsere Füße zurück, um nicht nass zu werden.

»Die kleine Drecksau!«, schimpfte Gregor. »Der ruiniert mir den Holzboden meines Vaters.«

»Leck das wieder auf, du Ferkel.« Sascha trat ihm in den Hintern.

Ich musste an das denken, was Liesinger vorher gesagt hatte. »Wie sieht es bei ihm zu Hause aus?«

Die anderen sahen mich überrascht an. »Was meinst du?«

»Ihr wart doch bei ihm. Wie sieht es da aus?«

Liesinger verzog das Gesicht, überlegte. Er zuckte mit den Schultern. »Weiß nicht. Dunkel. Es ist ein kleines Haus mit einem engen Treppenhaus.« Mit einem Zischen machte er sich eine neue Dose Bier auf.

»Wohnt er allein?«

Liesinger trank, nickte, aber es war Gregor, der antwortete. »Glaube, seine Frau ist vor ein paar Jahren weg. Ist mit einem anderen durchgebrannt.«

»Früher hat er auf jeden Fall eine gehabt, so eine Überblondierte. Die hat er mal zu einem Sommerfest mitgebracht«, warf Sascha ein.

»Jetzt wohnt da jedenfalls keine Frau mehr«, entschied Liesinger. »Das ganze Haus macht einen trostlosen Eindruck. Der vegetiert da allein vor sich hin. Hast du Kinder?«, fragte er plötzlich an Berger gewandt. Als der nicht reagierte, bekam er mit der Fußspitze einen Stoß in die Rippen. »Kinder?«

Berger schüttelte den Kopf.

Ich betrachtete den Mann, der dort vor uns kniete und um sein Leben bangte. Der uns mehrere Jahre in Angst und Schrecken versetzt und versucht hatte, uns die Zukunft zu verbauen. »Ist nicht mehr viel von übrig, oder?«, sagte ich halblaut.

»Was?«, wollte Sascha wissen.

»Von der Angst und vom Schrecken.« Ich machte die Bewegung, als würde ich Fotos auf den Boden knallen. »Mein Haus, mein Auto, meine Frau. Da ist nichts, mit dem der Kerl jemanden beeindrucken würde, oder?« Ich sah auf, schaute die anderen an. »Würde einer von euch mit ihm tauschen wollen?«

Für einen Moment antwortete niemand, dann grinste Gregor um sein Bier herum. »Der ist eine ganz arme Sau.«

»Immerhin kann man sich an ihm die Füße wärmen«, sagte Liesinger und kickte sich die Sneaker von den Füßen, um sie wieder auf Berger abzulegen. »Wenn ihr ihn nicht wollt, behalte ich ihn.«

»Wir lassen ihn laufen«, sagte ich.

Die anderen sahen mich an. Liesinger ausdruckslos, Sascha überrascht, Gregor wütend. »Du spinnst. Nach dem ganzen Aufriss? Wir wollten den Dreckskerl fertigmachen.«

Ich deutete auf das kauernde Bündel. »Schätze, das haben wir schon.«

»Was, wenn der uns verpfeift? Zu den Bullen rennt?«

Ich betrachtete Berger und wollte gerade etwas sagen, als sich Liesinger mit einem Lächeln vorbeugte. »Nein, das würdest du niemals tun, oder, kleines Schweinchen?« Er tätschelte Berger den nackten Hintern. »Weil wir dann vielleicht wiederkommen und dir ein saftiges Steak aus dem Rumpf schneiden müssten, richtig?« Er schlug Berger klatschend auf den Po, sodass dieser zusammenzuckte.

Zwei Stunden später waren wir auf dem Weg zu dem Landgasthof, wo sich die anderen des Jahrgangs schon mittags getroffen hatten. Berger hatten wir an einer Kreuzung rausgelassen und ihm seine nassen Klamotten in die Hand gedrückt.

Ich saß vorne neben Liesinger, ein Bier in der Hand, und ließ mir vom Wind des offenen Fensters die Haare durcheinanderwirbeln. Ich freute mich darauf, Petra doch noch wiederzusehen. Liesinger warf mir einen Seitenblick zu, grinste und schlug mir auf den Oberschenkel, während Sascha sich nach vorne beugte und uns ein Bild auf seinem Handy zeigte. »Guckt, meine neue Ducati. Hab ich mir letzte Woche geholt. 1500 PS, das Ding ist der Teufel!«

»Mein Haus, meine Frau, meine Ducati«, sagte Liesinger.

»So sieht's aus!«, stimmte Sascha zu und ließ sich mit einem Lachen wieder nach hinten fallen.

Override

Meinen Rucksack geschultert stand ich an der Auffahrt zur A1 und hielt mein hübsches Pappschild mit meinem Zielort in die Höhe. Bremen! Auf zum Klassentreffen. Ich war in freudiger Erwartung, meine alten Freunde aus der Realschule wiederzusehen. Und das nach über zwanzig Jahren. Wie spannend! Ich konnte mir schon denken, wer diese Idee in die Tat umgesetzt hatte. Inka. Die kleine, quirlige Quasselstrippe, die in der Schule einen Tisch vor mir gesessen hatte. Bei dem Gedanken an die ganzen Leute, die nahezu fremd aufeinanderstoßen würden, kribbelte mein Magen vor Aufregung. Ich war schon immer an Menschen interessiert gewesen. Es gab kaum etwas Spannenderes, als sich auf neue Leute einzustellen und ihnen ihre Geheimnisse zu entlocken. Und das war auch einer der Gründe, warum ich wieder einmal beschloss, per Anhalter zu reisen. Auf keine vergleichbare Weise traf man auf völlig fremde Personen und bekam einen Wimpernschlag ihres Lebens geschenkt.

Gefährlich? Vielleicht. Ob ich auch vernünftig sein und mit der Bahn fahren konnte? Sicher. Hatte ich auch schon probiert, war aber langweilig gewesen. Zug und ähnliches hatten einfach nicht das gewisse Extra.

Die Sonne brannte vom Himmel, und es dauerte ungewöhnlich lange, bis endlich ein Wagen hielt. Ich war ein wenig überrascht, dass es ausgerechnet ein schwarzer Mercedes der Klasse »Geschäftsmann mit Firmenwagen auf Reise« war, der bremste. Eilig lief ich auf den Wagen zu, bevor meine Chance es sich vielleicht wieder anders überlegte. Ich lächelte und grüßte fröhlich. Langsam surrte eine getönte Scheibe nach unten, und ein Typ mit zurückgegeltem Haar und Sonnenbrille winkte mich zu sich heran. Gut, dass ich seine Augen hinter der Verglasung nicht sehen konnte. Denn ich hätte schwören können, dass er meine zierliche Wenigkeit mit Dreadlocks und Blümchenkleid skeptisch musterte.

»Du willst nach Bremen?«, fragte er und schob die Brille höher auf seinen Nasenhöcker. Jemand kicherte albern auf der Rückbank.

»Ja, will ich. Fahrt ihr in meine Richtung?«, wollte ich wissen. Der Fahrer, ein Mann mit braunen Locken und Maßanzug, drehte die Musik unhöflicherweise lauter, als ein Song kam, den er offensichtlich mochte. Ich räusperte mich verlegen und trat näher ans Fenster. Dadurch konnte ich einen Blick in das Innere des Wagens werfen. Eigentlich war er voll besetzt. Auf der Rückbank saßen bereits zwei Frauen. Eine im Paris-Hilton-Style und die andere erinnerte mich unweigerlich an eine jüngere Ausgabe von Meryl Streep in *Der Teufel trägt Prada*. Bei der Blondine fehlte nur noch der Hund in der Handtasche und bei der anderen die roten High Heels.

»Wir fahren bis in Bahnhofsnähe«, erklärte der Mann mit Sonnenbrille und nickte lässig zur Rückbank.

»Kannst dich hinten reinquetschen«, erklärte er. Plötzlich schwang die Tür auf, und Paris Hilton, mit Piccolo-Sekt in der Hand, forderte mich dazu auf, einzusteigen.

Während der Fahrt ging es heiß her. Die Mädels fanden einen Grund nach dem anderen, einen Toast auszubringen und mit Sekt anzustoßen. Mir boten sie nichts an. Schade eigentlich. Denn dann hätte ich mich vielleicht besser gefühlt. Alkohol konnte ja so einiges an Missempfindungen schrumpfen lassen. Hemmungen oder den gesunden Menschenverstand zum Beispiel. Nach einer Weile lehnte ich meinen Kopf, der von den lahmen Scherzen der Männer und dem Gekicher der Frauen immer schwerer wurde, an die kühle Fensterscheibe und gab vor zu schlafen. Ihre Gespräche aber konnte ich leider nicht ausblenden.

»Ich sag euch, das wird der Knaller. Die meisten von denen haben in ihrem Leben nichts geschissen gekriegt«, hörte ich Paris sagen, die mich immer mehr an jemanden erinnerte, dessen Gesicht sich einfach nicht in meinem Hirn manifestieren wollte.

»Kinder kriegen und ein spießiges Vorstadtleben können ungemein erfüllend sein«, scherzte die andere. Gläser klirrten.

»Ja, und der dicke Arsch ist inklusive.« Nett!

»Schläft Blümchen?«, fragte einer der Männer leise. Er meinte offenbar mich. Einige Sekunden waren alle vier still, und ich glaubte zu spüren, dass sich jemand über mich beugte.

»Die Landpomeranze ist im Traumland«, flüsterte Paris. »Die nimmt ganz schön viel Platz ein«, murrte sie anschließend.

»Für Beschwerden ist es jetzt zu spät. Du hättest deinen Wetteinsatz überdenken sollen«, gab der Fahrer zurück.

»Es hätte dich weitaus schlimmer treffen können, meine Liebe. Da habe ich schon ganz andere Tramper gesehen.«

»Ja, und sie ist sogar so höflich, einzuschlafen und uns nicht vollzutexten«, sagte der Teufel in Prada.

Oha. Ich saß hier also in der Limousine nach Sodom und Gomorrha, weil jemand eine Wette verloren hatte. Dann kehrte ein Moment der Stille ein. Ganze zwanzig Sekunden lang.

»Hast du das von Frank gehört?«, fragte der Fahrer und lachte heiser.

»Der hat die Firma seines Vaters doch tatsächlich gegen die Wand gefahren.«

»Mmh. Davon habe ich gelesen. Stand in der Lokalpresse bei meinen Eltern.«

»Ja, aber wundert ihr euch denn wirklich darüber? Der war doch schon damals geistig minderbemittelt«, erklärte der Teufel. Diese Frau wurde mir immer unsympathischer.

»Ich weiß nicht. In Mathe war er eigentlich gut. Sogar besser als ich«, sagte Paris nachdenklich.

»Stößchen.« Glas klirrte.

»Den hat man als Kind einfach zu heiß gebadet«, schlug der Beifahrer vor und lachte krächzend, was mich in Verbindung mit der Raubvogelnase, die mir beim Einsteigen aufgefallen war, über eine mögliche Verwandtschaft mit Papageien nachdenken ließ.

»Was sagst du, Ulf?«, fragte Paris nach.

Ulf? Die Nase? Ein ungutes Gefühl machte sich in mir breit.

Ulf? Die Nase? Ein ungutes Gefühl machte sich in mir breit.

»Zu heiß geba-ha-det«, wiederholte er. »Oder eine unschöne Folge von zu vielen Ehen innerhalb der Familie«, fügte der Fahrer hinzu, und ein komisches Geräusch folgte. Es klang, als würde jemand ersticken. Für einige Sekunden war ich versucht, die Augen zu öffnen, um zu sehen, ob er Hilfe brauchte. Dann entpuppte sich das heisere Geräusch als ein Lachen, und ich entspannte mich ein wenig.

»Es deutete sich damals schon an, wer ein Versager werden würde und wer nicht.«

»Ganz ehrlich Eva, bei dir hätte ich auch nicht gedacht, dass du Rechtsverdreherin wirst«, antwortete Ulf. Eva, der Teufel? Oh, nein.

»Ich schon«, trällerte Paris, die Sonja sein musste.

Dass ich sie nicht gleich erkannt hatte, konnte an diversen Schönheitsoperationen liegen – oder an viel Make-up, einer anderen Haarfarbe und überzogenem Selbstbewusstsein. Ich befand mich mitten auf dem Klassentreffen. Doch wer war bloß der Fahrer?

»Und heutzutage ist sie wirklich großartig in ihrem Job«, erklärte Paris, alias Sonja, heiter weiter.

»Ach hör doch auf, du Schmeichlerin.« Eva hatte es schon immer geliebt, wenn man ihr Honig um den Mund schmierte. Je dicker, desto besser.

»Wenn ich mich mal scheiden lassen will, komm ich jedenfalls zu dir.«

»Mach das, meine Süße,« antwortete Eva mit Zucker in der Stimme.

»Sie hat nämlich gerade in einem Prozess einem Ex-Ehemann die Hosen ausgezogen, müsst ihr wissen. Der kann jetzt zahlen, bis er schwarz wird«, trällerte Sonja vergnügt weiter.

»Ja, das stimmt. Dabei war das Ende der Ehe nicht einmal seine Schuld. Meine Mandantin hat fremdgevögelt und sich entschieden, dass der Neue besser ist.« Ich schluckte trocken.

»Manche Leute haben es einfach nicht anders verdient. Denen muss man einfach das Geld aus der Tasche ziehen.«

»Hört, hört. Da spricht der Versicherungsmakler Numero uno.«

Oh mein Gott. Was taten diese Freaks in ihrer Freizeit? Welpen die Beine ausreißen?

»Kannst du dich noch an Kalle erinnern? Der ist jetzt Schornsteinfeger, aber so fett, dass man sich wundert, dass er überhaupt aufs Dach kommt«, erzählte Eva gleichgültig.

»Du bist ja so fies«, sagte Sonja und gluckste.

»Ja, ein Heiligenschein steht mir einfach nicht. Hab ich ausprobiert.«

»Und so lustig.« Sonja kicherte wieder. Hatte sie das früher auch schon gemacht?

»Hab ich euch schon erzählt, dass ich Inka getroffen habe?«, fragte der Fahrer.

»Nein, aber das wirst du sicher jetzt nachholen.«

»Sie hatte die Idee zu diesem Klassentreffen, als ich geschäftlich mit ihr zu tun hatte.«

»Ist sie auch in der Versicherungsbranche?«

»Nein, wo denkst du hin? Ich habe ihrem Mann Versicherungen verkauft. Und ich schwöre dir, die Kleine ist immer noch genauso scharf auf mich wie früher.«

Jetzt fiel bei mir der Groschen. Oliver, der Unnahbare! Aber der hatte doch keine Locken gehabt. Dauerwelle? Ich konnte es nicht fassen.

Jetzt fiel bei mir der Groschen. Oliver, der Unnahbare!

»Und du hast dich gleich mit ihr in einem schmuddeligen Hotel verabredet, oder?«, fragte Ulf süffisant nach.

»Ach, was. Die war früher ja ganz niedlich. Aber heute ...« Er schnalzte mit der Zunge. »Unter meinem Niveau.«

»Warum das?«, wollte er wissen.

»Ich sehe zu viel Speck nicht als erotische Nutzfläche«, antwortete er kühl.

»Aber von Inka weiß ich, dass Tim und Thomas auch kommen. Und die sind jetzt ganz fett im Immobiliengeschäft.«

»Oh, das ist ja interessant«, zwitscherte Sonja.

»Thomas war echt Zucker früher«, fügte Eva hinzu, und ich konnte mich vage an den kleinen arroganten Typen erinnern. Ein Schönling, der schon damals auf die anderen heruntergeguckt hatte. Wenn ich mich recht erinnerte, hatte er mir mal vor die Füße gespuckt.

»Ist der noch ledig?«, fragte Sonja plötzlich aufgeregt.

»Wäre der etwa was für dich?«, fragte Ulf, vielleicht sogar ein wenig enttäuscht.

»Nun ja, wenn das Gesamtpaket stimmt«, antwortete sie.

»Also, eine Scheidung von ihm lohnt sich sicher«, gab Eva zu bedenken. Irgendjemand öffnete eine neue Flasche Sekt, und so wie es sich anhörte, ging etwas daneben, als wir in eine Kurve fuhren. Hoffentlich die Ausfahrt. Bitte, lasst uns bald ankommen!

»Auf Christiane freue ich mich jedenfalls. Die hat eine Veranstaltungsagentur.«

»Oha. Das hätte ich der ja gar nicht zugetraut.«

»Doch, doch. Die hat ein Händchen für so was. Sie hat mit Hochzeitsplanungen angefangen. Und richtet jetzt alles Mögliche aus.«

»Könnt ihr euch noch an Pickel-Imme erinnern?« Autsch!

»Ja, die war auch der Hammer. Wie konnte man schon als Kind so viele Pickel haben?«

»Ja, was hat die Arme bloß in der Pubertät gemacht?«

Langsam reichte es mir. Ich bekam Lust, alle vier mit einer Gabel zum Spielen vor eine Steckdose zu setzen.

»Und sie war hauptberuflich Nervensäge«, sagte Eva gehässig.

»Ja, die lebte in ihrer ganz eigenen Welt, die Gute«, sagte Sonja bedauernd.

»Und was echt schlimm war, die musste einen immer anfassen und umarmen.«

 **Ich bekam Lust, alle vier mit einer Gabel zum Spielen vor eine Steckdose zu setzen.**

»Ja«, lachte Ulf. »Mir hat sie mal einen Kuss aufgedrückt, weil ich ihr einen Lolli geschenkt hatte.«

Das stimmte. Weil ich zu Hause keine Süßigkeiten essen durfte, war ich richtig aus dem Häuschen gewesen deswegen. Vom Zucker bekam ich nämlich die Pickel.

»Wie amüsant.« Eva lachte kalt. Mein Gott! Ich befand mich in meinem persönlichen Albtraum.

Der Wagen rauschte jetzt im Stadtverkehr dahin. Plötzlich wurde die Fahrt stockender, und wir bogen ab.

»Juhu, wir sind da!«, jubilierte Sonja. »Ich schreib Christiane eben über WhatsApp an, damit sie Bescheid weiß.«

Ich öffnete die Augen. Wie fuhren gerade auf das Gelände des Parkhotels, wo das Treffen stattfinden sollte.

»Oh, wieder wach?«, fragte Eva und setzte ein Lächeln auf, das wie festgetackert wirkte.

»Bin ich eingenickt? So was«, sagte ich und rieb mir etwas zu sehr über die Augen.

»Ja, du warst wohl müde«, antwortete sie wenig interessiert.

»Ist ja auch nicht gerade entspannend, mit einem Pappschild in der Sonne auf eine Mitfahrgelegenheit zu warten, oder?«, fragte Ulf, und ich nickte. Meine Hände fanden den Türgriff.

»Wir haben gleich ein Klassentreffen«, erzählte Sonja und schwang ihr Handtäschchen ein wenig hin und her.

Ich sah zu, dass ich aus dem Auto kam und antwortete so knapp wie möglich. »Das wird bestimmt toll.«

Ulf nahm seine dämliche Sonnenbrille ab und half Eva beim Aussteigen, die nach mir kam.

»Vielleicht hast du ja auch mal Lust auf ein Treffen mit den ganzen alten Freunden. Jeder sollte einmal ein Klassentreffen mitmachen, finde ich«, erklärte Sonja, die mir plötzlich viel zu nah war.

Mein Lächeln verrutschte. »Nein, danke«, sagte ich eilig und trat langsam rückwärts. »Ich hatte gerade erst eins.« Und das reichte für die nächsten zwanzig Jahre. Dieser Override kam ganz spontan. Pläne konnten schließlich jederzeit geändert werden. Nicht wahr?

KAPITEL 6

Wer hätte das gedacht?

Trotz allem die Kurve gekriegt?

Schlechte Schüler starten durch ...

»Was mag wohl aus Thomas, Niki, Christian und Co. geworden sein?«, fragen sich ehemalige Mitschüler auf der ganzen Welt, wenn sie sich auf den Weg zu ihrem Klassentreffen machen. Und staunen dann nicht schlecht, wenn der frühere Klassenclown, Sitzenbleiber oder Lehrerschreck dort mit seinen Erfolgen aufwartet. Was natürlich nicht heißen soll, dass schlechte Schüler generell bessere Karrierechancen haben – aber wenn sie durchstarten, dann nicht selten so, dass einem Hören und Sehen vergeht ... Beispiele gefällig?

Der erleuchtete Hohlkopf

Was nützt es, wenn ein Schüler interessiert, kreativ und klug ist, aber auf einen Lehrer trifft, der seinen Leistungswillen bremst und ihn überdies vor allen anderen »Hohlkopf« nennt? Genau – gar nichts. Der Schüler, um den es geht, wurde fortan von seiner Mutter unterrichtet. Ohne je eine weiterführende Schule oder eine Universität besucht zu haben, wurde er zu einem der produktivsten Erfinder überhaupt – sein Patent für die Glühbirne ist nur eines von über tausend. Die Rede ist natürlich von Thomas Alva Edison.

Garantiert ohne Plagiats-Skandal

Die meisten Politiker haben studiert, viele von ihnen sogar promoviert, einige von ihnen mit unzulässiger Hilfe. Einem wird man jedoch garantiert keinen Plagiatsvorwurf machen können, denn er hat nicht mal die Mittlere Reife und arbeitete zunächst als Fotograf, Spielwarenverkäufer, Taxifahrer und Buchhandlungsaushilfe, bevor er in die Politik ging, wo er es immerhin bis zum respektierten Außenminister brachte. Ja, tatsächlich - es geht hier um Joschka Fischer.

Abschlussfrei statt Karriereverstopfung

Nicht nur Joschka Fischer gelang eine Karriere ohne Abitur, auch Nena, Sido und Iris Berben verließen die Schule vorzeitig. Nena ging freiwillig, Sido und Iris Berben flogen - Letztere sogar mehrfach, sodass sie schließlich kein Internat mehr aufnehmen wollte. Ihrer Schauspielkarriere tat das keinen Abbruch, und Sido pflegte sein Image als böser Bube sogar, sodass ihm das Gerücht, er habe sein Abitur inzwischen nachgemacht, gar nicht so gut in den Kram passte. Nena, heute Mehrfachmutter und -oma, hat inzwischen übrigens eine Privatschule gegründet ...

Ruhm trotz Ehrenrunden

Knapp drei Prozent aller Schüler bleiben laut Statistik pro Schuljahr sitzen. Dem früheren bayerischen Ministerpräsidenten Edmund Stoiber ging es genauso, dem ehemaligen Bundespräsidenten Christian Wulff nicht besser. Doch während sie jeweils »nur« einmal wiederholten, drehte der Ex-Rennfahrer Niki

Lauda gleich zwei Ehrenrunden. Was jedoch noch gar nichts ist im Vergleich zu Fernsehpfarrer Jürgen Fliege, Schauspieler Uwe Ochsenknecht und Comedian Dirk Bach, die jeweils dreimal sitzenblieben.

Nobelpreis für einen mittelmäßigen Schüler

Das Gerücht besagt, er sei ein furchtbarer Schüler gewesen, was nicht ganz stimmt: Er war brillant in Arithmetik und Mathematik, in den anderen Fächern allerdings langweilte er sich, und das autoritäre Schulsystem des 19. Jahrhunderts behagte ihm gar nicht. Er verließ das Gymnasium mit 15 Jahren, musste das Abitur jedoch später nachholen, um am Polytechnikum in Zürich studieren zu dürfen. Damit war der Weg zu Nobelpreis und Relativitätstheorie frei für Albert Einstein.

Sicher ist sicher

Gedankenverloren wienerte Richard die Edelstahltheke, obwohl die bereits so sehr glänzte, dass er sich mitsamt seiner Nickelbrille, seiner Halbglatze und seinem leicht verwaschenen T-Shirt mit Popeye-Motiv darin hätte spiegeln können, wenn er gewollt hätte. Stattdessen warf er einen leicht nervösen Blick aus dem Fenster. Wo blieb nur der LKW, den er so dringend erwartete? Den draußen parkenden Autos, den herumtollenden Hunden und den Ruderern auf dem nahe gelegenen Stausee schenkte er keine Aufmerksamkeit. Dieser Anblick gehörte für ihn zum Alltag.

Die Fischerklause hatte wirklich eine perfekte Lage - ideal, um Spaziergänger, Angler, Wochenendausflügler, Outdoor-Sportler oder Waldspielplatzbesucher anzulocken. Heute jedoch würden sie sich ein anderes Bistro suchen müssen, um ihren Durst zu löschen, ihre Lust auf Koffein zu befriedigen oder einen leckeren Happen zu essen. »Geschlossene Gesellschaft« stand auf der Tafel am Eingang. Denn in einer Stunde war es so weit: Klassentreffen. Nicht irgendeines - nein, sondern das seiner eigenen Abschlussklasse.

Denn in einer Stunde war es so weit: Klassentreffen.

Richard sah der Veranstaltung mit gemischten Gefühlen entgegen. Einerseits voller Stolz, denn die Fischerklause war eine begehrte Location, die Küche seiner Frau Nicole hatte einen hervorragenden Ruf, und er war sich sicher, dass der Abend ein voller Erfolg würde. Andererseits schwoll ihm der

Kamm, wenn er an Hennings Anruf zurückdachte. »Wir dachten, wir feiern mal mit allen, die jemals in unserer Klasse waren, nicht nur mit den Abiturienten«, hatte er gönnerhaft verkündet. »Natürlich hab ich sofort deine Kneipe vorgeschlagen, Ritchie – ist doch Ehrensache, wenn wir schon einen Wirt unter uns haben.«

Richard hatte die Zähne zusammengebissen und eine giftige Antwort heruntergeschluckt. Er hatte auch nicht richtiggestellt, dass die Fischerklause keineswegs eine Kneipe, sondern ein recht schickes, ausgesprochen beliebtes Bistro war – und er kein Wirt, sondern ein erfolgreicher Gastronom. Zwar ohne Abitur, aber mit jeder Menge gesundem Menschenverstand, Lebenserfahrung und dem, was seine Mutter immer als »Herzensbildung« bezeichnet hatte. Und genau diese Herzensbildung hatte ihn davon abgehalten, Henning mitzuteilen, was er ihn eigentlich kreuzweise konnte ...

»Wie viele Personen sind es genau, Liebling?«, rief eine fröhliche Stimme aus der Küche. Nicole hatte das Talent, immer gut gelaunt zu sein und andere damit anzustecken. Sofort vergaß Richard den arroganten Henning und griff nach der Teilnehmerliste, die noch im Faxgerät lag. Jenny, die Leiterin des sogenannten Orga-Teams, hatte sie ihm erst vorhin geschickt. Während er die Namen überflog, teilte er sie unwillkürlich ein in diejenigen, auf die er sich freute, diejenigen, die ihm gestohlen bleiben konnten, und diejenigen, an die er sich im Grunde gar nicht mehr erinnerte. Nadine? Wer war das noch mal gewesen? Die kleine Schwarzhaarige? Oder doch die Rundliche mit den kastanienbraunen Locken?

Dass Arne, Clemens und Erkan kommen würden, war für ihn persönlich die Hauptsache. Bis zur Zehnten, nach der er die Schule verlassen hatte, um eine Ausbildung zu machen, waren sie unzertrennlich gewesen. Die glorreichen Vier. Später hatten sie sich immer mehr aus den Augen verloren, doch wann immer sie sich trafen, stellte sich sofort die alte Vertrautheit wieder ein. Nichts stand zwischen ihnen – weder Arnes Karriere als Banker noch Clemens' kurzes Gastspiel in einer Justizvollzugsanstalt nach einem missglückten Tankstellenüberfall oder die Tatsache, dass Erkan seit Jahren in Neuseeland lebte. Unglaublich, dass er extra für das Klassentreffen die weite Anreise auf sich genommen hatte.

Ein weiterer Name löste eher positive Erinnerungen aus: Camilla. Richard sah sie noch vor sich, wie sie damals auf der Klassenfete selbstvergessen tanzte, die hüftlangen Haare in der Mitte gescheitelt, die Augen geschlossen, die Jeans knalleng, die Bluse leicht

 **Oberstudienrätin Schiller, die gefürchtete Lateinlehrerin mit dem strengen Dutt.**

transparent ... Ob sie immer noch so gut aussah? Damals war sie wohl ein bisschen high gewesen. Nicht, weil sie ein DrogenTyp war, sondern einfach nur, um den anderen zu zeigen, dass sie dazugehörte – und nicht so war wie ihre Mutter, Oberstudienrätin Schiller, die gefürchtete Lateinlehrerin mit dem strengen Dutt, den Bleistiftröcken und dem gnadenlosen Blick.

Richard nahm sich vor, Kotzbrocken wie Henning oder Ingolf einfach zu ignorieren – oder sich von ihnen zumindest nicht die Laune verderben zu lassen. Er schnitt eine Grimasse, als er an den vergangenen Termin in Ingolfs Praxis dachte. Morgens um acht würde man ja kaum lange warten müssen, hatte er gedacht. Aber Ingolf, der einzige Allergologe weit und breit, konnte es sich leisten, erst um halb zehn aufzukreuzen. Dass das Wartezimmer brechend voll war, schien ihn dabei nicht zu interessieren. Richard hatte sich nach zwei Stunden auf den Heimweg gemacht, weil er nicht einsah, noch länger zu warten. Ob Ingolf das überhaupt registriert hatte? Wahrscheinlich nicht.

»Wo steckst du denn, Schatz?«, rief ihn Nicoles Stimme wieder zurück in die Gegenwart. Ach ja, sie wartete noch immer auf seine Antwort. Er betrat die Küche. »Fünfundzwanzig Personen sind angemeldet«, informierte er seine Frau.

»Perfekt. Die werden alle satt«, nickte sie zufrieden.

»Würde mich nicht wundern, wenn Wolle auch noch aufkreuzen würde, obwohl er nicht auf der Liste steht. Er meldet sich nie irgendwo an, lässt sich aber ungern eine Feier entgehen«, ergänzte Richard. »Dafür isst Beatrice wie ein Spatz, aus lauter Angst, ein Gramm zuzunehmen.«

Nicole lachte. Diese Angst teilte sie nicht. Sie stand zu ihren Rundungen und Richard liebte ihre Wonneröllchen. Vor allem liebte er ihr Babybäuchlein, das sich langsam unter der Bluse zu wölben begann.

»Hilfst du mir, das Buffet aufzubauen?«, bat sie ihn.

»Logisch« - er hatte sonst ohnehin nichts mehr zu tun, bis die Gäste kamen.

Sie waren fast fertig, als die Tür aufging und ein kräftiger Mann in Arbeitshose und Karohemd hereinkam.

»Lars! Gott sei Dank, dass du kommst«, begrüßte ihn Richard. »Nicht, dass meine Gesellschaft gleich auf dem Trockenen sitzt. Das sind alles gestandene Biertrinker, und die Fußballfans gestern Abend haben mein letztes Fass komplett geleert.«

»Keine Sorge, ich habe drei neue dabei«, grinste der Getränkelieferant, den Richard seit Jahren kannte. »Lass dich nicht unterbrechen, ich schaff das allein. Den Weg in deinen Keller kenne ich ja. Soll ich dir gleich ein Fass anschließen?«

»Wär super!«

»Kein Ding.«

Wie gut, dass man sich auf Lars verlassen konnte. Das war keiner, dem ein bisschen zusätzliche Arbeit lästig war oder der unnötig viele Worte darüber verlor.

»Na, dann viele durstige Kehlen«, meinte Lars wenig später zum Abschied und legte den Lieferschein auf die Theke. Richard griff danach, um ihn in die Schublade mit dem Papierkram zu stopfen, die er sich spätestens am Wochenende vorknöpfen wollte. Jetzt war keine Zeit mehr, irgendetwas ordentlich abzuheften - in spätestens einer Viertelstunde würde die Fischerklause gerammelt voll sein, und wenn er Jenny und ihr Orga-Team richtig einschätzte, würden die mindestens zehn Minuten vor dem offiziellen Start eintrudeln.

Im Grunde war es purer Zufall, dass sich Richard überhaupt die Zeit für einen kurzen prüfenden Blick auf den Lieferschein nahm. Doch er tat es - und stöhnte augenblicklich auf.

»Ist was?«, fragte Nicole alarmiert. Sie hatte sich gerade hingesetzt, um ein paar Minuten auszuruhen, bevor der Stress losging, denn die Schwangerschaft schlauchte sie mehr, als sie zugeben wollte. Wie würde das erst im sechsten Monat? Oder gar im neunten? Das wollte sie sich lieber noch gar nicht vorstellen. Bis dahin war ja auch noch ein bisschen Zeit. Jetzt galt es erst einmal, ihrem Mann beizustehen, der vollkommen fassungslos auf die Papiere in seiner Hand starrte.

»Moment«, krächzte er, drehte sich auf dem Absatz um und flitzte in den Keller. Wenig später kehrte er mit aschfahlem Gesicht zurück. Nicole, die sich den Lieferschein inzwischen selbst angeschaut hatte, konnte die Antwort auf ihre unausgesprochene Frage an seinem Gesicht ablesen.

»Kein Schreibfehler?«

Richard schüttelte stumm den Kopf.

»Und du erreichst dort jetzt niemanden mehr?«

»Nein, die haben schon Feierabend. Lars beliefert uns immer als Letzte, bevor er sich auf den Heimweg macht.«

»Und nun?«

»Wir sind aufgeschmissen«, da war sich Richard sicher. Hatte er selbst bei der Bestellung einen Fehler gemacht? Oder jemand  **Hatte er selbst bei der Bestellung einen Fehler gemacht?** beim Lieferanten? Warum hatte Lars keine Bemerkung darüber gemacht? Wahrscheinlich hatte er einfach nur nach Hause gewollt ...

»Oder auch nicht«, sagte Nicole. »Vielleicht merkt es ja niemand.«

»Schön wär's«, schnaubte Richard. »Aber das sind alles leidenschaftliche Biertrinker, die werden uns das Zeug vor die Füße spucken.«

Bevor Nicole antworten konnte, flog die Tür auf, und Jenny stürmte herein, dicht gefolgt von Elena, Beatrice, René und Enrico.

»Heeeey, da seid ihr ja, willkommen in der Fischerklause«, rief Richard aus. Wer ihn weniger gut kannte als Nicole, hätte seine fröhliche Begrüßung kaum als verkrampft bezeichnet. Doch sie wusste es besser.

»Ritchie, altes Haus!«, dröhnte Henning, der gerade dazutrat. »Netter Schuppen. Sicher ist die Pacht erschwinglich, oder? So abgelegen, wie das hier ist, mein Navi hätte die Adresse fast nicht gefunden.«

Das fing ja gut an. Gleich mehrere Unverschämtheiten in einem Satz. Dass die Fischerklause nicht gepachtet war, sondern Richard gehörte, konnte Henning nicht wissen. Aber diese Eins-A-Lage als abgelegen zu bezeichnen, grenzte schon ans Absurde. Richards Vorsatz, gute Miene zu bösem Spiel zu machen und sich auf keinerlei Auseinandersetzungen einzulassen, geriet ins Wanken.

Es war Nicole, die ihn rettete. »Erst mal ein schönes Pils für alle, zur Begrüßung? Geht aufs Haus!«

Dieses Angebot wurde natürlich gern angenommen, auch von Wolle, der – wie vorhergesagt – ohne Anmeldung gekommen war. Nicole zapfte, Richard servierte, dann wurde angestoßen, und Richard hielt den Atem an. Gleich würden sie über ihn herfallen …

»Ah, das zischt vielleicht!«, kommentierte Enrico genießerisch. »Ganz schön stark, die Hopfenkaltschale. Ist das normales Pils?«

Richard räusperte sich. »Spezialbräu«, stieß er hervor. »Schmeckt's euch?«

»Und ob! Lass mal die Luft aus meinem Glas, Ritchie«, tönte Henning, der sich offenbar vorgenommen hatte, einen auf cool, jung und lässig zu machen und ausnahmsweise mal nicht den Anwalt raushängen zu lassen.

»Du machst uns doch sicher auch einen Spezialpreis für dein Spezialbräu«, mischte sich Ingolf ein. Dieser Kotzbrocken. Verdiente mit seiner Praxis an einem einzigen Vormittag wahrscheinlich mehr als Richard in einem ganzen Monat – und schämte sich nicht, mit ihm um ein paar Cent zu feilschen.

»Aber klar doch«, antwortete Nicole an Richards Stelle mit einem strahlenden Lächeln. Und dann nannte sie ihm einen Betrag, der gut ein Drittel über dem normalen Preis lag. Ingolf hielt das für ein Schnäppchen und grinste siegesgewiss. »Na also«, meinte er zufrieden. »Geht doch.«

Allmählich füllte sich die Fischerklause, und nachdem sie einmal damit angefangen hatten, mussten sie natürlich jedem Neuankömmling ein Willkommensgetränk ausgeben.

»Wunderbar hopfenbitter, das lob ich mir«, sagte Erkan, nachdem sie ihr Wiedersehen ausführlich bejubelt hatten und er nun mit den anderen anstieß.

So langsam entspannte sich Richard. So unglaublich das war: Niemand bemerkte etwas. Nur einmal sackte ihm fast das Herz in die Hose, als eine leicht schrille Stimme fragte, ob denn auch »ein Bleifreies« zu haben wäre. Er blickte auf und starrte direkt in das gestrenge Gesicht von Oberstudienrätin Schiller. Wobei – das konnte doch nicht sein. Die musste doch längst über sechzig sein, während diese Dame mit Hochfrisur,

Bleistiftrock und schmalem Lächeln höchstens in seinem Alter war. Oh Gott – war das etwa ... »Camilla?«

Sie nickte. »Höchstpersönlich.« Dann spitzte sie ungeduldig die Lippen, so wie es ihre Mutter immer zu tun gepflegt hatte, wenn jemand beim Konjugieren hängen blieb. »Na, was ist? Habt ihr eins da oder nicht?«

Richard stand auf dem Schlauch. Er war noch vollauf damit beschäftigt, sich von dem Schock zu erholen, dass Camilla aussah wie die jüngere Doppelgängerin ihrer einst so gefürchteten Mutter.

Wo waren die hüftlangen Haare geblieben, wo die enge Jeans, wo die leicht transparente Bluse?

Wo waren die hüftlangen Haare geblieben, wo die enge Jeans, wo die leicht transparente Bluse?

»Hier, bitte«, sagte seine Frau rasch und reichte Camilla das gewünschte Getränk. Richard lächelte ihr dankbar zu und registrierte, wie sie das Leergut zurück in den Kasten stellte. Nicole war wirklich klug. Sie dachte einfach an alles. Auch daran, dass sie heute kein alkoholfreies Bier vom Fass anbieten konnte, wenn sie die Sache nicht auffliegen lassen wollte.

»Das Buffet ist eröffnet!«, rief sie dann, und für die nächste Dreiviertelstunde war die ganze Gesellschaft beschäftigt.

»Hab ich's dir nicht gesagt?«, raunte Nicole ihrem Mann zu. »Keiner merkt was.«

»Nicht zu fassen«, gab Richard staunend zu. »Aber wart's nur ab. Spätestens nach dem vierten, fünften Bier werden alle die erwartete Wirkung vermissen.«

Doch auch das blieb aus. Im Gegenteil. Bald wurden die Witze anzüglicher, die Stimmung ausgelassener, das Gelächter schriller und die Aussprache undeutlicher. Nur Camilla blieb so stocknüchtern und humorlos wie bei ihrer Ankunft. »Noch ein Alkoholfreies«, orderte sie in halbstündlichen Abständen.

»Igitt, kastriertes Bier, würde ich nicht mal anrühren, wenn ich verdurste«, ätzte Ingolf, der Allergologe. »Eher würde ich einen Besen fressen.«

»Das will ich sehen«, platzte Richard heraus, doch zum Glück ging sein Ausruf im allgemeinen Stimmengewirr unter.

Gegen zwei Uhr verschwand Nicole durch die Tür mit der Aufschrift »Privat«. Sie war hundemüde und wusste, dass Richard jetzt auch ohne sie zurechtkam. Das Buffet war abgeräumt, die Teller standen wieder sauber im Schrank. Richard hatte inzwischen ein weiteres Fass anschließen müssen - das Bier floss in Strömen.

Gegen drei Uhr machten sich die ersten Gäste auf den Heimweg. Mit dem Taxi, freilich, denn das Auto zu nehmen, wagte sich niemand außer Camilla.

»Hab orndlich getankt«, hatte Henning gelallt. »Feine Kneipe, diedudahass.«

»Ist recht«, hatte Richard seelenruhig geantwortet und Nicoles Bruder Gernot angerufen, der ein Taxiunternehmen betrieb. Das war die Gelegenheit, sich bei seinem Schwager für die Hilfe beim Renovieren der Fischerklause zu revanchieren - heute Nacht würde er gute Umsätze machen.

Um kurz nach vier waren nur noch die glorreichen Vier da:

Um kurz nach vier waren nur noch die glorreichen Vier da.

Erkan, Arne, Clemens und Richard, der eine letzte Runde für alle zapfte. Sie hatten sich viel zu erzählen. Über das »Wisst ihr noch«-Stadium waren sie längst hinaus. Sie hatten einander auch auf den aktuellen Stand der Dinge gebracht: Arne wollte heiraten, Clemens hatte eine Umschulung zum Programmierer angefangen, Erkan würde Neuseeland im Laufe des nächsten Jahres in Richtung London verlassen.

»Ich wünschte, wir könnten uns öfter treffen«, seufzte Clemens.

»Warum sollten wir das nicht hinkriegen?«, meinte Erkan. »Von London hierher ist es ein Katzensprung – jedenfalls im Vergleich zu Neuseeland.«

»Ich wär sofort dabei«, nickte Richard.

»Und ich sowieso. Aber Leute – ich werd alt«, sagte Arne. »Ganze Nächte durchmachen, das ist nichts mehr für mich. Ich muss ins Bett. Rufst du mir ein Taxi, Richard?«

»Nicht nötig«, grinste Richard. »Ihr könnt fahren.«

»Und wenn wir angehalten werden?«

Richard stand auf, ging hinüber zur Theke und holte den Lieferschein aus der Schublade. »Da, lest selbst«, sagte er, als er ihn seinen Freunden vorlegte.

»Drei Fässer FREE«, las Clemens laut vor. »FREE? Du meinst, wir haben den ganzen Abend alkoholfreies Bier getrunken?«

Richard nickte. »Falsch geliefert – aber so spät, dass daran nichts mehr zu ändern war. Was sollten wir tun? Ich war sicher, dass es auffällt, Nicole hat dagegen gewettet und recht behalten.«

Erkan konnte es nicht fassen. »Aber Henning hat gelallt – und auch die anderen schienen ganz schön einen im Tee zu haben. Ja, sogar ich selbst hab mich ziemlich angeschickert gefühlt!«

»Tja. Placebo-Effekt«, meinte Arne schulterzuckend. »Aber warum hast du die anderen mit dem Taxi heimfahren lassen?«

»Sicher ist sicher«, sagte Richard. »Und noch was ist sicher: Gleich am Montag werde ich Kotzbrocken Ingolf einen hübsch verpackten Besen in die Praxis schicken lassen. Mit einer Schleife drum, auf der ›Guten Appetit‹ steht.«

Und dann lachten sie alle vier, bis sie Schluckauf bekamen.

Ein Mann im Nebel

Dreißig Minuten war Laurenz angestanden, hatte den Eintritt entrichtet, obwohl ihm jeder Euro wehtat, und war der Traube Fremder hinterhergestapft. Da waren sie also, die sagenumwobenen Cliffs of Moher! Doch just, als er an das Geländer trat, von dem er die bestmögliche Aussicht haben sollte, verdichtete sich der Nebel.

Erwartet hatte er: eine majestätische Felsformation, einer grau-grünen Ziehharmonika gleichend, über einem bewegten tiefblauen Meer.

Sehen konnte er: farblose Schatten, die einen heller, die anderen dunkler, über einer trüben Brühe. Alles grau in grau.

Nicht nur Laurenz war enttäuscht. Hinter und neben ihm murrte und fluchte es auf Französisch, Japanisch, Niederländisch. Laurenz stimmte nicht mit ein, nicht mal in Gedanken. Das kommt ja wie gerufen, schoss ihm nur durch den Kopf. Als wär ich verflucht - na, Aberglaube, der passt ja nach Irland!

Laurenz schnaubte und schalt sich selbst einen Spinner. Ein Klassentreffen auf der Grünen Insel - was für eine verrückte Idee! Wieso nur hatte er sich darauf eingelassen? *Weil ich damals, als ich das Ticket gebucht habe, noch dachte, ich hätte Schönes zu berichten! Weil ich mich als erfolgreich und glücklich präsentieren wollte - und mir Inspiration und neue Kunden davon versprach.*

Kunden für ein Unternehmen, für das er nun nicht länger arbeiten durfte. Zuletzt war es sein Vater gewesen, der ihn angetrieben hatte, die Reise trotzdem anzutreten. »Ich leih dir das Geld. Du musst dich ablenken. Alte Freunde sind genau das, was du jetzt brauchst«, hatte er dem Sohn geraten. Und recht gehabt: Die neuen Freunde hatten Xenia mitgenommen.

Xenia ... Laurenz starrte in den Nebel, fand die Klippen, das kantige Dunkelgrau hinter dem beweglichen Hellgrau, trotz allem beeindruckend. 214 Meter hoch, hatte er gelesen. *Unverrückbar, nie wankend. Diese Klippen werden mir ein Vorbild sein,* dachte er und ballte die Fäuste in den Taschen seiner Regenjacke. Auch er würde sich verstecken – oder zumindest, wie schlecht es ihm ging. Laurenz' Blick fiel auf seine Rolex Oyster – eine Erinnerung an bessere Tage. Nur noch wenige Minuten, dann musste er los. Er, Laurenz Sonntag, würde sein Gesicht nicht verlieren. Nicht vor Nathan, Tuna und Ann-Kathrin und vor allem nicht vor Rikki.

Laurenz' Blick fiel auf seine Rolex Oyster – eine Erinnerung an bessere Tage.

Ein letzter Blick auf die Klippen – *the fog,* der undurchsichtige Himmelsvorhang, hielt sie fest umfangen. Zeit zu gehen. Laurenz stapfte auf die Taxis zu.

»You are doing a class reunion here? In Ireland?« Connor O'Malley starrte Laurenz an wie eine Erscheinung. Der war inzwischen aus Jacke und Regenhose geschlüpft und hatte alles im Rucksack verstaut. Schlank und elegant sah Laurenz aus – wofür einerseits der Bauchweggürtel, andererseits die dunkelgraue Anzughose und das hellgraue Hemd sorgten. *Weiß man, wann mir der erste Klassenkamerad über den Weg läuft?*

»It sounds crazy«, stimmte Laurenz zu, »aber kennen Sie Nat Schultze's Guesthouse in Doolin?«

Connor nickte und hob den Daumen.

Laurenz erläuterte: »Nathan war mit mir in der Schule. Vor 25 Jahren haben wir die Mittlere Reife zusammen gemacht. Mit zwanzig wanderte er nach Irland aus. Und er hat uns alle eingeladen. For one weekend. Mit Guinness, Livemusik und allem.«

Connor murmelte etwas Unverständliches, doch Laurenz war sich sicher, dass es in etwa »Die spinnen, die Deutschen« hieß. Also gab er dem Taxifahrer wenig Trinkgeld, ohne dass ihn sein Gewissen biss, und machte sich schnell aus dem Staub.

Er war erleichtert, im Gästehaus nicht gleich von Nathan empfangen zu werden, sondern von einem rothaarigen, sommersprossigen Teenager.

Er schleppte seinen Rucksack ins Zimmer und machte sich frisch. Aus dem Spiegel sah ihm ein noch passabel aussehender Mann entgegen. Dunkelblaue Augen, kaum Falten, kein Doppelkinn. Dass seine dichten Locken ihr Kastanienbraun behalten hatten, war zwar einer Tönung zu verdanken, doch Laurenz war sich sicher, dass das niemandem auffallen würde.

Laurenz kämmte sein Haar, klopfte das Sandelholz-Aftershave in seine Gesichtshaut ein, wechselte die Schuhe. *Nicht schlecht für 42*, dachte er. Unbewusst begann er, sein Mutmachlied aus alten Zeiten zu summen, *We are the Champions* von *Queen*.

In der Vorbereitung auf die Mittlere-Reife-Prüfungen hatte er das rauf- und runtergehört, nach dem Einserabschluss natürlich erst recht und später in der Ausbildung zum Industriekaufmann. Auch als er seinen Businessplan schrieb und seine Eventagentur gründete. Als er sich darauf einließ, als leitender Angestellter bei einer großen international agierenden Agentur einzusteigen. All die Jahre hindurch hatte der Song ihn begleitet wie ein Mantra.

Doch seit vier Wochen war in Laurenz' Welt kein Stein mehr auf dem anderen. Seitdem fühlte er sich wie Becks *Loser*.

Verlierer hatte auch Xenia ihn genannt, an jenem verregneten Tag vor drei Wochen, als sie ausgezogen war.

»Dein Ex-Chef ist ja offenbar ebenfalls der Ansicht, dass du es nicht bringst«, hatte sie ihm entgegengeschleudert. »Dann sind wir schon zwei. Wenn du wenigstens gekämpft hättest! **»Dein Ex–Chef ist ja offenbar ebenfalls der Ansicht, dass du es nicht bringst.«** Wirklich etwas bewegt hättest, für mich, für uns! Aber so?« Die Woche darauf war das Anwaltsschreiben gekommen.

Laurenz brauchte ein paar Momente, um die Erinnerung an Xenias schmale Augen, die zusammengepressten Lippen und die geballten Fäuste abzuschütteln. Er holte das iPhone aus der Tasche, rief Xenias Fotos auf, die vorzeigbaren. Kulleraugen und Schmollmund. Zahnpastalächeln und tiefes Dekolleté. Lange Beine und wehendes Blondhaar. Das war seine Frau! Auf dem Papier und, für die Klassenkameraden, auch im Herzen. Von der Scheidung würden sie noch früh genug erfahren.

Er kramte die Einladung zum Klassentreffen aus dem Seitenfach seines Rucksacks. Alte Fotos prangten darauf: Er, Nathan und Tuna, oben ohne tanzend bei der Abschlussfeier, mit flachen Bäuchen und gebräunt. Rikki, June und Ann-Kathrin, die Haare im selben Rotton gefärbt und auftoupiert.

Alle 29 aus der 10c in Reih und Glied. Daneben stand: »Treffpunkt am Samstag, den 16. Mai, um 19.00 Uhr in Nathan's Guesthouse. Gemeinsamer Spaziergang zum Pub. Achtung trad session, d. h. Irish live music! Notfalls Ohrstöpsel mitnehmen. ;-)«

Nur neun, hatte Nathan ihm am Telefon erzählt, hatten zugesagt. »Dafür die neun Besten«, hatte er hinterhergeschoben und die Namen aufgezählt. Rikki! Laurenz' Herz hatte einen Hüpfer gemacht. Dazu Ann-Kathrin, mit der er in der Zehnten mal kurz zusammen gewesen war. Die beiden Frauen und fünf der sieben anderen hatte er tatsächlich 25 Jahre lang nicht gesehen. Bei jedem vorhergehenden Klassentreffen war Laurenz etwas dazwischengekommen. Meistens die Arbeit. Ironie des Schicksals, dass er diesmal pünktlich Urlaub eingereicht hatte – um kurz vorher die Kündigung zu erhalten.

Schultern nach hinten, Bauch rein, Kopf hoch ... Kaum hatte Laurenz sein Zimmer verlassen, lief ein Bär von Mann mit langer Mähne auf ihn zu und schloss ihn in die Arme. Mein Bauchweggürtel, dachte Laurenz erschrocken, doch der andere schien nichts zu bemerken.

»Hamma, dass du endlich mal dabei bist! Du siehst aus wie früher«, plapperte dieser drauflos.

»Mensch Matze, danke! Aber du brauchst vermutlich 'ne Brille«, begrüßte Laurenz den alten Kameraden. Noch war er ängstlich – würden sie ihm Fangfragen stellen, würde er sich verraten? Doch Matze nahm ihm binnen Minuten diese Furcht, denn er redete nur über sich. Laurenz staunte: Der Hellste war Matze nie gewesen, doch hatte er als Einzelhandelskaufmann offenbar ein gutes Händchen bewiesen, sodass er mittlerweile eine ganze Reihe eigener Musikgeschäfte besaß. Eine Frau, vier süße Kinder, Haus mit Pool, Harley Davidson ... Während Matze ihn zutextete, fiel Laurenz' Anspannung von ihm ab.

An der Rezeption des Gästehauses gesellte sich Tuna zu ihnen, der in Jeans und Kapuzenpulli aussah wie ein Teenager – freilich wie einer mit vorzeitigen Lachfältchen um die Augen. »Bin Sozialpädagoge, also Berufsjugendlicher«, berichtete er. »Und du, Laurenz, immer noch auf der Überholspur?«

»Ja, ja«, Laurenz winkte ab, »meine Agentur organisiert die spannendsten Messen und tollsten Events.« *Das ist nicht gelogen, das läuft nur jetzt ohne mich.* Wieder spannte Laurenz sich innerlich an, doch schon wechselte Tuna das Thema – er schwärmte von den irischen Frauen.

Wie auf Kommando flog die Türe auf, und die zwei faszinierendsten weiblichen Wesen des gemeinsamen Jahrgangs kamen herein: Rikki und Ann-Kathrin, Arm in Arm.

»Rikki? Bist du jetzt Irin?«, fragte Matze und zeigte der zierlichen Frau mit dem kupferfarbenen Bob den erhobenen Daumen. Diese lachte und warf den Kopf in den Nacken. »Quatsch, in echt bin ich ein Silberköpfchen! Seitdem trage ich alle Haarfarben, die ich schon immer mal haben wollte.«

»Das steht dir ausgesprochen gut«, meldete Laurenz sich zu Wort und erntete ein sanftes Lächeln. In seinem Magen flirrte es. Zwei Jahre lang, von Mitte der Achten bis zum Abschluss, hatte er für Rikki geschwärmt. Leider war sie immer vergeben gewesen, und er hatte stets seine Prinzipien gehabt: *Lass dich nie mit der Freundin eines anderen ein.*

Ich könnte mich sofort aufs Neue verlieben, dachte Laurenz nun - was ihn damals fasziniert hatte, die Stupsnase, die Wangenknochen, das Lächeln, es war alles noch da. Ann-Kathrin hatte ihn damals ein Weilchen getröstet. Sie hatten sich einvernehmlich getrennt und mochten sich fortan wie Bruder und Schwester. Jetzt dachte Laurenz: *Objektiv gesehen ist Ann-Kathrin die Hübschere der beiden, mit ihren ebenmäßigen Zügen, dem blonden Pferdeschwanz und den Maßen eines Fotomodells. Aber für mich wird Rikki immer etwas Besonderes sein. Die erste Liebe eben.*

Leider gab es keine Gelegenheit zu einem Gespräch, denn schon trudelte der Rest der Meute ein: Die bunt gewandete Agnieszka, kugelrund und fröhlich. Die biedere Patricia, die mit 17 schon gewirkt hatte, als sei sie dreißig - und heute noch genauso aussah, was für eine 42-Jährige freilich vorteilhaft war. Dahinter Marco, nach wie vor ein still in sich hineinschmunzelnder Typ, und Frank, schlaksig und mit Hornbrille. Schließlich betrat Nathan den Raum. Mit seinem Glatzkopf, der Schrankfigur und dem Lächeln eines gutmütigen Pferdes wirkte er älter als sie alle, dafür sehr glücklich.

»Ihr habt's alle geschafft!«, dröhnte er. »Let the craic start! Oh, you don't know? Craic heißt Spaß, sorry, ich vermische die Sprachen. Let's move!«

Der Nebel blieb der treue Begleiter der Gruppe. Grau waren auch viele der windschiefen Häuser und die Mäuerchen aus groben Steinen, die die Straßen säumten. Das satte Grün der Wiesen und manch ein oranges oder rosafarbenes Blümchen leuchtete wacker dagegen an. Die Kühe, die entlang der Straße weideten, ließen sich von den Menschen nicht stören.

»Das ist ganz schön weit weg vom Schuss hier, oder?«, fragte Patricia Nathan. »Ich meine, wenn du mal Großeinkauf machen willst oder dein Kind zum Arzt muss.«

»Meine Kinder sind sehr gesund. Don't need any other doctor but their mommy«, antwortete der. »Und meine Frau und ich brauchen kein Shopping. Das hier – that's all we need. Even my friends come here to see me!«

Patricia widersprach und schwärmte von ihrem Alltag im trubeligen Berlin.

Laurenz schwieg, erleichtert, dass keiner ihn mit Fragen löcherte. Er versuchte, sich nahe an Rikki zu halten, sie unauffällig zu belauschen. Sie hatte sich in ein Gespräch mit Frank vertieft, und zu seinem Entsetzen schnappte er die Worte »Hochzeitstag« und »Tochter« auf. *Sie ist natürlich vergeben, wie auch nicht, bei meinem momentanen Glück.*

Dann erzählte Frank etwas von Zwillingen und Hausbau, doch die hohe Stimme von Agnieszka übertönte beide – »Süüüß, die Kühe!« – »Süüß, die Blümchen!«, und Tuna und Matze machten sich über sie lustig.

»Hey«, erklang es plötzlich neben Laurenz, und jemand stupste ihn in die Seite. Er fror auf der Stelle fest. »Oh«, machte Ann-Kathrin, und fragende Augen schauten Laurenz an. »Tschuldigung, was hast du da an?«

»Einen … Stützgürtel«, log Laurenz. »Hatte mir eine Rippe gebrochen.« Er bekam blitzartig ein schlechtes Gewissen, denn Ann-Kathrins Blick wurde sofort mütterlich-besorgt.

»Du Armer, wie ist das denn passiert?«

»Blöd vom Rad gefallen, ist aber fast schon verheilt.«

»Na, du treibst wenigstens noch Sport! Da lassen sich in unserem Alter viel zu viele gehen«, entgegnete Ann-Kathrin. »Mein Mann und ich, wir reiten, radeln, segeln, tanzen ...« Und abgehakt war das Thema Laurenz, Ann-Kathrin sprach nun über ihr Leben mit Bediensteten, Pferden, Haus und Garten. *Sie lebt wie eine Lady*, staunte Laurenz, *sie, die mal ein Mädchen mit quietschsüßem Lipgloss und zu feuchten Küssen war.*

Dann fiel ihm sein eigenes gemütliches Haus ein, das er würde verkaufen müssen, sein leeres Leben, und er hätte allzu gern darüber gesprochen, aber ... nicht hier, nicht mit seinen alten Freunden. *Mir nur keine Blöße geben - und die anderen nicht belasten.* Laurenz war froh, als der Pub in Sicht kam.

Drinnen hatte sich das mit dem gefürchteten Kreuzverhör erledigt: Der Pub platzte aus allen Nähten, es war heiß und laut. Laurenz liebte diesen Ort mit seinen ungezählten Fotos und Konzertpostern an den Wänden sofort. Nathan sprach mit dem Mann am Tresen, der setzte ein paar Paare um und zauberte so einen freien Tisch für die ehemaligen Klassenkameraden herbei. Volle Gläser machten die Runde, klirrten aneinander. Eine Gruppe von Männern mit Instrumenten hielt Einzug, eroberte sich ebenfalls einen Tisch, und dann begann tatsächlich die versprochene Trad Session.

Für Laurenz war es die schönste Musik, die er je gehört hatte: geprägt von sehnsuchtsvoller Fiddle, frecher Tin Whistle, dazu Dudelsack und Akkordeon, Gitarre und Bodhrán, der irischen Rahmentrommel. Die Lieder erzählten mal von noch größeren Sorgen als seinen, mal von der Lebensfreude, die man sich niemals nehmen lassen durfte. *Sie haben recht*, dachte

Laurenz, *und wenn du viel verlierst, Job, Frau, Haus, solange du ein Dach überm Kopf hast und noch Leute um dich rum, die dich mögen, und dazu solche Musik, darfst du zufrieden sein.*

Vor lauter Irish Folk und dem Bier wurde Laurenz ganz warm. So bekam er gar nicht mit, dass Rikki sich anpirschte. »Darf ich?«, fragte sie auf einmal und ließ sich auf jenem Platz fallen, auf dem soeben noch Matze gesessen war.

»Klar!« Er rückte zur Seite.

»Wie geht's dir so?«, fragte sie und rückte dicht an ihn heran.

Laurenz wurde leicht schummerig. »Im Moment perfekt«, antwortete er und sah ihr tief in die Augen.

Rikki hielt den Blick kurz fest, schlug dann die langen Wimpern nieder, lächelte sanft. *Flirtet sie mit mir? Aber ...* Sein Blick wanderte zu Rikkis rechter Hand, da saß der

Sein Blick wanderte zu Rikkis rechter Hand, da saß der Ehering, natürlich.

Ehering, natürlich. *Bild' dir bloß nichts ein*, schalt er sich selbst. *Außerdem will keine einen Loser wie dich. I'm a Loser, Baby ...* Mist, die irische Musik hatte aufgehört, und in seinem Hirn spielten sie wieder Beck.

»Ja, mir geht es gut«, erklärte er Rikki. »Seit zwölf Jahren in derselben Agentur, seit zehn Jahren verheiratet. Kinder haben wir nicht, meine Frau liebt ihren Job, Ruhe und Ordnung. Das gute Leben, weißt du?«

»Dass du Erfolg haben würdest, war mir klar – du hast was im Kopf und fleißig warst du auch schon immer.« Rikki nahm einen Schluck Cider und fuhr fort. »Sind wir zehn hier nicht alle Gewinner? Wer kann schon für ein Wochenende nach Irland fliegen! Nur die mit guten Jobs oder gut verdienenden Ehepartnern. Oder die, die so wie ich, geerbt haben. Allerdings - dass du kein Vater bist, finde ich schade. Kinder geben dem Leben Liebe und Sinn ... und ein kleiner Junge mit deinen Augen wäre doch niedlich.« Sie plinkerte ihn an.

Rikki flirtet definitiv mit mir, dachte Laurenz und dann: *Wenn du wüsstest, wie gern ich mit dir für ein Kind üben würde ...*

Urplötzlich drängte sich Xenias Bild dazwischen, die schmalen Augen, der wütende Mund, und ihm wurde kalt. Endete es nicht immer so? Wenn er jetzt eine Affäre mit Rikki anfinge ... Sie würde zu ihrem Mann zurückfliegen und er ... Das würde ihm dann den Rest geben. Laurenz lächelte sie entschuldigend an und erhob sich. »Der Alkohol treibt, ich bin mal kurz weg«, sagte er leise und flüchtete.

Auf der Toilette hatte er immer gute Ideen gehabt. So auch diesmal: Er bezahlte am Tresen, verließ den Pub durch den Hinterausgang und lief in Richtung Guesthouse.

Nach einer unruhigen Nacht checkte Laurenz als Erster aus. »Warum bleibst du nicht zum Full Irish Breakfast? Das wirst du mögen! Speck von hier, Sausages and Eggs ... Oder bist du Vegetarier und deswegen so schlank?«, fragte Nathan.

Anerkennend musterte er Laurenz' Bauch. *Wenn du wüsstest, wie dieser Gürtel kneift und wie rot meine Haut darunter jetzt ist,* dachte dieser. Er grinste den Kameraden trotzdem an.

»Danke, nein, eigentlich esse ich alles. Aber die Arbeit ruft. Konnte mir leider nur ganz kurz freinehmen«, log Laurenz. »Auf jeden Fall: Danke für alles. Dieser Ort, die Musik, der Abend war wunderbar. Wenn du mal in good old Germany bist - mein Haus ist dein Haus!«

291

»Toll, dass es dir so gut geht«, antwortete Nathan, »but what a pity, dass wir nicht richtig reden konnten. Nächstes Mal länger, okay? War schön, dich wiederzusehen.« Mit Handschlag verabschiedeten sie sich.

Dann lief Laurenz durch den Nieselregen zur Bushaltestelle.

Der Nebel hätte sich lichten sollen, dachte Laurenz, als das Flugzeug abhob. Wie gern hätte ich mehr von der Insel gesehen – und von den anderen mehr mitbekommen. Und über meine Einsamkeit und Sorgen geredet, verdammt. Vor allem Rikki gesagt, was ich für sie fühle. Aber ein Mann muss sein Gesicht wahren. Vor allem auf Klassentreffen!

Kaum hatten sie die Flughöhe erreicht und die Passagiere durften wieder herumlaufen, erhob sich plötzlich ein Bär von Mann und steuerte direkt auf ihn zu. Lange Mähne, breites Grinsen – Matze.

»Überraschung!«, tönte dieser und wandte sich direkt an die ältere Dame, die neben Laurenz saß. »Können wir vielleicht Plätze tauschen? Ich würde mit meinem alten Freund hier gern noch ein paar Takte reden.«

Das tat Matze dann auch. Wie üblich ohne Punkt und Komma. Binnen Minuten erfuhr Laurenz, dass der Rest der Klassenkameraden noch bis drei Uhr in der Frühe gefeiert hatte. »Das Beste hast du verpasst, denn es ging noch um Jobs, und der Frank hätte einen Auftrag für dich gehabt«, erzählte Matze unbekümmert. »Einen Medizintechnikkongress organisieren. Einen großen internationalen. Machst du so was? Also, schade, dass du schon weg warst! Und ich mach ja demnächst ein gro-ßes Konzert, das wär' auch was für dich, aber du hast ja wohl schon zu viel zu tun ...«

Laurenz sah den Gefährten mit großen Augen an. Träumte er? Machte Matze sich über ihn lustig?

Es kam noch besser.

»Am traurigsten, dass du schon weg warst, war die Rikki. Die hat noch zwei Whiskeys gekippt und uns dann vorgeschwärmt, wie toll sie dich findet. Aber du hast ja diese hübsche Frau. Und sie lebt seit einem Jahr getrennt, weil ihr Mann sie ausgerechnet am Hochzeitstag verlassen hat.«

»Hat er nicht«, entfuhr es Laurenz, »sie trägt ihren Ehering.«

Matze lachte: »Darauf haben wir sie auch angesprochen. Da meinte Rikki, ins katholische Irland wollte sie nicht mit dem weißen Abdruck am rechten Ringfinger reisen. Das sei ihr pein-lich. Was die Leute sich für Sorgen machen ...«

»Ja, die Leute machen sich manchmal komische Sorgen«, entgegnete Laurenz, in dessen Kopf sich nun ein Karussell drehte. »Und ... wie viele Kinder hat Rikki?«, fragte er. »Eins«, erwiderte Matze. »Eine Tochter, schon 18. Hätte gern noch ein Kind, aber mit einem treuen Mann, so einem wie dir, hat sie gesagt. Nathan meinte dann, dass man in Irland nicht mehr allzu katholisch lebt, er hat auch die zweite Frau. Da meinte ich, ich sogar meine dritte! Das ist doch heut' kein Beinbruch mehr. Und Marco, der wurde ja erst Polizist, nachdem er arbeitslos gewesen war, und die Agnieszka, die hat dann von ihren vielen gescheiterten Beziehungen und Geschäftsideen erzählt ...«

Fröhlich plapperte Matze vor sich hin, während Laurenz sich im Geiste in den Allerwertesten biss. *Verdammt, ich hätte bleiben sollen! Weitertrinken. Ehrlich sein!!*

Unter dem Bauchweggürtel brannte seine Haut wie Feuer.

Zwanzig Minuten später hatte Laurenz Matze alles erzählt, ja, geradezu gebeichtet. Matzes Dank kam sofort - in Form einer Umarmung, gefolgt von den E-Mail-Adressen und Telefonnummern von Frank, Rikki und ihm selbst.

In der Flugzeugtoilette entledigte Laurenz sich des Gürtels und warf denselben in den Müll. Er atmete tief durch. Auf den Platz zurück ging er als Mann mit Bauchansatz, ohne Anstellung, ohne Frau, aber mit Hoffnung.

Als er aus dem Fenster sah, war da keine Spur mehr von Nebel.

Einmal ein Kiffer, immer ein Kiffer

Die meisten Kinder wollen gern normal sein, sich anpassen. Bloß nicht auffallen, aus Angst, zur Zielscheibe zu werden.

Der Kiffer war da anders. Es machte ihm nichts aus. Im Gegenteil, er schien es sogar zu genießen, im Mittelpunkt zu stehen. Machte sich ein Lehrer oder ein neuer Mitschüler über seinen Namen lustig, grinste er bloß breit und freute sich mit ihnen. Er liebte seinen Namen und sämtliche Wortspiele, die sich damit assoziieren ließen.

Thomas Kiffer.

Ein paar von uns waren darüber besonders glücklich: Julia Stößchen, Sven Beutel und ich, Markus Dünnbrett. Normalerweise wären wir unsere gesamte Schullaufbahn hindurch gehänselt worden, bis hoch zur SEK II. Aber nicht mit dem Kiffer in der Klasse.

Der war wie ein Magnet. Thomas zog alle Frotzeleien magisch an und sorgte dafür, dass Sven, Julia und ich verschont blieben.

Schon von der ersten Klasse an besaß Thomas eigentlich keinen Vornamen mehr. Selbst die Lehrerin, Frau Hartmann, fragte, wenn er fehlte, bloß: »Wo ist denn der Kiffer?«  **»Wo ist denn der Kiffer?«**

Und Thomas selbst zitierte am liebsten seinen Vater, der eine ganze Reihe von Familienmottos geprägt hatte: »Ich bin Kiffer und stolz drauf!« oder »Einmal ein Kiffer, immer ein Kiffer«, zum Beispiel.

Thomas war der Jüngste und neben seinen beiden Schwestern hatte er auch noch zwei Brüder.

»Alles Kiffer«, würde sein Vater sagen und mir zuzwinkern.

Wir vier, Thomas, Julia, Sven und ich, waren beste Freunde. Bereits am ersten Tag, bei der Einschulung, als unsere Namen verlesen wurden, zwischen Gohlke, Schlüter, Schulz und Kleinschmidt, war uns allen vieren klar gewesen, dass wir zusammengehörten. Eine Leidensgemeinschaft war geboren.

Und jetzt würde ich den Kiffer wiedersehen. Zum ersten Mal nach fast zehn Jahren. Julia war nach Hannover gegangen, um Tiermedizin zu studieren, Sven nach Greifswald, für ein Pharmaziestudium. Ich hatte eine Lehre als Einzelhandelskaufmann gemacht in der Firma meines Onkels, und Thomas war nach Berlin gegangen. Klar, »Kiffer ziehen nach Berlin!«

Ursprünglich war er für Kulturwissenschaften eingeschrieben gewesen, so viel hatte ich erfahren. Er hatte dann auf Medienredakteur umgesattelt, obwohl er als Jugendlicher eigentlich einen ganz anderen Traum gehabt hatte.

Wenn man ihn fragte, was er mal werden wollte, stand die Antwort immer schon fest: Kiffer-Orthopäde. Vermutlich hatte ihm sein Vater diesen Floh ins Ohr gesetzt. Was er inzwischen machte, wusste ich nicht.

Eigentlich mochte ich keine Klassentreffen. Das dort zu erwartende Trommeln und Protzen widerstrebte mir, ich wollte mich

nicht herausputzen und beweisen, dass »etwas« aus mir geworden war.

»Darum geht es doch gar nicht«, sagte meine Frau Amelie und küsste mich auf den Nacken. Ich saß am Küchentisch,
die Einladung in der Hand, und hatte ihr gerade von meinen
Befürchtungen erzählt.

»Du hast mir über die Jahre immer wieder vom Kiffer
erzählt – ich meine, wenn ich könnte, würde ich da hingehen,
bloß um ihn mal kennenzulernen.«

»Wir könnten ihn zum Grillen einladen.«

»Ja, das könntest du tun. Würdest du aber vermutlich nicht.«
Sie zuckte mit den Schultern. »So ist das nun mal. Man ist eng
befreundet, dann verliert man sich aus den Augen und irgendwie fehlt dann der Ansporn, sich tatsächlich wiederzusehen.
Erinnerst du dich an Anne, aus dem Studium? Seit drei Jahren
wollen wir uns treffen. Geschafft haben wir es bis heute noch
nicht.« Sie ging, um Wasser aufzusetzen. »Du würdest auch die
anderen wiedersehen. Sven und Julia. Warst du mit denen nicht
ebenfalls gut befreundet?«

Ich nickte stumm und starrte immer noch auf das Papier.
Irgendwie hatte ich Angst, mich darauf einzulassen. Als müsste
ich mich Dämonen stellen, die ich längst vergessen geglaubt
hatte.

»Also gut«, entschied ich. Amelie trat von hinten an mich
heran und strich mir über den Scheitel.

Nervös rauchte ich die Kippe mit langen Zügen bis kurz vor
den Filter und schnippte sie dann auf die Straße, bevor ich ein

letztes Mal meine Sachen zurechtrückte und auf das Gebäude zuging.

Für das Klassentreffen war ein Festsaal gemietet worden, damit wir alle Platz finden würden. Von außen war es ein unglaublich hässlicher Betonklotz, der eher an einen Knast oder Bunker erinnerte. Vielleicht eine ganz passende Örtlichkeit für ein schulisches Wiedersehen.

Ob auch welche von unseren alten Lehrern eingeladen worden waren, wusste ich nicht. Als ich mich näherte, bemerkte ich eine Gestalt, die mit gekrümmten Schultern vor einem Mülleimer stand und rauchte. Als sie mich näherkommen hörte, drehte sie sich um. Ich stutzte und betrachtete die Frau, die dort ein paar Treppenstufen über mir stand.

»Julia?«

Sie lächelte, als sie mich erkannte. »Ach wie schön, dass du auch gekommen bist. Ich habe mir schon Sorgen gemacht, dass ich allein hier herumhängen muss.«

Ich stieg die Stufen hoch, und wir umarmten uns.

»Was ist mit den anderen?«

Sie zuckte mit den Schultern. »Sven kann nicht. Seine Frau erwartet gerade ihr zweites Kind.«

Ich wartete. Nach einem Moment fuhr sie fort: »Und der Kiffer? Keine Ahnung, ob der kommt.« Sie drückte ihre Zigarette aus.

Wir waren ganz froh, dass wir zusammen hineingehen konnten – wie ein Paar, das sich aneinander festhält. Drinnen begann das große Zuordnen. Manche erkannte ich sofort – einfach, weil sie sich nicht grundlegend verändert hatten. Malte Plessner zum Beispiel. Der war einfach nur aufgegangen wie ein Hefezopf, aber im Grunde genommen sah er noch genauso aus wie vor zehn Jahren.

Oder Miriam Schulte. Sie hatte sich die Zähne richten lassen und noch mehr Sommersprossen als damals, aber sie war immer noch die »kleine Schulte«.

Bei anderen brauchte ich etwas länger, musste zweimal hinschauen, bevor ich verstand, wen ich dort vor mir hatte. So ging es mir auch mit dem Kerl in der Jeansjacke, mit den langen, von Grau durchzogenen Haaren. Er stand mit dem Rücken zu mir, unterhielt sich, in der Hand ein Glas Bier. Ich näherte mich, kam von der Seite. Er drehte sich mir zu, und es dauerte endlos, bis der Groschen endlich fiel.

»Der Kiffer!«, rief ich und umarmte ihn. Erst, als wir uns voneinander lösten, entgegnete er mit einem schwachen Lächeln: »Ich bin kein Kiffer mehr.«

»Was?«, fragte ich fast zeitgleich mit Julia, die ebenfalls zu uns getreten war. Sie hatte gerade zu einer Begrüßung angesetzt, jetzt aber verdutzt innegehalten.

»Jedenfalls bald nicht mehr. Ich heirate.«

»Und nimmst den Namen deiner Frau an?«, fragte ich.

Er nickte, nahm einen Schluck aus seinem Glas. Dann tauchten weitere Ehemalige auf, und wir konnten eine Weile nicht mehr miteinander reden.

Knapp eine Stunde später stand ich mit ihm draußen vor der Tür, um zu rauchen. Während ich mir mit den Lippen eine Kippe aus der Schachtel zog, holte er einen Beutel mit Tabak heraus und nahm eine Selbstgedrehte in die Hand.

»Das sieht nicht wie eine Zigarette aus«, sagte ich und deutete auf den Joint. Er zuckte mit den Schultern und gab uns beiden Feuer. Der durchdringende Geruch von Shit umschwebte uns.

»Wenn ich schon kein Kiffer bleibe, werde ich wenigstens Kiffer, dachte ich.« Er versuchte sich an einem Grinsen.

»Warum machst du das? Ich dachte immer, euch Kiffern ist der Name heilig. Was hat dein Vater gesagt?«

»Der hat gedroht, mich zu verstoßen.« Der Kiffer zuckte mit den Schultern, nahm noch einen Zug.

»Wie heißt denn deine Zukünftige?«

»Nadine Tamm.«

»Thomas Tamm.« Ich probierte den Namen aus. »Kein schlechter Name.«

Mit angehaltenem Atem und schiefem Gesicht nickte er, blies dann heftig den Rauch aus.

»Aber kein Kiffer-Name«, fuhr ich fort.

»Was ist kein Kiffer-Name?«, wollte Julia wissen, die zu uns getreten war.

Reflexartig bot ihr der Kiffer den Joint an, aber sie schüttelte den Kopf, holte ihre Zigaretten heraus. Ich erklärte kurz, was der Kiffer mir erzählt hatte.

»Das kannst du echt nicht machen.«

»Nadine ist nicht so der Kiffer«, sagte er entschuldigend und zog an seinem Joint. »Und vielleicht ist es wirklich an der Zeit, das alles hinter sich zu lassen. Irgendwann müssen wir alle mal erwachsen werden.«

»Genau«, sagte Julia und stieß ihm mit dem Finger gegen die Brust. »Und wenn ich groß bin, will ich ein Kiffer sein. Ein noch größerer Kiffer! Von wem waren die Worte damals?«

»Von mir.«

»Richtig. Und jetzt willst du das einfach so aufgeben? Warum?«

»Ich weiß nicht. Irgendwie habe ich das Gefühl, Nadine ist irgendwie kein Kiffer. Dieser Witz mit dem Namen hat sich doch totgelaufen.«

»Das ist doch kein bloßer Witz, Thomas«, sagte Julia aufgebracht. »Es ist so viel mehr. Deine Identität. Was wären wir ohne den Kiffer in der Schule gewesen? Jede Wette, der Großteil aller Leute da drinnen hat, als sie die Einladung zum Klassentreffen bekommen haben, als Erstes an den Kiffer denken müssen.«

»Schon möglich. Aber das ist Teil der Vergangenheit.«

»Du weißt, dass man das studieren kann, oder? Die Lehre von den Namen? Onomastik oder so heißt das. Namen sind wichtig. Warum behaltet ihr nicht einfach jeder seinen eigenen Namen?«

»Nadine wünscht sich, dass wir den Namen teilen. Das stärkt das Zusammengehörigkeitsgefühl, sagt sie.«

»Und hat sie gesagt, sie will deinen Namen nicht annehmen?«

Der Kiffer zog die Glut bis zur Base hinunter und drückte den Rest dann aus. Blies eine Wolke in die Nachtluft und antwortete mit gepresstem Atem: »Nicht direkt. Hört zu, ich weiß das zu schätzen, aber es ist nicht so, dass sie mich unter Druck gesetzt hat oder so. Es ist meine Entscheidung. Ich denke, ich muss einfach weiterziehen.«

»Und kein Kiffer mehr sein«, sagte ich vorwurfsvoll.

»Und kein Kiffer mehr sein«, bestätigte er.

»Das ist doch Mist.«

Aber der Kiffer schüttelte Julias Protest ab. »Leute, es ist schön, dass ihr euch darum Gedanken macht, aber mein

Entschluss steht fest.« Er sah uns an. »Ich gehe mal wieder rein, mich ein bisschen unter die Leute mischen. Haut rein.«

Julia und ich sahen ihm benommen nach.

»Das kann er doch nicht machen«, sagte sie an mich gewandt. »Oder?«

Ich überlegte einen Moment. »Vielleicht können wir da noch was drehen. Was hast du in den nächsten paar Wochen vor?«

Julia und ich arbeiteten wie die Tiere. Wir recherchierten im Netz, schrieben alte Klassenkameraden an, die wir auf dem Treffen nicht hatten persönlich ansprechen können, und formulierten, gestalteten und schnippelten die Nächte und die Wochenenden durch. Eine befreundete Grafikerin half uns aus, wenn wir nicht weiterkamen.

Wir stellten alte Klassenfotos zusammen, unter denen stand: Michaela Müller, Karsten Vogt, Sara Kleinschmidt, der kleine Kiffer, ...

Wir holten uns von seinem Vater die alten Zeugnisse aus der Grundschule und überarbeiteten sie etwas: Der Kiffer hört nicht immer richtig zu und beschäftigt sich gern mit anderen Dingen. Oder: Der Kiffer legt ein selbstbewusstes Auftreten an den Tag und setzt sich stets für seine Mitschüler ein.

Wir besorgten uns leere Bücher, ähnlich denen, die unseren Lehrern früher als Klassenbuch gedient hatten. Wir schrieben auf, was uns noch von damals in Erinnerung geblieben war und fälschten Frau Hartmanns Handschrift:

Der Kiffer versteckt sich während des gesamten Unterrichts im Schrank und behindert so das Unterrichtsgeschehen.

Der Kiffer und der Dombrowski versuchen, sich während des Religionsunterrichtes gegenseitig zu erwürgen.

Der Kiffer wurde wegen andauernden Naseputzens vom Unterricht ausgeschlossen.

Der Kiffer wurde wegen andauernden Naseputzens vom Unterricht ausgeschlossen.

Der Kiffer stört mit ungewöhnlichen motorischen Fähigkeiten den Unterricht.

Der Kiffer wischt die ganze Stunde lang die Tafel und behindert dadurch erheblich den Unterricht.

Der Kiffer fällt um (Kippeln).

Am Ende hatten wir eine fette Mappe von fast hundert Seiten beisammen, mit einem schwarzen Gummiband zusammengebunden. Außen schrieb Julia in Schönschrift *Vom Kiffen* drauf.

In den Umschlag packten wir noch einen Zettel, auf den wir geschrieben hatten: »Denk an alle zukünftigen Kiffer. Die Welt wäre weniger bunt ohne sie.« Ohne Unterschrift. Dann brachten wir den Umschlag gemeinsam zur Post.

»Wir sehen uns bei der Hochzeit«, sagte Julia zum Abschied.

»Was ist das?«, fragte Amelie und umarmte mich. Ich hatte den Briefumschlag geöffnet und das schwere Büttenpapier herausgezogen.

»Eine Hochzeitseinladung. Zur kirchlichen Trauung.«

»Cool. Von wem?«

Langsam las ich vor: »Wir heiraten! Noch mal, und diesmal in der Kirche. Diesen wunderbaren Moment möchten wir gern mit Euch zusammen erleben. Bla, bla, bla ... Nadine und Thomas Kiffer.«

»Ach wie schön«, sagte Amelie.

»Ja. Einmal ein Kiffer, immer ein Kiffer.«

Namensschilder für alle

25 Jahre Abitur – wenn das kein Grund zum Feiern ist! Genau das dachte sich auch das Orgateam meines 124-köpfigen Abiturjahrgangs, das fleißig jedes Jahr aufs Neue unsere Klassentreffen organisiert. Seit nunmehr einem Vierteljahrhundert planen immer die gleichen fünf Leute minutiös die Abläufe der jährlichen Feier – kein Wunder, besteht das Team doch aus einem Betriebswirtschaftler mit einem Händchen für Zahlen (Mohamed), einer detailversessenen Projektmanagerin (Sabrina), einer präzisen Maschinenbau-Ingenieurin (Gabi – heute möchte sie Gabriele genannt werden), einem umtriebigen Pfarrer (Udo) und einem halbseidenen Hotel- und Restaurantbesitzer (Claus). Ich bin Trixi, eher mittelprächtige Abiturientin und heute Leiterin des Online-Teams eines internationalen Unternehmens.

Die gesamte Abifeier-Organisation funktionierte auch in diesem Jahr nach einem gut durchdachten und bereits 24-mal erprobten Vier-Stufen-Plan:

Phase 1 – Januar
In Phase 1 werden alle ehemaligen Klassenkameraden und Klassenkameradinnen via Mail über den Termin im Mai informiert, geänderte E-Mail-Adressen werden recherchiert.
Es wird um Zu- oder Absagen bis Mitte Februar gebeten.

Phase 2 – Februar
Nachdem feststeht, wie viele Personen am Abitreffen teilnehmen, wird die Location gebucht. Meist treffen wir uns in einem alten Gewölbekeller, in dem wir schon zu Schulzeiten wunderbare, heftige Partys gefeiert haben. Zum Glück bringt der

Besitzer uns seriöse Erwachsene nicht mehr mit den durchgedrehten Schülern in Verbindung, die damals seinen Keller verwüstet haben.

Phase 3 – März

Nun wird das Essen bestellt: Diese Phase wird von Jahr zu Jahr komplizierter, da auch meine ehemaligen Klassenkameraden mittlerweile zuhauf von Lebensmittelintoleranzen aller Art befallen oder als erleuchtete Veganer auf Mission sind. Auf die Verkündung der Bestandteile des Buffets erfolgt eine mit jedem Jahr heftiger werdende Diskussion über den Sinn und Unsinn von Bioprodukten und vegetarischer/veganer Ernährung sowie über die Folgen von aus Versehen zu sich genommenen Gefahrenstoffen wie Laktose, Gluten oder Eiweiß – inklusive aller schmutzigen Details. Doch das Orgateam meisterte diese Herausforderung bisher jedes Mal und hat jeden aus unserem Jahrgang satt bekommen!

Phase 4 – April bis Mai

In regelmäßigen Abständen erhält nun jeder freundliche Reminder, damit er auch ganz sicher zum diesjährigen Treffen im Gewölbekeller erscheint – vergessen gilt also nicht! Die Leute, die ihr Konto nicht im Griff haben, bekommen Erinnerungen daran, dass sie noch ihren Anteil an den Kosten für Raummiete, Buffet und Endreinigung bezahlen müssen. Woher ich das so genau weiß? Mir gebührt fast in jedem Jahr die Poleposition unter denen, die vergessen haben, ihren Beitrag zu überweisen. Ich hab's halt nicht so mit Zahlen. Aber irgendwann schaffe auch ich es, jedes Mal wieder zu bezahlen. Und wenn es einen Tag vor der Veranstaltung ist ...

Der große Tag

Jedes Jahr denke ich: Ach, das ist doch nur ein Jahrgangstreffen. Du kennst die Leute gar nicht mehr richtig und hast mit ihnen schon seit vielen Jahren so gut wie nichts mehr zu tun - keep cool, it's the same procedure as every year. Aber was passiert? Ich fange jedes Mal vor Aufregung an, an den Fingernägeln zu knabbern, und kann schon Tage vorher nicht mehr vernünftig schlafen. Wie sehe ich aus? Auf keinen Fall zu alt - und vor allem jünger als Sybille, mit der ich bis heute eine Erzfeindschaft pflege. Wer wohl jetzt geschieden, verheiratet, auf- oder abgestiegen ist? Wer wird sich in diesem Jahr den Angeber-Orden am goldenen Band verdienen? Wird Ulla wieder sentimental werden und heulen, wenn sie zu viel getrunken hat? Und ich? Werde ich in diesen Schuhen mit Mörderabsätzen (drei Zentimeter, mehr ertragen meine Füße nicht) den ganzen Abend überstehen?

Wird Ulla wieder sentimental werden und heulen, wenn sie zu viel getrunken hat?

Auch diesmal war es wieder so weit: Am Nachmittag ging ich zum Friseur und ließ mir die Haare zu einem schicken, leicht strubbeligen Turm aufbauen - das trägt man jetzt so, hatte ich in einer Frauenzeitschrift gelesen. Dazu Edel-Jeans, ein peppiges Oberteil, eine abgefahrene Handtasche aus Kunstrasen und der klobige Silberschmuck - fertig ist die Marketing-Fachfrau, die gern mit Schubladen und Klischees kokettiert.

Gegen 19:15 Uhr trudelte ich im Gewölbekeller ein: Mohamed spielte wie jedes Jahr das Begrüßungskommando. Küsschen rechts, Küsschen links, der Familie geht's gut, der Job läuft prima, der Osterurlaub war toll, und das neue Haus ist endlich fertig - ab durch die Mitte.

Als Nächstes traf ich auf Sabrina, die ich heimlich immer noch »Schnatterbrina« nenne, wie damals in der Schule. Denn Schnatterbrina redet ohne Punkt und Komma. Und so hakten wir die Punkte Job, Familie, Eigenheim blitzschnell ab - wenn es ganz schlecht läuft, wird sich das nun noch 121-mal wiederholen. Früher habe ich mal davon geträumt, mir kleine Karten in die Handtasche zu stecken und auf die ewig gleichen Fragen nur noch durch Hochhalten der passenden Antwortkarte zu reagieren: Arbeitest du noch bei der Firma XY? Ich halte JA hoch. Bist du noch mit Thomas zusammen? Ich halte die NEIN-Karte mit dem Totenkopf hoch, schließlich hat der Arsch mich über Monate hinweg mit einer 19-Jährigen betrogen. Wohnst du noch in dieser schnuckeligen Altbauwohnung? Wieder kommt eine NEIN-Karte zum Einsatz, doch dieses Mal ist der Grundriss der Dreizimmerwohnung drauf, die ich im Herbst gekauft habe. Und dein Auto - sag bloß, du fährst immer noch den quietschgelben Käfer? Die JA-Karte mit dem Herzchen drauf ploppt nach oben. Und so weiter, Sie kennen das bestimmt.

Ich arbeitete mich im Gewölbekeller weiter vor, beantwortete Fragen und stellte ebenfalls welche. Daher weiß ich nun, dass Annemarie zum zweiten Mal geschieden und jetzt für vier Kinder von drei verschiedenen Männern verantwortlich ist - was sie aber bestimmt mit Bravour meistern wird, denn sie war schon in der Schule eine Seele von Mensch und ein echtes Organisationstalent. Unser Jahrgangs-Lude Claus, der sich selbst Hotel- und Restaurantbesitzer nennt und auch im Orgateam sitzt, hat zwei weitere Häuser in verschiedenen Städten dazugekauft und fährt mittlerweile Ferrari. Ich konnte ihn schon zu Schulzeiten nicht leiden ...

Mein ehemaliger Lieblings-Tischnachbar Ulrich hat mittlerweile sein eigenes international arbeitendes Architekturbüro mit hundert Angestellten - was für eine Karriere!

Ganz hinten in der Ecke wurde das fulminante Buffet aufgebaut. Mein Lieblingsdetail auf der Tafel, die sich gefähr-  **Ich machte einen großen Bogen um die Gerichte »gesund, fettarm, Low Carb.«** lich biegt unter der Last: An jeder Schüssel und an jeder Platte beschreibt ein kleines Schild, was dort angeboten wird und für welche Gruppe das Essen geeignet ist. Ich machte einen großen Bogen um die Gerichte »gesund, fettarm, Low Carb« und bediente mich mit viel Lust in der Ecke »Fett, Zucker, Kohlenhydrate« - lecker!

Als ich mich umblickte, sah ich einen Mann mittleren Alters, der sich angeregt mit mehreren Ex-Mitschülern unterhielt und sich dabei gestenreich erklärte.

Wer ist denn das noch mal?, überlegte ich. Sascha? Oder vielleicht doch Bertram? Ne, glaub ich nicht ... Neugierig gesellte ich mich dazu.

»Kannst du dich noch an unsere Englischlehrerin Frau Gerber erinnern? Wenn ich an ihr gelispeltes tiii–äitsch denke, muss ich bis heute lachen!«, erzählte Gabriele.

»Boah, und unser Biolehrer Herr Karms, der bei Wind und Wetter Birkenstocksandalen trug - ohne Strümpfe!«, warf Udo ein, der selbst eine Vorliebe für merkwürdiges Schuhwerk hat. Aber ein Pfarrer darf das ja.

Ich schaute mir den dritten im Bunde genauer an: Ist es etwa Holger? Wow, dann hat er sich aber verändert! Oder Emilio, der kurz nach dem Abitur nach England ging, aber nun gerüchteweise wieder in Deutschland sein soll?

Vielleicht-Emilio-oder-doch-Holger antwortete: »Ja, ich erinnere mich ganz genau - das waren noch Zeiten. Aber zurück ins Hier und Jetzt: Was macht ihr denn aktuell so?«

Udo erzählte von seiner Pfarrei, die immer weiter schrumpfte, aber trotzdem sehr aktiv war. Gabi erzählte von dem Labor, in dem sie Testreihen durchführte.

Dann war ich an der Reihe und erklärte nicht ohne Stolz: »Ich arbeite immer noch in der Marketingabteilung, in der ich nach dem Studium angefangen habe - mittlerweile bin ich Leiterin des Online-Teams und betreue die mehrsprachige Website und die verschiedenen Social-Media Kanäle.«

Emilio-Holger-Fragezeichen sagte: »Wow, das klingt ja spannend, da möchte ich gern mehr wissen - wollen wir unsere Adressdaten tauschen und uns später im Jahr noch mal treffen?«

Udo, Gabi und ich griffen in die Taschen und holten unsere Visitenkarten heraus. Ich überlegte immer noch: Wer ist das? Ist es Thorsten, der damals fast durchs Abitur rasselte, weil er so aufgeregt war? Angestrengt zermarterte ich mein Hirn und kam einfach nicht drauf. Ich konnte mir noch nie besonders gut Gesichter und die dazugehörigen Namen merken, doch jetzt noch zu fragen, wäre total peinlich - also ließ ich es und tat so, als wüsste ich, wer der Mann war.

Er griff in die Hosentasche und suchte nach seiner Karte.

»Verflixt, ich habe meine vergessen! Das ist jetzt aber blöd, ich habe sie extra auf die Kommode im Flur gelegt ... das Alter!« Dazu raufte er sich theatralisch, aber nicht unsympathisch die Haare. »Gebt mir eure Daten, ich maile euch, dann geht nichts verloren!«

Udo, Gabi und ich übergaben unsere Visitenkarten und schlenderten dann weiter durch den Raum.

Ich amüsierte mich prächtig, führte viele Gespräche, lachte oft und aß nebenher zwei große Portionen von der köstlichen Schokomousse - die Waage würde mich am nächsten Tag hassen. Später am Abend stellte ich fest, dass der Mann, von dem ich immer noch nicht wusste, wer er war, nicht mehr unter den Gästen weilte. Schade, dachte ich mir, nun musste ich wohl abwarten, bis die E-Mail kam, um Gewissheit zu haben.

Um zwei Uhr nachts verabschiedete ich mich vom harten Kern, setzte mich in meinen Käfer und fuhr todmüde nach Hause.

15 Minuten später stand ich vor meiner Wohnungstür und wollte den Schlüssel ins Schloss stecken ... Doch meine Wohnungstür war nur angelehnt. Der Schreck fuhr mir durch alle Glieder. Das kann doch gar nicht sein! Ich schließe immer hinter mir ab! So aufgeregt kann ich gar nicht gewesen sein, dass ich das vergessen hätte!

Vorsichtig öffnete ich die Tür und schaltete das Licht an. Im Flur erblickte ich ein einziges Chaos: Die Kommode war ausgeräumt, alle Sachen lagen auf dem Boden herum, meine Schuhe waren aus dem Regal gefegt, der Schlüsselkasten leer geräumt.

OH NEIN, EINBRECHER!

Sofort griff ich zum Handy und rief die 110 an.

»Hallo, bei mir wurde eingebrochen!«, brachte ich schluchzend hervor. »Schon der Flu-hur ist total verwü-hü-stet!«

Die freundliche Beamtin antwortete mir: »Gehen Sie nicht weiter in die Wohnung. Machen Sie die Tür von außen zu und warten Sie auf meine Kollegen - sie sind schon auf dem Weg!«

Keine fünf Minuten später fuhr ein Streifenwagen mit zwei Polizisten und einem Hund vor. Die Beamten öffneten vorsichtig die Tür und gingen hinein - schließlich könnte es ja sein, dass der Einbrecher noch in meiner Wohnung war.

Kurze Zeit später kamen die drei wieder zurück: »Alles klar, es ist niemand mehr drin. Wir rufen nun die Kollegen von der Kripo an, die werden den Einbruch aufnehmen und Spuren sichern.«

Was für eine Katastrophe. Und was für ein grässlicher Abschluss eines so schönen Abends.

Was ist mit meinem Schmuck? Meinem Laptop? Dem Tablet? Bitte lass nicht so viel kaputt sein, schickte ich ein Stoßgebet in Richtung Himmel. Beim Betreten meines Wohnzimmers musste ich wieder heulen: Alle Schränke aufgerissen, der Inhalt meiner liebevoll sortierten Retro-Fotoboxen auf dem Boden zerstreut, der riesige Plasma-Fernseher, den ich mir erst zu Weihnachten geleistet hatte, fehlte. In meinem Schlafzimmer ein identisches Bild: Der Kleiderschrank war aufgerissen, meine Klamotten wahllos auf dem Boden und dem Bett verteilt. Glücklicherweise war nichts zerstört, die Möbel waren alle noch in Ordnung - aber dieses Chaos! Der Anblick tat richtig weh. Und dann die Vorstellung, dass da ein fremder Mensch in meiner Wohnung war und in meinen Sachen gewühlt hatte ...

Die restliche Nacht war die Kripo damit beschäftigt, Fingerabdrücke zu nehmen und Fotos zu machen. Der Einbrecher war über den Balkon gekommen und hatte die Terrassentür aufgehebelt. Danach hatte er in aller Ruhe meine Wohnung auf den Kopf gestellt und war dann mit seiner Beute (mein gesamter Schmuck, der Fernseher, etwas Bargeld und mein Laptop – das Tablet war wohl zu billig ...) bequem durch die Wohnungstür verschwunden.

Morgens um acht kam unser Hausmeister vorbei und reparierte notdürftig meine Balkontür. Bis Mittag brauchte ich, um wenigstens einen Teil der Unordnung zu beseitigen. Dann fiel ich todmüde ins Bett.

Am Nachmittag klingelte das Telefon: »Hallo Trixi, hier ist Gabriele. Ist bei dir auch eingebrochen worden?«

Noch ganz verschlafen stammelte ich: »Woher weißt du ...? Was, bei dir auch?«

Gabi erzählte, dass ihre Wohnung ausgeräumt worden ist, während sie auf dem Abitreffen war – und auch Udos Pfarrhaus hat's erwischt.

»Nun überlegen wir, wer das gewesen sein könnte – es bleibt ja eigentlich nur der Klassenkamerad, mit dem wir drei uns so nett unterhalten haben«, grübelte Gabi laut.

»Wer war das denn überhaupt, Gabi, äh, Gabriele? ... War das Emilio?«, fragte ich.

Gabi zögerte kurz: »Wie, du weißt das auch nicht? Du warst Udos und meine letzte Hoffnung! Du hast mit ihm geredet, als würdest du ihn schon Jahrzehnte kennen!«

»Neee, Gabi, ich habe keine Ahnung – ich dachte, ihr wüsstet Bescheid!«

Nun war alles klar: Der freundliche Mann hatte unser Jahrgangstreffen dazu genutzt, Einbruchsopfer auszuspähen. Kein schlechter Plan, musste ich anerkennen: Wir waren alle nicht zu Hause, kennen uns nicht mehr wirklich gut und verteilten trotzdem großzügig unsere Adressdaten – eben auch an unbekannte Personen. Was für eine ausgebuffte Idee!

Ein Jahr später

Die Einbruchserie wurde nie aufgeklärt. Ich habe mittlerweile eine extrasichere Balkontür und eine Alarmanlage und mit dem Verteilen meiner Adressdaten bin ich auch viel vorsichtiger geworden. Was aber eigentlich schade ist, denn die allermeisten Menschen, denen man tagtäglich begegnet, führen ja nichts Schlechtes im Schilde.

Dafür sind Udo, Gabriele und ich nun das Top-Gesprächsthema auf dem diesjährigen 26. Jahrgangstreffen. Alle interviewen uns zu den Einbrüchen. So haben wir uns unfreiwillig einen Ehrenplatz in der Geschichtengalerie dieses Jahrgangs verdient – direkt neben dem Birkenstock tragenden Biolehrer und der lispelnden Englischlehrerin. Und noch eine Neuerung gibt es in diesem Jahr: Jeder Gast auf unserem Jahrgangstreffen trägt ein Namensschild.

Autoren

Heike Abidi ist studierte Sprachwissenschaftlerin. Sie lebt mit Mann, Sohn und Hund in der Pfalz bei Kaiserslautern, wo sie als freiberufliche Werbetexterin und Autorin arbeitet. Heike Abidi schreibt vor allem Unterhaltungsromane für Erwachsene sowie Jugendliche und Kinder.

Ben Bauhaus wurde 1973 in Berlin geboren und wuchs im östlichen Niedersachsen auf. Nach dem Abitur leistete er anderthalb Jahre Zivilersatzdienst in einem Sozialprojekt mit straffällig gewordenen Jugendlichen in Dublin, Irland.

Nach einem Studium der Nordamerikastudien an der FU Berlin arbeitet Bauhaus derzeit als Game-Designer.

Kerstin Bätz lebt mit ihrer Familie in einem 140-Seelen-Dörfchen im lieblichen Taubertal. Neben der umfangreichen Arbeit im ehemaligen Pfarrhaus und dem zugehörigen Garten betreut sie Kinder der Grund- und Mittelschule außerhalb des Unterrichts.

Volker Bätz war schon immer ein Geschichtenerzähler. Er war als Publication Manager und Autor für die US-amerikanische Firma Dark Age Games tätig. Im Verlauf dieser Tätigkeit wurde ihm irgendwann klar, dass er das Schreiben in seiner Muttersprache unbedingt versuchen musste.

Akram El-Bahays größter Wunsch ist zwar nicht, »einmal selbst Teil einer Geschichte zu sein«, doch er liebt es, als Autor eigene Geschichten zu erfinden. Seine Freude am Schreiben lebt er beruflich als Journalist aus. Als Kind eines ägyptischen Vaters und einer deutschen Mutter ist El-Bahay mit Einflüssen beider Kulturkreise aufgewachsen.

Ursi Breidenbach ist verheiratet und Mutter zweier Söhne. Nach einer kunstjournalistischen Tätigkeit arbeitet Ursi Breidenbach seit 2009 als freie Autorin in Leoben (Österreich) und München. Sie hofft, dass ihr nächstes Klassentreffen nicht so abläuft, wie sie es in »Die Geister der Vergangenheit« beschreibt.

Franziska Fischer wurde 1983 in Berlin geboren. Sie studierte Spanische Philologie und Germanistik an der Universität Potsdam und arbeitet als freie Lektorin und Autorin.

Christa Goede ist Diplom-Politologin, Social-Media-Managerin (FH Köln), Klartextschreiberin, Schachtelsatzallergikerin, Rechtshänderin, Linksdenkerin, Internetbewohnerin, Blümchenliebhaberin, Punkrockhörerin, Motivationsmaschine, Monsterhäklerin, Disziplintierchen und Besserwisserin mit Sinn für Humor.

Heike Karen Gürtler, Jahrgang 1970, ist freiberufliche Grafikerin und lebt in München. Schon als Kind dachte sie sich vor dem Einschlafen Geschichten aus und konnte es kaum erwarten, endlich alles lesen zu dürfen, was sie wollte. Aus dem Lesen wurde die Leidenschaft, alles mit Notizen zu bekritzeln, was ihr unter die Finger kam.

Anna Herzog lebt mit Mann, vier Kindern und einer wechselnden Tierschar in einem alten Haus im Ruhrgebiet. Eigentlich ist sie Ärztin. Wenn sie nicht gerade schreibt. Und wenn sie Zeit hat, sehnt sie sich auf ein Segelboot. Mitten auf dem Meer.

Petra Heimischen, geboren in den Siebzigern, zieht mit zwei Kindern, zwei Katzen und einem Mann von Ort zu Ort. Eine Leseratte, die zeitweise selbst gern einige Zeilen zu Papier bringt.

Alexandra Stefanie Höll wurde 1975 in Bühl/Baden geboren. Nach dem Abitur folgte das Studium an der Fachhochschule für Finanzen in Ludwigsburg, das sie 1998 als Diplom-Finanzwirtin beendete. Seit 1999 ist sie in der Finanzverwaltung tätig. Sie wohnt mit ihrem langjährigen Lebensgefährten und vier streichelsüchtigen Fischen in Baden-Württemberg.

Anja Koeseling war als Journalistin und Publizistin tätig, bevor sie anfing, im Marketingbereich zu arbeiten. 2008 gründete sie die Literaturagentur Scriptzz mit Sitz in Berlin. Heute lebt sie mit ihrer Familie im grünen Brandenburg vor den Toren Berlins.

Petra Plaum entstand in der Wüste Tunesiens, wurde geboren in Pforzheim am Schwarzwaldrand und lebte auch schon in Kalifornien, bevor sie in Bayerisch Schwaben sesshaft wurde. Mit so einer Vita muss man schreiben - in ihrem Falle vor allem Fachartikel zu Medizin- und Bildungsthemen sowie Kurzgeschichten.

Björn Schmidt, Jahrgang 1974, ist Diplom-Pädagoge und seit dem Jahr 2002 beruflich mit der Unterstützung arbeitsloser Menschen befasst. Wenn er die Zeit dazu findet, schreibt er auch gern mal einen Text. Ob über Fußball oder über Klassentreffen - auf jeden Fall immer über das Leben.

Andrea Schütze ist Diplom-Psychologin und schreibt eigent- lich Bücher für Kinder, die es in sich haben. Wenn sie ab und an eine Pause von Feenzauber, Hexenwirbel und sonstigen magischen Verwicklungen braucht, dürfen es gern mal Kurzge- schichten für Erwachsene sein. Und die haben es dann auch in sich. Nur anders. www.andrea-schuetze.de

Tino Schrödl wurde 1972 geboren und arbeitet als Autor, Regisseur und Producer von TV-Reportagen.

Katharina Seck wurde 1987 in Hachenburg geboren und wuchs in dieser mittelalterlichen, von einem Schloss gekrön- ten Kleinstadt im Westerwald auf. Heute arbeitet sie im öffentlichen Dienst im Bereich Öffentlichkeitsarbeit. In ihrer Freizeit beschäftigt sie sich am liebsten mit Menschen, Kultur und möglichst vielen Büchern sowie ihrem Hund.

Mina Teichert ist als Winterkind im Jahr 1978 in Bremen gebo- ren. Sie verfolgte zunächst hartnäckig das Ziel, Kunstreiterin in einem Zirkus zu werden. Mit zwölf Jahren entschied sie sich um und beschloss, Kinofilme zu machen, was sie über Umwege zum Schreiben brachte.

Manuela Wolfermann wurde in Dortmund geboren, sie arbeitet als Erzieherin. Schon als Kind war sie eine richtige Leseratte. Nachdem sie sich durch die gesamte Kinder- und Jugendbücherei gelesen hatte, fing sie an, selbst Geschichten zu erfinden. Leider verstaubten sie erst mal in der Schublade. Nach der Geburt ihrer Kinder flammte diese Leidenschaft wieder auf. Sie hat Veröffentlichungen in Anthologien und pädagogischen Fachzeitschriften. Mit ihrem Mann, zwei Kindern und etlichen Haustieren lebt sie in Dortmund.

Impressum

Herausgegeben von Heike Abidi und Anja Koeseling
Schlachtfeld Klassentreffen
Von alten Feinden in neuem Gewand
ISBN: 978-3-959100-21-2

Eden Books
Ein Verlag der Edel Germany GmbH
Copyright © 2016 Edel Germany GmbH, Neumühlen 17, 22763 Hamburg
www.edenbooks.de | www.facebook.com/EdenBooksBerlin | www.edel.com
1. Auflage 2016

Dieses Werk wurde vermittelt durch die Literaturagentur Scriptzz, Berlin |
www.scriptzz.de

Einige der Personen im Text sind aus Gründen des Persönlichkeitsschutzes
anonymisiert.

Projektkoordination: Svenja Monert
Lektorat: Tina Spiegel
Umschlaggestaltung: BüroSüd | www.buerosued.de
Layout und Satz: Datagrafix Inc.| www.datagrafix.com
Druck und Bindung: optimal media GmbH, Glienholzweg 7, 17207 Röbel/
Müritz

Das FSC®-zertifizierte Papier *Holmen Book Cream* für dieses Buch lieferte
Holmen Paper, Hallstavik, Schweden.

Printed in Germany

Dieses Buch ist auch als E-Book erhältlich.

Um die kulturelle Vielfalt zu erhalten, gibt es in Deutschland und in Österreich
die gesetzliche Buchpreisbindung. Für Sie, liebe Leserin und lieber Leser,
bedeutet das, dass Ihr verlagsneues Buch jeweils überall dasselbe kostet,
egal, ob Sie Ihre Bücher gern im Internet, in einer großen Buchhandlung oder
beim kleinen Buchhändler um die Ecke kaufen..